Frank-Walter Steinmeier

Mein Deutschland

Frank-Walter Steinmeier

Mein Deutschland

Wofür ich stehe

In Zusammenarbeit mit
Thomas E. Schmidt

C. Bertelsmann

FSC

Mix

Produktgruppe aus vorbildlich
bewirtschafteten Wäldern und
anderen kontrollierten Herkünften

Zert.-Nr. SGS-COC-1940
www.fsc.org
© 1996 Forest Stewardship Council

Verlagsgruppe Random House FSC-DEU-0100
Das für dieses Buch verwendete FSC-zertifizierte Papier *Munken Premium*
liefert Arctic Paper Munkedals AB, Schweden.

1. Auflage
© 2009 by C. Bertelsmann Verlag, München,
in der Verlagsgruppe Random House GmbH
Umschlaggestaltung: R·M·E Roland Eschlbeck/Rosemarie Kreuzer
Bildredaktion: Dietlinde Orendi
Satz: Uhl + Massopust, Aalen
Druck und Bindung: GGP Media GmbH, Pößneck
Printed in Germany
ISBN 978-3-570-01114-0

www.cbertelsmann.de

Inhalt

Vorbemerkung des Autors

Warum jetzt ein Buch? Die richtige Frage ist: Warum erst jetzt ein Buch? Die Idee dazu entstand im Jahr 2005, nach dem Ende der rot-grünen Koalition. Damals wollte ich für mich Zwischenbilanz ziehen: Was ist geblieben von unseren Zielen? Wie weit waren wir gekommen bei der Öffnung einer Gesellschaft, die sich in sechzehn Jahren Kohl eingehaust hatte? Aber mein Projekt musste warten. Es kam die Große Koalition, ich wurde Außenminister. Neue Horizonte waren zu vermessen. Der Rhythmus der Arbeit ließ keine Zeit zum Schreiben.

Jetzt steht unser Land nach fast vier Jahren rot-schwarzer Koalition wieder vor einem wichtigen Einschnitt. Das wäre schon Grund genug gewesen, das Buchprojekt in diesem Jahr wieder aufleben zu lassen. Seine eigentliche Begründung findet es aber darin, dass 2009 für mich ein Jahr ist, in dem etwas zu Ende geht, das in besonderer Weise mit Aufbruch verbunden ist. Seit die SPD mich zu ihrem Kanzlerkandidaten bestimmt hat, verändern sich die Fragen an mich. Die Menschen wollen wissen: Woher kommt der? Was hat ihn geprägt? Welche Weichenstellungen gab es auf seinem Lebensweg? Was treibt ihn an?

Das Buch will Antworten auf einige dieser Fragen geben und ist dennoch keine Biografie. Es enthält Erinnerungen an markante Ereignisse und Lebensphasen, die den Grund dafür gelegt haben, dass ich der bin, der ich bin. Es ist zugleich ein politisches Buch. Es liefert einen Befund über die Lage unseres Landes in der Zeitenwende. Es beschreibt Defizite, aber auch Perspektiven der Veränderung. Vielleicht war der breiten Mehrheit in Deutschland nie so klar wie in den Monaten seit Ausbruch der Finanzkrise: Überwinden werden wir die Krise nur, wenn wir dem Primat der Politik wieder Geltung verschaffen und Politik glaubwürdig an einer Zukunft von Gesellschaft arbeitet, die Wohlstand sichert und in der es fair und gerecht zugeht.

Wenn in der Krise eine Hoffnung liegt, dann die, dass wir nach den Jahren des blinden Marktvertrauens zur Besinnung kommen, dass Verantwortung und Vernunft in das Handeln der Akteure zurückkehren, dass es gelingt, die Kräfte des Gemeinsinns zu stärken und den Zerfall von Gesellschaft in egoistische Einzelgruppen aufzuhalten. Darum geht es in den nächsten Jahren. Darum geht es mir.

Ich danke allen, die dieses Buch möglich gemacht haben; vor allem danke ich Thomas E. Schmidt, der mir bei der Abfassung behilflich war.

Berlin, im Februar 2009

Kapitel 1

Ein Kind der Bundesrepublik
Begegnungen, Erfahrungen und Prägungen

Ich bin ein Kind der Bundesrepublik. In ihr, der aufstrebenden und erfolgreichen, der gleichwohl beständig um ihr Selbstbild ringenden, in diesem westlichen Teil eines, wie Gustav Heinemann einmal sagte, »schwierigen Vaterlandes« habe ich meine Wurzeln. Ich wuchs auf, als die Nachkriegszeit zu Ende ging. Keiner musste mehr hungern. Hatten unsere Eltern noch Not und Verzweiflung erlebt, konnten wir Kinder dieser Zeit schon darauf vertrauen, dass der Tisch gedeckt war. Die Bundesrepublik der späten Fünfziger- und frühen Sechzigerjahre war stolz auf sich, stolz auch darauf, dass der Wohlstand mehr und mehr Menschen erreichte. Die harten Anfangsjahre waren geschafft, es war etwas erwirtschaftet worden, und das kam auch den Arbeitern und Angestellten zugute. Für viele stand jetzt das Wohlergehen im Mittelpunkt ihrer Hoffnungen und Wünsche. Und dennoch war auch während dieser Zeit immer eine feine Spur von Selbstzweifel zu bemerken. Ein unerschütterliches Selbstbewusstsein strahlte diese Republik eigentlich nicht aus, auch später nicht. Das ist in meinen Augen auch gut so gewesen, denn dass sie auf den Trümmern der nationalsozialistischen Herrschaft errichtet wurde, durfte und darf sie nicht vergessen.

Als wir noch fast Kinder waren und die Vergangenheit langsam verstehen lernten, machte sich die Bundesrepublik auf den Weg, den von Nazi-Deutschland verschuldeten Krieg und den Völkermord an den Juden aufzuarbeiten. Das Erschrecken über die eigene Nation ist seither zu einer tief wirkenden geschichtlichen Erfahrung geworden. Die skeptische Haltung, dieses vielleicht sogar zerbrechliche Selbstbild, das dieses Land von sich hat, verbindet mich nur noch fester mit ihm. Seit ich ein politisch wacher Mensch bin, denke ich: Wer in Distanz zu sich gehen kann, ist lernfähig. Aus dem Erschrecken über sich hat sich so etwas wie die Moral einer – bei aller immer wieder notwendigen Kritik – beneidenswert modernen Gesellschaft heranbilden können. Sie setzte dem hemmungslosen Wettbewerb in der Wirtschaft Grenzen und verhinderte die unversöhnliche Gegnerschaft in der Politik. Sie schuf zwischen den Menschen unterschiedlicher Herkunft und Überzeugung etwas Verbindendes.

Genau das verlieh der Bundesrepublik in meinen Augen eine solch beeindruckende Stabilität. Aus ungebrochenen Traditionen kann und will diese Republik ihre Stärke nicht ziehen. Sie ist nicht aus Granitquadern aufgebaut. Sie gleicht eher dem Haus eines modernen Architekten, offen, anspruchsvoll und viel bestaunt, aber in dieser Offenheit auch ganz besonders den Einflüssen der Witterung ausgesetzt. Diese Gesellschaft ist kein Bollwerk, das sich nach außen abschottet, sie lebt im Austausch mit der Welt. Wir sind gut beraten, unser modernes Haus zu pflegen und sorgsam ans Wetter anzupassen. Es ist ein bemerkenswertes, ein helles und freundliches Zuhause. Ich lebe gern darin.

Wo ich herkomme, redete man allerdings nicht viel vom »Wirtschaftswunder«. Dazu kostete es zu viel Anstrengung, etwas aufzubauen. Die Höfe waren klein. Unsere Gegend zwischen dem Teutoburger Wald und dem Weserbergland war nie wohlhabend gewesen. Das macht Leute nicht gerade schwärmerisch. Karge Landstriche prägen ihre Charaktere. Wenn du etwas haben willst, musst du lange dafür arbeiten – auch das gehörte bei uns zu den Lehren. Es erzog zur Beharrlichkeit, dazu, die Dinge langfristig zu betrachten und nicht in Unruhe und Übereifer zu verfallen, wenn etwas nicht sofort klappt. Brakelsiek heißt der Ort, aus dem ich stamme. Die Häuser dort sind aus Fachwerk oder aus rotem Backstein, sie haben spitze Giebel, und manche tragen noch Schieferdächer. Erst in den späten Fünfziger- und frühen Sechzigerjahren kamen die weiß verputzten Neubauten hinzu. Die Häuser schmiegen sich sanft an die Hügel des Berglandes, wo ich heute noch gerne bin. Vor sechshundert Jahren lag das Dorf etwas weiter südlich am Fluss in einer Senke. Überschwemmungen trieben seine Bewohner an die sicheren Hänge. Es ist schön hier, aber auch ein wenig eng – und die Arbeit ist knapp. Ich bereue nicht, fortgegangen zu sein, doch ich komme immer wieder gerne zurück. Die Eltern und der jüngere Bruder wohnen noch immer dort. Brakelsiek liegt in Lippe, gut zwanzig Kilometer südöstlich von Detmold, am östlichen Rande Nordrhein-Westfalens. Auch nach dem Krieg ist dieser Landstrich nicht verwöhnt worden. Es ist echte deutsche Provinz, und selbst die Touristen, die im Teutoburger Wald wandern oder sich am Hermannsdenkmal der Varusschlacht vor zweitausend Jahren erinnern, kommen nur selten in diese Gegend.

Ich mag die Menschen dort, sie sind schnörkellos und aufrichtig. Wenn sie mich auf der Straße treffen, bin ich ganz selbstverständlich für sie »der Frank«. Keiner würde anders mit mir reden als früher. Ganz hat man sich nie aus den Augen verloren. Vielleicht wäre das nicht so, wenn ich vierzig Jahre ganz weg gewesen und auf einmal als Minister zurückgekehrt wäre. Wahrscheinlich wäre dann Verunsicherung zu spüren. Aber eigentlich wollen die Brakelsieker nicht befangen sein. Was ich an ihnen schätze, ist auch dieser Widerwille gegen jede Form von Umstand und Zeremoniell, ihre Skepsis gegenüber Windmachern und Wolkenschiebern. Ihre Redeweise ist geradeheraus und lakonisch. Als ich geboren wurde, sprach man in den Familien noch Platt. Das Plattdeutsche ist eine Sprache, die aufs

Wesentliche zusteuert und keine rhetorischen Verrenkungen kennt. Das Hochdeutsche setzte sich bei uns erst nach dem Krieg als eine Art Übersetzung durch. Wer damals ein Vertriebenenkind heiratete – und das waren manche im Dorf –, musste notgedrungen aufhören, Dialekt zu sprechen. Bei den Steinmeiers war das genauso. Deshalb verstehe ich das lippische Platt noch, habe es selbst jedoch nicht mehr richtig sprechen gelernt.

Für einen Politiker ist es nicht einfach, sich ehrlich darüber Rechenschaft abzulegen, was seine Herkunft, was die Prägung der frühen Jahre genau für ihn bedeutet. »Heimat« ist ein Wort, mit dem vor allem dann Schindluder getrieben wird, wenn es für politische Absichten herhalten muss. Ich misstraue Politikern, die sich ihre Heimat zurechtbasteln und folkloristisch ausschmücken. Das degradiert die Menschen, die tatsächlich dort leben und leben müssen, zu Statisten in einem PR-Schauspiel. Heimatverbundenheit ist etwas anderes. Vermutlich nehme ich den Unterschied zwischen einer ausgedachten Heimat und einer echten auch deswegen so scharf wahr, weil mir meine erhalten geblieben ist. Ich weiß, wie die Menschen dort fühlen und denken, und es gibt auch keinen Grund, dieses Leben künstlich zu idealisieren. Wir fangen alle irgendwo an. Wir können uns das nicht aussuchen. Doch wir bleiben damit nicht identisch.

Ich habe viele gute Erinnerungen an unsere Gegend. Es gibt Zusammenhalt auch ohne große Worte; die Leute haben einen Draht zueinander, und ich fühlte mich eigentlich immer gut aufgehoben. Das gab mir Vertrauen mit, Vertrauen in andere und in mich selbst. Aber ich erinnere mich auch an das Gefühl von Stillstand, das einen Heranwachsenden beschleicht, wenn er vom Dorf kommt. Zweimal am Tag ging ein Bus. Auch dort, wo er hinfuhr, war nicht viel mehr los. Heute ist es eher noch einsamer geworden in Brakelsiek, die Läden sind fast alle verschwunden, und der Ort schrumpft. Dieses Schicksal teilt er mit vielen ländlichen Regionen und kleineren Städten, vor allem im Osten Deutschlands. Wer seinen Heimatort verwaisen sieht, den schmerzt es, egal, ob er dort noch wohnt oder ob er einen ganz anderen Lebensweg eingeschlagen hat. Man soll diesen Verlust nicht schönreden, man soll ihn auch nicht der unterkühlten Sprache der Wissenschaft überlassen, die in solchen Fällen von »demografischen Prozessen« redet. Ich kann die Jungen gut verstehen, die wegwollen, weil sie weiterwollen. In ihnen erkenne ich mich selbst wieder. Doch je weiter ich gekommen war, desto höher stieg meine Achtung für die Menschen, die geblieben sind. Die meisten dort haben ihre Lebensweise nicht gewählt, sie machen trotzdem nach Kräften das Beste daraus, selbst wenn ihre Ausgangsbedingungen keine einfachen sind. Außerdem ist dieses Leben das Normale für die meisten Menschen in Deutschland.

Was die Menschen verdienen, die in einfachen Verhältnissen zurechtzukommen versuchen, ist Respekt, nicht Kitsch. Heimat bedeutet für mich auch Achtung und Anerkennung für alle, die weniger Chancen hatten – oder ein überschaubares Leben vorziehen. Als Vater einer zwölfjährigen Tochter weiß ich, was es bedeutet, für Kinder da zu sein. Ich sehe, wie sich Freunde und Bekannte für ihren Sportverein ins Zeug legen. Sie leisten oft auch im Beruf mehr, als sichtbar ist, und sie verdienen darin mehr Unterstützung und Anerkennung, als heute üblich. Ich habe die Chance, mich weiterentwickeln zu können, immer als Glück erfahren. Mich haben mein Studium und meine politische Arbeit, davon fünfzehn Jahre mit Gerhard Schröder, natürlich stark geprägt. Was ich aber aus Brakelsiek mitgenommen habe, sind gesunder Menschenverstand, tiefe Abneigung gegen Aufschneiderei und eine gute Portion Gelassenheit. Meinen Eltern bin ich dankbar dafür, dass sie mir diese Haltungen mit auf den Weg gegeben haben. Ich kann sie gebrauchen.

Die beiden Familien, aus denen meine Eltern stammen, sind so unterschiedlich, wie sie damals nur sein konnten, wenngleich ihre Geschichte für die Zeit nicht ungewöhnlich ist. Die Familie meines Vaters ist wahrscheinlich seit ewigen Zeiten im Lippischen ansässig. Meine Mutter kam als Vertriebene mit einem Teil ihrer Familie aus Breslau. Die Steinmeiers waren Landbauern, mit den sprichwörtlichen paar Scheffel Saat. In dem Haus, in dem sie wohnten, waren lange Zeit noch Menschen und Vieh gemeinsam untergebracht. Wie die meisten jungen Männer verließ mein Großvater jedes Frühjahr die Familie und wanderte ins Ruhrgebiet oder nach Norddeutschland, um bis zum Herbst als Ziegler zu arbeiten. Bis in die Zwanziger- und Dreißigerjahre hinein war das im Lippischen so »Sitte«, eine Sitte allerdings, die materielle Not erzwungen hatte. Erst zur Ernte kam er wieder zurück. Während dieser Zeit war meine Großmutter für den Hof und die Kinder alleine verantwortlich. Die beiden hatten drei Kinder, zwei Jungen und ein Mädchen. Mein Vater, jetzt achtzig, ist als Jüngster der letzte Überlebende dieser Generation.

Das Lipperland konnte früher seine Menschen kaum ernähren. Die Gewohnheit, »auf Ziegelei« zu gehen, gab es schon im 19. Jahrhundert. Im Grunde war es ein Versuch, angesichts drückender ländlicher Armut an den Versprechungen der frühen Industrialisierung teilzuhaben. Hunderte von Kilometern wanderten die Lipper, um sich als Saisonarbeiter in Niedersachsen, in Brandenburg oder im Ruhrgebiet in den Ziegeleien zu verdingen. Der Dichter Friedrich Wienke, übrigens in Brakelsiek geboren, sammelte um die Wende zum 20. Jahrhundert die Lieder der Ziegler und schrieb selbst etliche. Was er festhielt, ist eine kleine, bedrückende Episode der deutschen Wirtschafts- und Gesellschaftsgeschichte. Erst vor einiger Zeit habe ich herausgefunden, dass auch Theodor Fontane 1873 in seinen »Wanderungen durch die Mark Brandenburg« im Band »Havelland« den lippischen Zieglern ein nüchternes, aber wohl zutreffendes Porträt widmete. Er gibt dort einen Einblick in ihr hartes Dasein. Fontane schreibt über das Dorf Glindow, ein Zentrum der Ziegelindustrie: »Die Lipper, nur Männer, kommen im April und bleiben bis Mitte Oktober. Sie ziehen in ein massives Haus, das unten Küche, im ersten Stock Eßsaal, im zweiten Stock Schlafraum hat. Sie erheben gewisse Ansprüche. So muß jedem ein Handtuch geliefert werden. An ihrer Spitze steht ein Meister, der nur Direktion und Verwaltung hat. Er schließt die Kontrakte, empfängt die Gelder und verteilt sie. Die Arbeit ist Akkordarbeit, das Brennmaterial und die Gerätschaften werden sämtlich geliefert; der Lehm wird ihnen bis an die ›Sümpfe‹ gefahren; der Ofen ist zu ihrer Disposition. Alles andere ist ihre Sache. Am Schlusse der Campagne erhalten sie für je 1000 fertiggebrannte Steine einzweidrittel bis zwei Taler. Die Gesamtsumme bei acht bis zehn Millionen Steinen pflegt bis 15 000 Taler zu betragen. Diese Summe wird aber schwer verdient. Die Leute sind von einem besonderen Fleiß. Sie arbeiten von drei Uhr früh bis acht oder selbst neun Uhr abends, also nach Abzug einer Eßstunde immer noch nah an siebzehn Stunden.« Nicht beschrieben ist, dass viele, die während der Arbeitssaison auch noch Schnaps und Bier vom Arbeitgeber auf Kredit kauften, nahezu ohne Geld heimkamen und die ganze Familie einen Hungerwinter vor sich hatte. Wer das heute liest, den beschleicht das ungute Gefühl, dass es mehr als eine Ähnlichkeit mit modernen Arbeitsmigranten gibt. Was Fontane als Fleiß beschrieb, ist doch eine besondere Verwundbarkeit derer, die von harter Arbeit abhängig sind. Es treibt sie bis zur äußersten Anstrengung, und trotzdem sind Lohn und Auskommen oft nicht gesichert. Die Lipper haben diese Erfahrungen in Erinnerung behalten. Andere kamen nach dem Zweiten Weltkrieg hinzu.

Irgendwie hat es sich in den Gencode der Menschen eingeschrieben, bodenständig und ehrlich zu sein, wohl auch deswegen, weil es nie viel zu verteilen gab und man mit Ehrlichkeit am weitesten kam. Die Chancen waren für alle einigermaßen gleich verteilt, das hinterließ eine gewisse Unaufgeregtheit des Lebens. Die dörfliche Gemeinschaft kam jedoch mit der Ankunft der Flüchtlinge in Bewegung.

Meine Mutter musste mit ihrer Familie, genauer gesagt, mit Mutter, Großmutter, Tante und ihrer Schwester – die Männer waren im Krieg – aus Breslau fliehen. Am 22. Januar 1945 wurde Breslau zur Festung erklärt. Gerade rechtzeitig kamen sie noch raus. Mehr als ein Jahr dauerte die Flucht der fünf tapferen Frauen mit drei Kindern – zu Fuß bei minus zwanzig Grad mit ein paar Habseligkeiten auf dem Handwagen, der bald versagte. Von Peterswaldau im Tiefschnee über das Eulengebirge in die Glatzer Gegend, dort von den russischen Truppen überrollt. Die Gruppe hatte sich inzwischen vergrößert, ein Säugling dabei, denn meine Tante gebar auf der Flucht ihr zweites Kind. Es war eine Vertreibungsgeschichte, wie sie sich damals hunderttausendfach ereignete, und doch ist es die ganz einzigartige Geschichte meiner Mutter, eine Geschichte, die von Entbehrung handelt, aber vor allem auch von großer Courage. Über einige Stationen in Ostdeutschland gelangten sie Ostern 1946 ins Lipperland. Als sie aus dem Viehwaggon gestiegen waren, verteilte man die Frauen in kleinen Gruppen auf unterschiedliche Häuser und quartierte sie zunächst bei den Bauern ein. Die Ankunft der Fremden aus dem Osten rief in der Gegend, genau wie in anderen Regionen, nicht gerade Begeisterung hervor. »Soll so die Welt gesunden?«, fragte 1946 die im Lippischen vertriebene »Freie Presse«, um gleich darauf zornig hinzuzufügen: »Neuer Vertriebenentransport für den Kreis Lemgo – Die Elendsbilder werden immer schrecklicher – Eine böse Saat für die Zukunft.«

Nach allem, was sie durchgemacht hatten, war der Anfang nicht leicht. Das waren ja Städter, die da kamen: neue Erfahrungen, Urbanität, andere Lebensweisen. Meine Mutter hatte um ihre Breslauer Wohnung kaum ein Stück Grün gesehen und kam nun plötzlich mitten in die freie Landschaft. Der vom Krieg verursachte Bruch in den Lebensgeschichten wurde von den Flüchtlingen auch viel intensiver, viel schmerzhafter erlebt als von den Einheimischen. Die konnten im Prinzip weiter leben wie zuvor. In seiner »Berliner Rede« von 2000 erinnerte Johannes Rau an die schwierige Lage der Vertriebenen: »Viele werden nicht vergessen, auf wie viel Ablehnung sie nicht nur in Dörfern und Kleinstädten gestoßen sind – obwohl sie schwerstes Leid getragen hatten, obwohl sie dieselbe deutsche Sprache sprachen, obwohl sie zur gleichen Kultur gehörten, oft sogar zur selben Konfession wie ihre neuen Mitbürger.«

Die Wahrheit ist, dass es sehr schwierige Jahre waren, bis die Neuankömmlinge sich in Brakelsiek auch nur einigermaßen einleben konnten. Historiker, die solchen Geschichten nachgeforscht haben, erzählen uns heute, dass die Integration der Vertriebenen aus den deutschen Ostgebieten keineswegs so reibungslos und schnell vonstattenging, wie man es sich seit den Jahren des sogenannten Wirtschaftswunders einreden wollte. Hart trafen unterschiedliche Mentalitäten, soziale Schichten, Erfahrungen, Sitten und Dialekte aufeinander. Viele Westdeutsche reagierten mit Verlustängsten und sogar mit einer erstaunlich grimmigen Fremdenfeindlichkeit. Die Anforderungen an eine Integration waren schon damals hoch. Es war die erste Migrationswelle Nachkriegsdeutschlands. Aber die Flüchtlinge *wollten* sich integrieren, und die Arbeit half dabei. Auch meiner Mutter, die anfangs zum Bauern, später in die Fabrik ging. Sportverein und Gesangsverein erlebten einen Aufschwung und halfen, die Neubürger ankommen zu lassen.

Ich erinnere mich an eine Traurigkeit, die manchmal über den Gesprächen der Frauen lag, aber was ich nicht erlebt habe, ist Verbitterung oder sogar Vertriebenenrevanchismus. Kein Gespräch ist mir in Erinnerung, in dem gefordert worden wäre, dass wir Schlesien eines Tages wieder zurückhaben müssten. Es lagen auch niemals irgendwelche Vertriebenenzeitungen bei uns herum. Der Blick war nach vorn gerichtet, im Grunde war unsere Familie von einem unerschütterlichen Optimismus erfüllt. Man hatte das Schlimmste überstanden, und es ging aufwärts. Schlesische Traditionspflege nahm bei uns nur kulinarisch Gestalt an. Meine Großmutter kochte ihre gewohnten Gerichte, die in der Familie heute noch zubereitet werden, beispielsweise das gebratene Kassler mit Sauerkraut, das bis heute unser gemeinsames Essen an Heiligabend ist. Folklore oder Tränen über das verlorene Schlesien waren uns fremd, was nicht heißt, dass all die vierzehn Millionen Deutschen, die ihre Heimat verlassen mussten, darunter nicht gelitten hätten. Kein Land, das Zuwanderer aufnimmt, bleibt dasselbe. Auch diejenigen, die hinzukommen, bleiben sich nicht gleich. Beide, das Lippische Land und die Flüchtlingsfamilien, veränderten sich miteinander.

Auch Brakelsiek erlebte seinen bundesrepublikanischen Modernisierungsschub. Denn auch das haben Historiker inzwischen nachgewiesen: Es waren die Heimatvertriebenen, die in vielen Teilen Deutschlands gesellschaftlich für frischen Wind sorgten und die als gut ausgebildete Arbeitskräfte dazu beitrugen, die Wirtschaft wieder in Gang zu setzen. Als Junge, der jedenfalls zur Hälfte aus einer Vertriebenenfamilie stammt, habe ich nie Vorbehalte oder Ablehnung erfahren. Nur in einem blieben wir unterscheidbar: Als Mitte der Fünfzigerjahre der Aufbau einsetzte, errichteten die Flüchtlinge ihre Häuser in einer Siedlung außerhalb des alten Dorfkerns. Die Trennung war räumlich, aber sie war nicht länger eine soziale. Wir wohnten in der »Siedlung«, doch sie war längst ein Teil des Ortes. Meine Tage verbrachte ich meistens eine Straße weiter bei meiner Großmutter, dort machte ich meine Schularbeiten. Das Haus lag gleich neben dem Sportplatz, und der Sportplatz war für uns Jungs natürlich das eigentliche Zentrum des Dorfes, wo wir uns nachmittags trafen.

Anfang der Sechzigerjahre begann meine Mutter in der

»Forst«. So hieß das, wenn man als Waldarbeiterin Baumsetzlinge pflanzte, verzog und Unkraut jätete. Die Schonungen liegen meist wunderschön oben am Waldrand in den hügeligen Wiesen. Mir bescherte das herrliche Sommer. Ich spielte dort mit einer Clique von vier, fünf Jungen, die noch nicht oder gerade erst in die Schule gingen. Das war mein Jugendidyll, von dorther kommen meine ersten Naturerlebnisse.

Meine Mutter war bei Kriegsende fünfzehn. Vorher war sie für eine Berufsausbildung zu jung, hinterher war keine mehr möglich, da stand das tägliche Auskommen im Vordergrund. Sie ist also von den Zeitläuften um eine gute Ausbildung betrogen worden. Sie hat schließlich über den Sport den Weg in die Dorfgemeinschaft gefunden, denn sie war eine gute Handballerin. Damit begann eigentlich ihr neues Leben. Im Sport war die gesellschaftliche Ordnung nicht so festgefügt wie in anderen Bereichen. Der Sport in den Fünfzigerjahren öffnete viele Herzen, er stiftete neue Gemeinschaften. Für die jüngeren Vertriebenen war das eine enorme Chance. Kurz darauf war meine Mutter auch in den örtlichen Frauengesangverein aufgenommen worden. Und dann bildeten sich auf geheimnisvolle Weise schon erste Schnittmengen, denn mein Vater war zur selben Zeit Mitglied im Männerchor. Das Weitere ist Familiengeschichte. Am 5. Januar 1956 bin ich jedenfalls zur Welt gekommen.

In Brakelsiek tobte nicht gerade der Klassenkampf, aber man wusste doch, wer man war, wo man stand und was man von seinen Politikern erwartete. Etwas anderes wäre damals kaum vorstellbar gewesen. Damals hielt man ganz unaufgeregt an seinen Gewohnheiten fest, auch aus Anlass von Wahlen. Im Leben und in der Politik hatte man seinen Kompass. Im Dorf betrieben die einen eine bescheidene Landwirtschaft, die anderen waren Arbeiter oder Angestellte in kleinen Unternehmen der Umgegend. Lange war die Region durch und durch sozialdemokratisch geprägt gewesen. In den Achtzigerjahren, als es Nordrhein-Westfalen wirtschaftlich noch überwiegend gut ging, wurde das Lippische Land jedoch abgehängt. Die mittelständische Möbelindustrie brach geradezu zusammen, als billige Importe aus Osteuropa massenhaft auf den deutschen Markt schwemmten. Fast alle Hersteller sind inzwischen in Richtung Osten abgewandert. Auch die Bäder der Umgebung, Bad Salzuflen, Bad Oeynhausen, Bad Meinberg oder Bad Driburg, litten schwer, als mit der Strukturkrise unserer Rentenversicherungsanstalten der Kurbetrieb zurückging. Das waren schwierige Jahre für meine Heimat, die ich bewusst wahrgenommen und miterlitten habe. Zur Aufbesserung meines BAföGs, später meines Stipendiums, jobbte ich als Student während der Semesterferien anfangs in einem Fahrzeugbetrieb – dann auch in einem Vorzeigeunternehmen der Region, einer großen Möbelfabrik mit europäischen Verbindungen. Tausende von dunkelbraunen Nussbaumschrankwänden habe ich mit dem damals so begehrten Barfach ausgestattet. Damals waren zweitausend Leute in der Firma beschäftigt, heute führt ein Insolvenzverwalter das Unternehmen mit gerade noch dreihundert Beschäftigen fort. Von einem »Strukturwandel« konnte in Lippe nicht die Rede sein, es glich eher einem Strukturabbruch.

Empörung gehört ebenso wie Neugier zum politischen Erwachen. Ich erinnere mich, dass die mutwillige Schließung eines Maschinenbaubetriebs nicht weit von uns einer der ersten Fälle sichtbarer sozialer Ungerechtigkeit war, der mich stark berührt hat. Wie viele andere empfand ich Respekt und Bewunderung für die Arbeiter, die sich dem widersetzten, die Mut zeigten, in die Öffentlichkeit gingen und zeitweilig sogar ihren Betrieb besetzten. Brakelsiek hatte zu jener Zeit noch eine SPD-Ortsgruppe, und ich war 1975 den Jusos beigetreten. Der Kampf der Belegschaft für ihre Arbeitsplätze tobte lange, intensiv begleitet von der Lokalzeitung und angeführt von einem Bevollmächtigten der IG-Metall, Karl Reichel, der auf uns Achtzehnjährige großen Eindruck machte. Der Kampf ging am Ende verloren, die Arbeitsplätze wurden verlagert. Sie verschwanden oder gingen dorthin, wo die Arbeit billiger war. »Globalisierung« nannte man das damals noch nicht, doch in Wahrheit waren auch die Betriebsschließungen im Lippischen Land schon Vorboten einer Entwicklung, die den Wettbewerb mit fernen Ländern in der heimischen Ökonomie immer schärfer spürbar werden ließ. Ich erinnere mich, wie hilflos die lokale Politik damals solchen Unternehmensentscheidungen gegenüberstand. Das hinterließ Zorn – aber was half der Zorn, wenn er nicht in die Einsicht mündete, dass die lokalen Einflussmöglichkeiten einfach nicht ausreichten, ja dass sogar die bundespolitischen Eingriffe zum stumpfen Schwert wurden. Die Wirtschaft überwand spielend nationale Grenzen, an denen die Politik zurückblieb. Ich habe diese Lektion niemals vergessen.

Der kritische Zeitgeist der Siebzigerjahre aber diskutierte noch nicht die heraufziehende Internationalisierung von Wirtschaft und Arbeit. Er bekämpfte stattdessen den »Staatsmonopolkapitalismus« als die unheilige Allianz von Unternehmen und Staat gegen die Arbeiter. Nah am Entstehungsort der »Herforder Thesen« glaubte auch ich damals, wie viele bei den Jusos, dass die Antwort darauf eine Zerschlagung der großen Unternehmen und eine Verstaatlichung der Wirtschaft sein müsse. Bald aber kamen mir Zweifel: Ob dieses simple Modell das komplizierte Zusammenspiel von Gesellschaft, Staat und Wirtschaft wirklich zutreffend beschrieb? Und ob am Ende nicht – wie in den Ländern des Ostblocks – die Demokratie dabei auf der Strecke bleiben würde? Wie dem auch sei, meine Stamokap-Phase währte kürzer als bei der westdeutschen Linken insgesamt. Aber eines blieb: Der Impuls, die Menschen, die ohne eigenes Verschulden ihren Arbeitsplatz verloren hatten, nicht allein zu lassen, dieser Impuls ist nicht wieder verschwunden. Sozialdemokrat zu sein heißt für mich, Arbeitslosigkeit nicht hinzunehmen. Der Kampf um Arbeit, auch wenn er nicht so leicht zu führen ist, wie wir damals glaubten, hat mich seither politisch immer angetrieben. Mag sein, dass ich mir gerade deshalb manchen Ausflug in Theoriedebatten ersparte, über die Arbeitslose nur den Kopf schütteln, und nüchterner als andere auf wirtschaftliche Notwendigkeiten zu blicken lernte.

Viele, die in dieser Zeit radikal wurden, waren enttäuscht über die Parteiarbeit in der SPD. Wenn es nach unseren örtlichen Vorsitzenden gegangen wäre, hätten wir jüngste Sozialdemokraten uns um die Preise der Jubiläumsblumensträuße für ältere Genossinnen und Genossen kümmern sollen. Wir wollten aber wissen, was wir gegen die Ungerechtigkeit tun konnten. Wir wollten wissen, wie wir gegen die anonymen Gesetze der Ökonomie einen Ort für ein selbstbestimmtes Leben, ja ein Stück Autonomie zurückerobern konnten. Ein bisschen konnten wir in der Tat ausrichten, zu unserer eigenen Überraschung. Irgendwann in den Siebzigern starben in der Gegend die Zwergschulen, so auch die Friedrich-Wienke-Schule in Brakelsiek, die direkt an unserem Sportplatz gelegen war. Wir forderten, dass daraus ein Jugendzentrum werden müsse. Überall in Westfalen wurden damals ähnliche Scharmützel um Jugendeinrichtungen ausgefochten. Es waren Generationenkonflikte, aber auch Nachwirkungen der − von der SPD betriebenen − Gemeindegebietsreform. Meistens gingen diese Gefechte für die jungen Leute schlecht aus. In Brakelsiek gewannen wir jedoch. Das Jugendzentrum − es existiert immer noch − wurde eröffnet, und zu jener Zeit gab es auch noch genügend junge Leute im Ort, um es zu füllen. Ob solche Erlebnisse schon meine Grundhaltung prägten, dass man immer etwas erreichen kann, ist schwer zu sagen. Immerhin zeigte es uns, dass unser Engagement etwas bewegte. Es war ein kleiner Sieg, aber für uns hatte er große Bedeutung.

Ich muss noch einmal ans Elternhaus zurückdenken, an meine Mutter, die in Breslau auf die Mittelschule gegangen war und ihre Ausbildung wegen des ausbrechenden Krieges nicht beenden konnte. Ein hoffnungsvoller Lebensweg brach einfach ab und führte plötzlich ins vollkommen Offene. Es blieben eine Menge unverwirklichter Träume zurück, Träume übrigens auch meines Vaters, dessen Landwirtschaft nicht zum Leben und nicht zum Sterben reichte. Von seinen Eltern erhält jedes Kind einen oft unausgesprochenen Auftrag mit auf den Weg. Ich wusste, meiner bestand darin, ein Leben zu führen, das bedrückende Ungewissheit hinter sich lässt, in dem nicht mehr andere die Schritte bestimmen, sondern eigene Urteilskraft und Selbstbestimmung die Richtung weisen. Das Streben nach Bildung stand an erster Stelle. Wer sich bildet, kann mitgestalten, teilhaben, der lässt nicht alles mit sich machen, sondern kann sich aus erzwungener Passivität selbst befreien. Das hat meine Mutter so nie gesagt, aber ich bin sicher, dass sie daran glaubte. Meinen eigenen Bildungsweg sehe ich jedenfalls in diesem Licht.

Menschen sind es, die einen formen, viele von meinen Lehrern gehörten dazu. Einer der wichtigsten war Helmut Kuhlmann, ein Grundschullehrer, bei dem ich Rechnen, Schreiben und Lesen lernte. Für ihn war nach der Unterrichtsstunde das Pensum nicht erledigt. Er sah in uns nicht nur Schüler, er war sich der Verantwortung für Menschen bewusst, die auf dem Weg ins Leben waren. Er brachte uns mit der Welt in Berührung, weckte unsere Neugier und unsere Fantasie. Ich erinnere mich, durch ihn zum ersten Mal etwas über Afrika erfahren zu haben. Helmut Kuhlmann engagierte sich in der evangelischen Laienarbeit und hatte Kontakt zu Initiativen und Projekten, die sich mit Armut in der Dritten Welt beschäftigten. Wir hörten Nachrichten über Krieg und Hunger in Afrika. Es hatte wohl anfangs etwas von Abenteuer an sich, den Blick auf ferne Länder und vollkommen andere Lebensumstände zu richten. Aber dann trat anderes hinzu. Es ging um Zuwendung, um Anteilnahme an Menschen, die bedroht waren. Er war kein Linker, sein Antrieb war eher die Nächstenliebe. Der Eindruck war beträchtlich, den das damals auf uns Grundschüler machte. Die seltenen Abende mit einem Vortrag samt Diabildern fanden in bescheidenem Rahmen auf dem Dorf statt, aber in dem dunklen Raum ging uns ein Licht auf, wie das Leben außerhalb unserer Gewohnheiten aussehen konnte. Menschen wie er haben dafür gesorgt, dass ich nie zum Zyniker werden kann.

Ob ich ohne ihn auf der Oberschule gelandet wäre – ich weiß es nicht. Helmut Kuhlmann war es jedenfalls, der meine Eltern ermutigte, es mit mir und dem Gymnasium zu versuchen. Als das anstand, gab es für einen solchen Schritt kaum Vorbilder, in meiner Familie nicht und im Dorf genauso wenig. Die Anzahl derer, die es vor mir gewagt hatten, konnte man an einer Hand abzählen. Aufstieg durch Abitur und vielleicht sogar Studium war für uns im Grunde nicht vorgesehen. In meinem Jahrgang kamen zwar ein paar dafür in Frage, aber die meisten Eltern entschieden sich am Ende doch dagegen. Ich bin sicher, das war keine Entscheidung gegen die Bildungschancen ihres Kindes, es war eher der eigenen Unsicherheit gegenüber Neuem und neuen Anforderungen geschuldet und entsprang dem Wunsch, dem Kind eine mögliche Enttäuschung auf der Oberschule zu ersparen. Bei mir war es anders, und das hat mit meiner Mutter zu tun. Eines Tages kam sie aus einer Elternsprechstunde. Sie sagte: »Nun musst du's selbst wissen. Die anderen werden nicht mitkommen.« Ich fühlte keinen Druck, mich für das Gymnasium zu entscheiden, aber ich fühlte eine starke unausgesprochene Ermutigung, die meine Mutter in diesem Moment ausstrahlte. Irgendwas schwebte da zwischen Wunsch und Erwartung, und ohne dieses Empfinden hätte ich wohl nicht den Mut gehabt, Ja zu sagen. Zu jener Zeit war das eine große Entscheidung für einen wie mich, den Weg der höheren Bildung einzuschlagen. Und es gehört zu den großen Errungenschaften der sozialdemokratischen Bildungspolitik, dass später die Gymnasien und Universitäten von sich aus die Botschaft aussandten: »Wir wollen euch!«

Auch mein Vater stimmte schließlich zu. Seine Wurzeln reichten ja viel tiefer ins gewohnte dörfliche Leben hinein. Er lernte nach dem Krieg das Tischlerhandwerk – und fand seinen Weg in den Beruf wie die meisten, nach acht Jahren Hauptschule, ausgestattet mit Tüchtigkeit und Können. Es war allen im Ort klar: Die Männer konnten etwas. Darauf beruhte ihre Stellung. Sie packten an, nicht nur auf der Arbeitsstelle. Sie machten aus einem Haufen Häusern, einer Ansiedlung, eine Gemeinschaft. Die erste Turn- und Mehrzweckhalle nach dem Krieg, in der sich bis heute das öffentliche Leben Brakelsieks abspielt, bauten sie in Eigenleistung. Ich staune heute noch über die Selbstverständlichkeit, mit der Gemeinschaftseinrichtungen, ein Sportplatz, ein Vereinsheim oder ein Grillplatz, entstanden. Dann wurde auch etwas daraus. Das Dorf konnte auf diese Talente und Fähigkeiten zurückgreifen; keiner, der mit zupackte, hatte einen Gewinn an Ansehen oder gar sein Fortkommen im Blick. Auch nach Expertise und Diplom hat damals niemand gefragt, und es ist schade, dass uns diese Art Unbefangenheit im Beruflichen ebenso wie im sozialen Engagement so sehr abhandengekommen ist.

Wer damals ein wenig höher hinaus wollte, konnte dies als Handwerker erreichen, mit einer Lehre, darauf Gesellen- und Meisterzeit, anschließend weiter über die Technikerschule. Als Aufstiegsmuster funktionierte das immer gut, bis in die jüngere Vergangenheit hinein. Erst mit der Akademisierung und Verwissenschaftlichung auch der technischen Ausbildung brach das ab. Natürlich sind die Anforderungen an die technischen Berufe gestiegen. Aber das ist es nicht allein. Heute genießen talentierte praktische Arbeit und Erfahrung nicht mehr die Anerkennung, die ihrem Wert gerecht würde.

Auch das trug schon zu einem frühen Zeitpunkt dazu bei, die Mittelschicht in Deutschland zu schwächen. Dass es heute kaum noch angesehene, respektierte Arbeit unterhalb des Abiturs gibt, dass die Löhne in diesem Segment schlecht sind und Aufstieg durch gute Arbeit immer seltener, trägt zum Gefühl der kleinen Leute bei, sie seien gefährdet und der Dynamik des Arbeitsmarktes schutzlos ausgeliefert. Die Erfahrung, dass jemand Arbeit leistet, die geschätzt wird, dass er ein Leben in Sicherheit führen kann, wenn es auch bescheiden ist, gehört zum Bild meiner Bundesrepublik. Meine Eltern haben genau dieses Leben geführt. Mein Bruder erlernte das Schlosserhandwerk. Keiner in unserer Familie hat jemals eine Rechnung aufgemacht, was vorzuziehen sei – aus Brakelsiek wegzugehen oder dort sein Leben zu verbringen.

Der Anfang am Gymnasium in Blomberg hatte es in sich, denn vieles dort war fremd und groß. Die Klasse hatte zunächst über vierzig Schüler, bevor sie sehr bald durch harten Notendruck radikal verkleinert wurde. Als ich um die fünfzehn war, hatte ich den Entschluss bereits gefasst, auch noch bis zum Abitur weiterzumachen. Mit den Naturwissenschaften hatte ich meine Mühe, aber meine Stärke waren eher Fächer wie Deutsch und Geschichte. Ich war also eher ein Klassiker. Kein Klassenprimus, aber übers Ganze ohne Ehrenrunden. An die schulischen Schwächephasen des pubertierenden Gymnasiasten erinnere ich mich allerdings auch, ebenso an das Glück, dass man doch noch mal durchgerutscht war. Der eigene Weg ist ja selten so gerade, wie er im Rückblick erscheint. Wer hinterher glaubt, alles gleich in einem Anlauf geschafft zu haben, will meistens nicht mehr wahrhaben, dass es auch Durststrecken zu überwinden gab und dass ein zweiter Versuch nötig war. Ich bin fest davon überzeugt, dass in einer fairen Gesellschaft die zweite und dritte Chance immer gewährt werden muss und dass ein soziales Bildungssystem vor allem von unten nach oben durchlässig sein muss. Bei mir jedenfalls gab es sie, die mittelmäßigen Zeiten, und es ging auch mal schlecht.

Dabei muss auch gesagt sein, dass sich bei mir, wie bei vielen in diesem Alter, andere Interessen vor die Schule schoben: Mädchen wurden wichtiger und Fußball. Das Fußballspielen hätte ich für gar nichts aufgegeben. Ein- oder zweimal die Woche war Training, am Wochenende fuhren wir über Land und kickten. Zehn Jahre lang spielte ich Sonntag für Sonntag mit großem Ehrgeiz und Begeisterung – anfangs in der Abwehr, eine Zeit lang als Libero, später über viele Jahre im rechten Mittelfeld. Irgendjemand muss erkannt haben, dass da kein Filigrantechniker à la Beckenbauer heranwuchs, aber jemand mit langem Atem und Blick für die Breite des Spielfelds. Einer mit Kämpferherz, darin Uwe Seeler ähnlicher als Wolfgang Overath. Ein Profi wäre nie aus mir geworden, aber ein Teamspieler bin ich geblieben.

In meine Schlussjahre auf dem Gymnasium fallen die großen politischen Weichenstellungen, die »zweite formative Phase« der Bundesrepublik, wie der Historiker Bernd Faulenbach sie genannt hat. Das bekamen auch wir hautnah mit, und es elektrisierte ebenso wie mich auch viele Schulkameraden. Das Misstrauensvotum gegen Willy Brandt 1972 erlebte ich am Gymnasium in Blomberg. Ich war sechzehn, und die gescheiterte Abwahl Brandts gehört zu den Ereignissen meiner Jugend, von denen ich noch heute glaube, dass sie mich politisch geprägt, wenn nicht sogar für die Politik gewonnen haben. Die Wochen, die dem Ereignis vorausgingen, waren unruhig – das spürten wir, auch wenn wir die Auseinandersetzung über die Ostpolitik nicht wirklich begriffen. Wir wussten wohl, dass es zwei Deutschlands gab, denn viele von uns, auch unsere Familie, hatten Verwandtschaft »drüben«. Wir wussten auch, dass wir in einem unnatürlichen Nationalstatus lebten und dass da etwas getrennt war, das eigentlich zusammengehörte. Und wir wussten, dass die Menschen damals einfach nicht zueinanderkommen konnten. Die Sympathie für Willy Brandt entsprang aber unserem Lebensgefühl, nicht den Details der Ostpolitik oder dem fundamentalen Streit um die Rechtslage Deutschlands, an dem wir uns später an der Universität abarbeiteten. Die Stimmung in der Gesellschaft war bis zum Zerreißen gespannt. Das bekamen wir in der Schule und vor allem in unseren Familien mit.

In meiner eigenen Familie waren wir uns einig. Auch meine Mutter, die ihre Heimat verloren hatte, war für Brandts Ostpolitik. Sie verstand diesen Mann, der nichts weggab, was nicht schon lange verloren war, der aber etwas hinzugewann, was Deutschland brauchte, als er den Frieden und die Versöhnung mit den ehemaligen Kriegsgegnern stärkte. Geredet wurde überall, und dies umso heftiger, als Brandts mutige Politik plötzlich durch ein parlamentarisches Manöver abgebrochen zu werden drohte. Das erschien den meisten als nicht in Ordnung, als eine Art politischer Trickserei. Mit Blick auf den damaligen Fraktionsvorsitzenden von CDU/CSU im Bundestag machte das Wort vom »Barzel-Putsch« die Runde. Kurzum: Am 27. April, dem Tag, an dem der Bundestag nach dem Willen Rainer Barzels dem Kanzler das Misstrauen aussprechen sollte, ließen unsere Lehrer den Stundenplan Stundenplan sein und versammelten uns Pennäler in der Aula. Jemand rollte ein Fernsehgerät herein. Die Anspannung war zum Greifen, nicht nur unter den älteren Schülern, spürbarer noch unter den Lehrern. Wir verfolgten gemeinsam die Abstimmung. Wir zitterten. Dann der überraschende Ausgang. Das Ergebnis wurde mit einem großen Aufatmen aufgenommen. Ich habe es noch so lebhaft in Erinnerung, als wäre es heute geschehen: Wir fühlten uns mit Willy Brandt als Sieger in einem entscheidenden Ringen um die Zukunft des Landes. Und diese Erleichterung zeigte, dass sich die Mehrheit der Deutschen, nicht nur die traditionellen SPD-Wähler, in diesem Augenblick klar darüber war, wie sehr eine bloß rückwärtsgewandte Politik die Bundesrepublik gebremst hätte. Es ging ja nicht nur um die deutsch-deutschen Beziehungen, es ging um einen umfassenden Neuanfang in unserer Gesellschaft, um einen Aufbruch, den man ersehnte und forderte, damit die Politik dieses Landes endlich mit den Entwicklungen seiner Gesellschaft gleichzog. Die Mehrheit brauchte den Aufbruch, sie wollte mit sinnlosen Tabus brechen, damit sich neue politische und gesellschaftliche Perspektiven eröffneten. Die Mehrheitsmeinung war liberal, und diesen gesellschaftspolitischen Freiheitswunsch verkörperte Brandt als Kanzler einer sozialliberalen Koalition wie kein anderer Politiker der Zeit. Das alles machte sich in diesem Aufatmen des Frühjahrs 1972 Luft.

Die Strahlkraft von Willy Brandt ging weit über die Wirkung eines erfolgreichen Parteipolitikers hinaus. Er sprach für ganz Deutschland in einer Weise, die Ausdruck eines historischen Moments war. Nicht zufällig war er auch im Osten des Landes der wohl populärste Politiker seiner Zeit. Die sozialliberale Koalition vom September 1969 bedeutete einen Einschnitt in der Geschichte der Bundesrepublik. Es war der erste Machtwechsel durch Wahlen, Brandt der erste sozialdemokratische deutsche Kanzler seit Hermann Müller, der 1930 zurückgetreten war. Brandt stand als Person für etwas, das viele all die Nachkriegsjahre lang für dieses Land erhofft hatten, und das war nichts weniger als eine geistige Neugründung der Republik. Möglicherweise unterschätzt man von heute aus gesehen, wie intensiv sich die westdeutsche Gesellschaft schon seit den späten Fünfzigern mit den ab 1933 begangenen Verbrechen dieses Landes auseinandergesetzt hatte, in den Familien, in den Kirchen, in den Parteien. Auch wir redeten über die Verfolgung politisch Andersdenkender, über die Schuld Nazi-Deutschlands am Krieg, über die Konzentrationslager, über das unvorstellbare Todessystem, in das viel zu viele Deutsche verstrickt waren. Seit dem Frankfurter Auschwitz-Prozess, der erst 1963 eröffnet wurde, ermöglicht durch Fritz Bauer, den unerschrockenen sozialdemokratischen Generalstaatsanwalt von Hessen, setzte sich in der Bundesrepublik die Einsicht durch, dass die NS-Herrschaft keine Diktatur wie andere gewesen war. Im Herzen Europas war in der Tat ein »Zivilisationsbruch« geschehen, wie der israelisch-deutsche Historiker Dan Diner später schrieb. Das war uns damals kaum wirklich klar, aber wir spürten, dass dieser Willy Brandt, angefeindet als Emigrant und von den Konservativen als nicht zu uns gehörend markiert, der Repräsentant des anderen, des besseren Deutschland war.

Es mutet heute unglaublich an, aber 1961, als Brandt das erste Mal als Kanzlerkandidat der SPD antrat, konnte sich Franz Josef Strauß im Bundestag noch erlauben, den Sozialdemokraten Brandt für seine Teilnahme am Widerstand gegen die Nazis anzugreifen: »Was haben Sie zwölf Jahre draußen gemacht? Wir wissen, was wir drinnen gemacht haben!« Selbst Adenauer ließ sich dazu hinreißen, von einem »Mangel an National- und Selbstwertgefühl« zu sprechen, weil der 1938 zwangsausgebürgerte Brandt in Norwegen Zuflucht gesucht hatte. Brandt verkörperte die Hoffnung, dass dieses Land nicht von denen dominiert würde, die sich einer solchen Auseinandersetzung verweigerten oder gar den Mantel des Verschweigens und des Beschönigens darüber ausbreiten wollten. Da wurde deutlich, was mit dem aufrechten Gang gemeint ist. Dass die Demokratie keine Duckmäuser verträgt und Deutschland nur durch die kritische Auseinandersetzung mit falschen Traditionen vorankommen kann, vertrat die Sozialdemokratie wie keine andere Partei. Das alte Wort von Lassalle, demzufolge alle große politische Aktion damit beginne, auszusprechen, was ist, war wieder aktuell.

Schon aufgrund seiner Biografie war Brandt jemand, zu dem wir aufgeschaut haben und der durch die Kraft seiner Persönlichkeit dazu aufforderte, politisch zu denken oder sich politisch zu engagieren. Mehr als mir damals bewusst war, stand

Brandt für Zukunft und Wagemut, er repräsentierte Fortschritt im umfassenden Sinn. Dafür waren wir empfänglich, und wie sehr wünschte ich meinem Land heute etwas mehr von dieser Zuversicht, von diesem Selbstvertrauen, die Verhältnisse neu zu gestalten. Die frühen Siebziger waren eine Phase der starken Politisierung der Jugend. Bei vielen legte sich das schnell wieder. Ich jedoch wollte weiter, war neugierig, wollte etwas bewegen helfen. Bei den Jusos war ich mittlerweile, auch Wochenenden auf Parteikonferenzen habe ich mir um die Ohren geschlagen, über eine Parteikarriere habe ich aber nicht nachgedacht. Ob das ein Nachteil ist? Ich glaube nicht. Für mich war die Sozialdemokratie nicht nur die Stimme ihrer Parteimitglieder und Funktionäre, sondern eine breite soziale Bewegung, die Politik für eine Mehrheit entwirft. Auch das sagte uns Willy Brandt: Es gibt Hunderttausende SPD-Mitglieder, aber Millionen von sozialen Demokraten in Deutschland. Was uns später im Studium intensiver beschäftigte, hatte Brandt vorgeführt: Eine erfolgreiche Partei darf sich selbst nicht genug sein. Bevor du die Politik machen kannst, die du für richtig hältst, musst du die Gesellschaft gewinnen.

Wir Jungen identifizierten uns auch deshalb mit Brandt, weil wir spürten, dass da jemand wegen seiner aufrechten demokratischen Haltung und wegen seines außergewöhnlichen Lebensweges ausgegrenzt werden sollte. Das war erbärmlich und gestrig. Uns bewegte die Sympathie mit jemandem, der erkennbar die jüngeren Generationen nicht als Last für die Demokratie ansah. Brandt suchte nicht im platten, berechnenden Sinn »das Gespräch« mit der Jugend. Er selbst hatte eine stürmische politische Jugend, die ihn als leidenschaftlichen Sozialisten auch einmal in Gegensatz zum Establishment der SPD gebracht hatte, bevor er sich mit aller Kraft gegen kommunistischen Gesinnungsterror wandte und vor den Stalinisten warnte. Bei ihm geschah es aus eigenem Erleben, wenn er die Studenten für Freiheit und Demokratie zurückgewinnen wollte. Nach den Eskalationen von 1967 und 1968 mit den Demonstrationen der revoltierenden Studentenbewegung und den teils massiven Gegenreaktionen des Staates organisierte er einen echten innergesellschaftlichen Versöhnungsprozess. Das geschah fünf Jahre vor meiner eigenen Politisierung. Achtundsechziger waren wir nicht mehr, aber unsere Neigung als Oberschüler gehörte den Studenten, die aufbegehrt und die richtigen Fragen gestellt hatten. Sie hatten die politische Emanzipation der Jüngeren als Erste eingefordert, und das war auch unsere Sache. Brandt und Bundespräsident Gustav Heinemann machten der Protestbewegung ein politisches Angebot. Sie signalisierten: Ihr seid ein legitimer Teil unserer Demokratie. Das schlugen manche als scheintolerant aus. Sie gingen den Irrweg der ideologischen Verbohrtheit. Wir jedoch nahmen das Angebot an.

Nach meinem Abitur folgte aber erst einmal die Bundeswehr. Bei der Musterung fragten sie mich, was ich werden wolle, und ich antwortete etwas leichtfertig: »Lehrer«. Die Antwort der Musterungskommission kam prompt: »Prima, da haben wir was für Sie.« So wurde ich Hilfsausbilder – im Dreiviertelstundenrhythmus galt es, mit den Rekruten Gewehre zu putzen oder Unterstände zu bauen. Abiturienten hatten es nicht einfach bei der Bundeswehr, aber schlimmer noch war die Trennung von Freunden und Freundin. Ich habe mich Jahre später gefragt, ob ich ernsthaft über Wehrdienstverweigerung nachgedacht habe. Wehrdienstverweigerung war Anfang der Siebzigerjahre offen gestanden bei uns auf dem Land noch nicht richtig angekommen. Entscheidender aber war, dass ich schon damals Schwierigkeiten gehabt hätte, den naiven Pazifisten zu geben, dem der Wehrdienstverweigerer entsprechen sollte. Als Vielleser und Zeitungsfresser ahnte ich, dass Frieden das Ziel ist – dieser zwar mit Soldaten nicht erzwungen werden kann, aber fast fünfzehn Jahre nach dem Mauerbau sich Landesverteidigung auch noch nicht von selbst erledigt hat.

Erinnert werde ich heute gelegentlich an die Zeit, wenn ich als Außenminister in Afghanistan unterwegs bin. Zwischen Termez und Kabul, Herat und Masar-e Scharif sitze ich im Cockpit hinter den Piloten genau jener Transall-Transportflugzeuge, die zu meiner Bundeswehrzeit in Dienst gestellt wurden und in denen wir damals gelegentlich als »Ballast« bei Ausbildungsflügen mitflogen. Die gut 35 Jahre, die das inzwischen her ist, gingen auch an den Flugzeugen nicht spurlos vorüber. Die Bundeswehrzeit war auch die Phase, in der die Entscheidung für das Studium fallen musste. Ausgemacht war noch nicht, welches Fach es sein würde. Publizistik stand immer noch oben auf der Hitliste, war doch lange klar, dass ich Journalist – inzwischen nicht mehr »nur« Sportjournalist, wie noch ein paar Jahre zuvor – werden wollte. »Journalist ist gut«, war der Rat von Freunden, »aber studier vorher was Ordentliches: Journalist kannst du mit jedem Studium werden.« Das hat mich überzeugt. Eine andere Lebensentscheidung hätte mich heute eher in die Berichterstattung über Politik als in die politische Werkstatt selbst gebracht. Mit der Architektur als Studium habe ich eine Zeit lang geliebäugelt, entschieden habe ich mich für das Brot- und Butterstudium schlechthin: Jura oder Rechtswissenschaften, wie es damals schon hieß.

Ob Politik dabei schon eine Rolle gespielt hat? Offen gestanden, ich glaube nicht. Allenfalls der Gedanke daran, dass das juristische Handwerk vielfältig einsetzbar ist und nicht auf ein zu enges Berufsbild zuführt. Jedenfalls war die Entscheidung klüger, als ich es damals war: einerseits ausgezeichnete Vorbereitung für all das, was auf mich noch zukommen sollte – ohne dass ich eine Ahnung davon hatte. Andererseits ist mir die Liebe zur Architektur vielleicht gerade deshalb erhalten geblieben, weil ich heute nicht mein tägliches Brot damit verdienen muss. Manches Mal in schweren Stunden vor dem Examen habe ich allerdings gedacht, ob Häuser bauen nicht doch besser gewesen wäre …

Damit war die Richtung entschieden, aber noch nicht über den richtigen Ort für die Bemühungen der nächsten Jahre. Gießen wurde es, keine der großen Traditionsuniversitäten wie Tübingen, Freiburg oder München, die ab Mitte der Siebziger zur Massenabfertigung übergehen mussten, mit eintausend Erstsemestern allein in der Rechtswissenschaft. Gießen ist eine Stadt im Oberhessischen und liegt auch als Universitätsstadt im Schatten Frankfurts und Marburgs. Es ist eine Stadt, in die der Krieg tiefe Wunden gerissen hatte, keine jener Städte, die mit Beinamen wie »Kleinod« oder »Idyll« belegt werden. Nüchtern das Stadtbild, eine Stadt der Arbeit, damals noch geprägt von zahlreichen Einrichtungen der U.S. Army. Sie war lange Zeit der größte Arbeitgeber in der Region. Gießen war genau zum Zeitpunkt meiner Ankunft dem Untergang geweiht und sollte gemeinsam mit der schönen Schwester Wetzlar in der Stadt »Lahn« aufgehen. Eine friedliche Revolution an der Wahlurne hat dieser Kopfgeburt schnell den Garaus gemacht. Die dafür verantwortliche Sozialdemokratie in der Region hatte lange an den Folgen zu tragen. Aber Ehrgeiz und Wille waren in Gießen spürbar, mit Hochschule und Universität die eigene Zukunft zu sichern.

Man muss in diesem Zusammenhang an die bildungspolitische Konstellation dieser Zeit erinnern. Forderungen nach einer demokratischen Hochschulreform waren seit 1964 laut geworden, als Georg Picht die »deutsche Bildungskatastrophe« kritisiert hatte. Willy Brandt machte das Thema Bildung und Chancengleichheit dann mit Nachdruck zur Sache der Sozialdemokratie. In seinen Regierungserklärungen von 1969 und 1972 rangierten Bildung und Ausbildung ganz oben. Für seinen Satz »Die Schule ist die Schule der Nation« wurde er in den Abgeordnetenreihen von CDU und CSU noch ausgelacht. Auch hier musste die Union von der gesellschaftlichen Mehrheit zum Dazulernen gedrängt werden und eine lange Strecke zurücklegen, bis sie fast vierzig Jahre später selbst die

34

Bildung als zentrale politische Aufgabe für sich reklamierte, als wäre dies etwas Neues. Die umfassende Bildungsreform wäre schon im Rahmen der ersten Großen Koalition möglich gewesen, aber sie scheiterte, sie versandete im Kompetenzgerangel zwischen Bund und Ländern. Immerhin sah der Rahmenplan von 1971 einen großzügigen Ausbau der Hochschulen vor. Als ich zu studieren begann, stieg die Zahl der Studierenden in der Bundesrepublik steil an. Trotz großer Anstrengungen waren die Universitäten darauf nicht ausreichend vorbereitet. Die Qualität des Studiums litt folglich darunter. Gleichwohl gelang wie nie zuvor die Öffnung des Bildungsprivilegs zugunsten von Kindern aus einfachen Arbeiter- oder Angestelltenhaushalten. Zum ersten Mal machte ihnen mit der SPD eine Regierungspartei Mut, den Schritt zu höherer Bildung zu wagen. Auch das meinte Brandt, wenn er von »Mehr Demokratie wagen« sprach. Es ging insgesamt um mehr Teilhabechancen.

Für die Situation in Hessen war ein zweiter Umstand wichtig: Das Land machte damals eine »linke« Schul- und Hochschulpolitik. 1972/73 hatte SPD-Kultusminister Ludwig von Friedeburg die berühmten »Rahmenrichtlinien für den Deutsch- und Sozialkundeunterricht« erlassen, die die Leitlinien von 1958/59 ablösten. Von Friedeburgs Richtlinien waren sicher emphatisch nach vorn weisend, in Teilen nicht völlig unproblematisch – Zweifel sind erlaubt, ob es richtig war, den eigenständigen Geschichtsunterricht abschaffen zu wollen. Versäumt hatte man in jedem Fall, die besorgte Mehrheit der Eltern auf dem Weg zur Reform mitzunehmen. So setzte 1973 in Hessen ein beispielloser Kulturkampf um eine moderne Bildungspolitik ein. Mehr als einmal wurde der Untergang des Abendlandes beschworen. Konservative wollten das Reformkonzept nicht verbessern, sondern sie gingen auf Konfrontation und schürten die Angst vor einer »Kulturrevolution«. Sie erklärten Hessen zur kultus- und bildungspolitischen Kampfzone. Hier sollte sich entscheiden, was damals in der Tat die gesamte Republik bewegte: Ob sich eine am Ideal der Emanzipation orientierte Bildungsreform durchhalten ließe und ob sie Modernisierungserfolge bewirken könne. Sie konnte es, auch die Uni Gießen war dafür ein Beispiel.

Alles in allem bin ich dem Studienort und dem Land Hessen fünfzehn Jahre verbunden geblieben – erst das Studium, dann das Referendariat in Frankfurt. Für Assistenzzeit und Promotion ging ich wieder zurück an die Justus-Liebig-Universität. Das war nicht abzusehen zu Beginn, wenngleich die Voraussetzungen für junge Studierende ungleich günstiger waren als anderenorts. Gießen war beileibe keine Massenuniversität. Die juristische Fakultät – nach 1945 zunächst nicht wiedereröffnet – war Mitte der Sechzigerjahre, als Hessen tatsächlich vorn war und bleiben wollte, mit hohem Anspruch neu gegründet worden. Neue Wege in der Juristenausbildung wurden beschritten, reformwillige Geister aus der ganzen deutschen Wissenschaftslandschaft zusammengezogen. Höchstes Niveau war geplant: raus aus den ausgetretenen Pfaden, weg von den Großveranstaltungen im Frontalunterricht, den Diskurs mit den Studenten suchen und interdisziplinär mit den Nachbarwissenschaften arbeiten, sie integrieren in die Rechtswissenschaften mit all dem, was Voraussetzungen und Grenzen des Rechts definiert. Volkswirtschaft und Kriminologie sollten selbstverständlicher Bestandteil dieser neuen Rechtswissenschaft sein. All das machte neugierig, auch mich. Spiros und Kostas Simitis waren da, deren Familien von der griechischen Militärregierung verfolgt wurden. Das sprach für Weltoffenheit und Toleranz, das war auch politisches Signal und bedeutete Unterscheidbarkeit im juristischen Lehrbetrieb. Auch hier ahnte ich nicht, dass ich beide wieder treffen würde, den einen, Kostas, als griechischen Ministerpräsidenten, den anderen, Spiros, als langjährigen Datenschutzbeauftragten und später Vorsitzenden des deutschen Ethikrates, den Gerhard Schröder zur

Beratung in Grenzfragen der medizinischen und wissenschaftlichen Entwicklung eingerichtet hatte.

Die gut zehn Jahre seit Neugründung des Fachbereichs waren allerdings nicht spurlos an der reformierten Juristenausbildung vorübergegangen. Ölpreisschock und Konjunkturkrise ließen Einschnitte in die Mittelausstattung der Wissenschaft auch in Gießen spürbar werden. Der hohe Anspruch an einen grundlegend veränderten Lehrbetrieb ließ sich nicht aufrechterhalten. Dennoch, vieles war geblieben: vor allem Köpfe, die etwas wollten. Und: Recht im Zusammenhang der gesellschaftlichen und politischen Wirklichkeit zu lehren, das war immer noch der Anspruch. Mit der Universität betrat ich eine neue Welt, der ich – mit kurzen Unterbrechungen – als Student, wissenschaftlicher Mitarbeiter, Assistent, Doktorand bis 1991 verbunden geblieben bin. Viele meiner politischen Grundüberzeugungen haben sich dort gebildet, mein Blick auf Politik und Gesellschaft hat sich dort geschärft. Ich wäre nicht der, der ich bin, ohne den Freiraum, die Möglichkeiten und vor allem die Begegnungen dieser Jahre.

Und Freiräume gab es! Als Kind vom Lande, aus einem Elternhaus ohne Bibliothek und Klavier, dafür mit Neugier und Nachholbedarf, habe ich aufgesogen, was wichtig war, um zu verstehen. Nie mehr in meinem Leben habe ich so intensiv und viel gelesen wie in den Studienjahren, weit über das Juristische hinaus. Wir wollten wissen, wie all das geworden ist, was die Republik gegen Mitte der Siebzigerjahre prägte. Zusammen mit Cornelius Pawlita, mit dem ich viele Jahre zusammengearbeitet habe und bis heute befreundet bin, stürzten wir uns auf die Frühgeschichte der Bundesrepublik. Wir wollten genauer wissen, wo die Brüche, wo die Kontinuitäten liegen. Schrieben wir unsere Seminararbeiten oder juristische Hausarbeiten, so saß ein paar Reihen vor uns eine junge Frau in höheren Semestern, die schon für das Examen büffelte: Brigitte Zypries. Auch wir beide haben uns nie wieder aus den Augen verloren.

Die folgenreichste Begegnung dieser Jahre war aber sicherlich diejenige mit Helmut Ridder, der später zu meinem akademischen Lehrer wurde. Er war damals eine der außergewöhnlichsten Figuren unter den Lehrern an deutschen Rechtsfakultäten. Ein großer Querkopf, der sich nicht einordnen wollte und sich schwer einordnen ließ. Ein brillanter Kopf, an dem sich auch die Geister der Studenten schieden. In seinen Vorlesungen entfachte er ein intellektuelles Feuerwerk und schlug – beinahe unabhängig vom Thema – seine Volten, von aktuellen Problemen des Verfassungsrechts über mittelalterliches Kirchenrecht bis zur klassischen Philosophie Athens. Vermeintliche Randthemen wurden zunächst in eckigen Klammern, dann in runden Klammern und, wenn's nicht reichte, in Fußnoten erläutert. Alles in freiem Vortrag, versteht sich. Und häufig genug nicht nur für den Vortragenden anspruchsvoll. Ridder gehörte zu denen, die angetreten waren, um an einem neuen Modell von universitärer Bildung zu arbeiten. In seinen Augen sollte die Universität nicht nur Ausbildungsanstalt einer künftigen Elite sein. Die Universität war für ihn immer auch ein Labor für die demokratische Gesellschaft, ein Modell sozialer Vernunft. In welcher Institution sonst ließen sich in der Bundesrepublik der frühen Siebzigerjahre Ideen von Selbstorganisation und Selbstverwaltung realisieren, wo sonst ließ sich Ernst machen mit Ansprüchen auf Teilhabe und Demokratisierung?

Im Verständnis der Sechzigerjahre war Ridder links, und links war selten unter den Juristen der Zeit, erst recht, seit er als Vorsitzender des »Kuratoriums Notstand der Demokratie« öffentlich gegen die Notstandsgesetzgebung gestritten hatte. Die Kontinuitäten, die zwischen der bundesdeutschen Juristenzunft und den obrigkeitsstaatlichen, antidemokratischen Traditionen bestanden, die personellen Kontinuitäten von Karrieren, die im Dritten Reich begonnen hatten, sind später historisch aufgearbeitet worden, zum Teil mit erstaunlichen, ja erschütternden Resultaten. Ridder aber war kein Linker im marxistischen Sinne, sondern eher ein Radikaldemokrat bürgerlich-liberalen Zuschnitts, aus linkskatholischem geistigen Milieu kommend, für das Namen wie Eugen Kogon oder Walter Dirks stehen. Er glaubte an die Bedeutung des freien Wortes. Im Krieg hatte er in einer Kryptierungseinheit gedient und Funksprüche ver- und entschlüsselt. 1945 war er nach Berlin zurückgekehrt und stolperte, wie er gelegentlich erzählte, über das Trümmerfeld der Humboldt-Universität. Dort traf er Martin Drath. Beide standen in strikter Opposition zu der dezisionistischen Verfassungslehre Carl Schmitts – die sich später durch ihre Nähe zum Nationalsozialismus diskreditiert hatte. Buchstäblich auf den Trümmern dieses Denkens galt es, die Auseinandersetzungen um ein demokratisches Deutschland noch einmal aufzunehmen, diesmal unter günstigeren Vorzeichen. Ridder wollte an die abgebrochene demokratische Tradition deutschen Rechtsdenkens, von Hans Kelsen über Hugo Preuß bis Hermann Heller, anknüpfen, die die Weimarer Republik nie haben prägen können. Die Universitätsreform bot dazu eine Möglichkeit. Er war kein zurückgezogener Forscher, er war öffentlicher Streiter, höflich, aber unerbittlich in der Argumentation. Aus der »Notgründung von 1945«, einem demokratischen Neuanfang, der nur dürre Wurzeln in der deutschen Rechtstradition hatte, sollte eine stark von der Gesellschaft getragene Ordnung der Freiheit und der Demokratie werden.

Im Grunde ging es ihm um eine Neugründung Deutschlands, das eben *nicht* der Nachfolgestaat des Dritten Reiches sein durfte. Er wollte, dass die Demokratie mehr als nur ein neues Gefäß sei, in dem ein alter undemokratischer Geist hauste. Um die selbst erarbeitete, selbst errungene, ja erkämpfte, um die von der Gesellschaft getragene Demokratie ging es ihm. Ridder war eine Orientierungsfigur für uns. Aber wer waren wir? Sicherlich mit Herz und Kopf links, aber doch ein wenig heimatlos. Sicher hatten wir das eine oder andere vom graubärtigen Privatgelehrten aus dem 19. Jahrhundert gelesen. Aber sieben Jahre nach 1968 hatten die Zellteilung und Segmentierung der marxistischen Linken gerade ihren Höhepunkt überschritten. Mit Politik hatte das alles nur noch am Rande zu tun. Das meiste waren selbstreferenzielle Debatten ohne Außenwirkung, aber mit viel theoretischem Aufwand, um die Abgrenzung von der ebenso unbedeutenden Nachbargruppe wenigstens nach innen hin verständlich zu machen. Monty Pythons komödiantische Version im »Leben des Brian« – »Volksfront von Judäa« vs. »Judäische Volksfront« – war nur unwesentlich entfernt von der Realität.

Wir begriffen uns als Teil einer europäischen Linken – in Abgrenzung zu der kommunistischen Orthodoxie der Ostblockländer und ihren studentischen Nachbetern im Westen. Diese »Neue Linke« war misstrauisch. Sie war misstrauisch gegenüber dem Sozialismus diktatorischer Staatsparteien und schöpfte ihre Hoffnung aus einer alternativen linken Politik in Ost und West, wie sie vom »Prager Frühling« und den Achtundsechziger-Bewegungen zwischen Berkeley, Paris, Frankfurt und Berlin aus ihren Ausgang genommen hatte. Natürlich waren das für uns bereits weit zurückliegende Ereignisse. Der »Prager Frühling« war gescheitert, von sowjetischen Panzern niedergewalzt, die demokratischen Sozialisten um Alexander Dubček entmachtet, gedemütigt, in Haft genommen. Aber auch der Aufbruch der Jugend im Westen mündete viel zu oft selbstverschuldet in ein Spiel mit der Gewalt »gegen Sachen«.

Vor dem Hintergrund ökonomischer Krisen und politischer Unsicherheiten nach dem Rücktritt Willy Brandts ging es nun darum, die Ankündigungen wenigstens schrittweise in die Tat umzusetzen und die Idee der Emanzipation unter sehr viel schwierigeren Bedingungen weiterzutragen. Die Flamme brannte noch, die Hoffnung auf eine bessere Republik war noch lebendig. Wir waren schon nüchterner geworden. Es ist seltsam: Schaue ich zurück, habe ich mehr als zwanzig Jahre meines Lebens in Wohngemeinschaften gelebt. Zu Beginn des Studiums war es auch Gebot eines knappen Wohnungsmarktes und hoher Mieten. Vor allem aber schien die Alternative von zwölf Quadratmetern im Studentenwohnheim wenig attraktiv. Also WG! Eine ehemalige Zigarrenfabrik, im Gießener Ortsteil Wieseck, Hinterhof, linke Haushälfte – das war vierzehn Jahre lang meine Wohnung, auch eine Adresse. Ein offenes Haus, ein politisches Haus! Ich erinnere mich an Lesegruppen mit Gästen, endlose Diskussionsabende. »Die deutsche Ideologie« sei das, was von Marx bleiben werde, hatte jemand orakelt. Grund genug, um sich intensiv damit zu beschäftigen; Unwille löste aus, wer sich aus unentschuldbarer Leseträgheit nicht zur inhaltlichen Auseinandersetzung in der Lage sah.

Ich erinnere mich an einen Abend im November 1976: Eine größere Runde versammelte sich vor dem Fernseher; Wolf Biermann spielte auf Einladung der IG Metall in der Kölner Sporthalle, ein bewegender Auftritt, und wir ahnten, dass das Ereignis nicht ohne Folgen bleiben würde. Tatsächlich hatte die DDR-Führung ganz offenbar auf den Anlass gewartet und bürgerte Biermann aus. Der Umgang der DDR mit politischer Opposition im Lande war ab sofort Thema. Irgendjemand brachte nicht lange danach, sogar einigermaßen lesbar kopiert, eine Neuentdeckung mit – Rudolf Bahro: »Die Alternative«. Ich habe sie immer noch in meinem Bücherregal; wir haben sie damals gelesen als Beleg dafür, dass sich politische Veränderung im anderen Teil Deutschlands vorsichtig ankündigt. Es sollte mehr als zehn weitere Jahre dauern, bis in der DDR eine authentische politische Opposition außerhalb der SED und gegen die SED zu kraftvoller Stärke heranwuchs.

Auch in unserer Wohngemeinschaft ging über die Jahre hinweg manches nicht ohne Reibung. Aber für einen, der vom Land kam, links war und neugierig, nicht die schlechteste Wohnform! Und einfacher zu leben war sie inzwischen auch, seit die Ansprüche aneinander realistischer geworden waren. Dass die Wohngemeinschaft Keimzelle einer »revolutionären Ordnung« jenseits der Familie sein würde, kommentierten wir mit Blick auf den Abwaschberg nur noch ironisch.

Viele von uns hielten Distanz zur Macht, begaben sich jedenfalls nicht sofort in etablierte Institutionen. Ich denke, das hatte viel mit Übergangssituationen zu tun. Die Suche nach dem dritten Weg zwischen Kapitalismus und Sozialismus war damals allerorten im Gange. Wir lasen und diskutierten André Gorz, Ota Šik und Nicos Poulantzas. Die Lektüre von Antonio Gramsci ist mir in Erinnerung geblieben, sein nachdrückliches Plädoyer gegen ökonomistische Verengungen einer Politik, seine Betrachtungen über die Bedeutung von Freiheit, von Kultur in den innergesellschaftlichen Beziehungen, die Kritik staatlicher Reglementierung im realen Sozialismus. In all dem steckten Sprengstoff und viel Material für politische Scheidelinien, vor allem innerhalb der studentischen Linken. Lesen, diskutieren und streiten über die großen Linien, die Vision der gerechten und demokratischen Gesellschaft war gut. Aber es konnte die Auseinandersetzung mit dem eigenen Tun nicht ersetzen, dem Alltag im Studium, den Defiziten im Programm des Lehrbetriebs. Und selbstverständlich war für uns die lange Zeit unterlassene, spät begonnene Aufarbeitung der Justiz im Dritten Reich von großer Bedeutung. Es blieben offene Fragen in Bezug auf die Rolle, die Juristen im Nationalsozialismus gespielt hatten, Fragen, die auch ich hatte. Die ausbleibenden Antworten waren der Verweis darauf, dass man selbst anzupacken hatte.

Hochschulpolitisch war das ein Einstieg, es folgte ein Engagement für diese Vergangenheitsaufarbeitung des deutschen Rechts und seiner Vertreter, das bis zum Ende meiner Universitätszeit andauerte. Unter dem wenig fantasievollen Namen »Kritische Juristen« traten wir an. Wir kümmerten uns um neu ankommende Erstsemester, vor allem aber um die

Inhalte des eigenen Studiums. Was fehlte, organisierten wir selbst. Ganze Vorlesungsreihen mit externen Referenten, zur »Justiz im Nationalsozialismus«, zur »Zukunft der Arbeit«, zur »Staatsrechtslehre in Weimar« und anderes mehr. Es war eine aktive Zeit: sich einmischen, wissen wollen, worum es geht, mitreden, Aufklärung, gerechtere Gesellschaft, demokratische Teilhabe – all das trieb uns an. Und konkreter wollten wir sein als die Generation vor uns: in die Gesellschaft hinein wirken, Konflikte aufnehmen, den Schwachen eine Stimme geben. Ich selbst begann eine Beratungstätigkeit im Ausländerrecht, später auch an sozialen Brennpunkten. Gleichzeitig hatte ich das Glück, zum Redaktionskreis einer der beiden kritisch ausgerichteten Juristenzeitschriften zu stoßen. Dass es nicht die bis heute erscheinende, unverändert muntere »Kritische Justiz« war, lag schlicht daran, dass die kleinere Konkurrenz in diesem Spektrum, nämlich »Demokratie und Recht« – von Helmut Ridder mit herausgegeben –, ihre Chefredaktion für einige Jahre in Gießen hatte. Mir hat das die Möglichkeit zum Schreiben eröffnet – und mir so am Ende doch Gelegenheit gegeben, im Nebenberuf mein publizistisches Interesse drei, vier Jahre lang zu pflegen. Vor allem lag der Reiz darin, außerhalb des juristischen Alltags Neuland zu betreten, das juristisch unbearbeitet war. Die Arbeit über die Verfassungsmäßigkeit des rotierenden Mandats, das die neu gegründeten Grünen damals beschlossen hatten, gehörte beispielsweise dazu.

Das Themenspektrum war breit. Das Redaktionsteam, im wesentlichen Mitarbeiter von öffentlich-rechtlichen Lehrstühlen in Gießen, war diskussionsfreudig und neugierig. Rückblickend war es ein Team, in dem sich politisch etwas sammelte, was Jahre später als »rot-grünes Milieu« beschrieben worden wäre: Sozialdemokraten, linke Liberale, jene, die sich eher den neuen sozialen Bewegungen zuwandten. Daraus wurde eine Richtung und gleichzeitig ein Problem. Denn anders als Helmut Ridder verfolgte die mehrheitlich politisch eher dogmatisch dominierte Herausgeberschaft von »Demokratie und Recht« unseren Kurs mit wachsendem Argwohn. Erwartet wurde eine deutlichere Repräsentanz der dogmatischen Linken, die im Streit um NATO-Doppelbeschluss und im Rahmen einer kurzzeitig wiedererstarkten Friedensbewegung zu Beginn der Achtzigerjahre mit gewachsenem Selbstbewusstsein auftrat. Es entwickelte sich eine Dauerkontroverse zwischen Redaktion und der Herausgebermehrheit über die Bedeutung und die Wertschätzung individueller Freiheiten, über vordergründige Instrumentalisierung des Rechts in der politischen Auseinandersetzung, über Einhaltung wissenschaftlicher Standards, über das Verhältnis zum damals noch sehr realen Sozialismus. Die Vorbereitung jeder neuen Ausgabe wurde zur Herausforderung. 1984 kam es zum Eklat und zum endgültigen Bruch. Die Redaktion trat zurück, auch ich schied damals aus. Ridder trat als Herausgeber zurück. Ein kleines Aperçu dieser Geschichte: Die Nachfolge in der Redaktion der Zeitschrift wurde vom Verlag danach einem der politisch linientreueren Herausgeber übertragen: Professor Norman Paech, der mir heute als Abgeordneter der Linkspartei im Deutschen Bundestag gegenübersitzt. Die Unterschiede sind geblieben.

Die Ära Helmut Schmidts war für uns eine Abkühlungsphase. Wir betrauerten den Rücktritt Willy Brandts, ausgelöst durch die Guillaume-Affäre, durchschauten aber natürlich nicht alle Hintergründe, insbesondere nicht die Querelen zwischen Brandt, Wehner und Schmidt. Wir spürten dennoch, dass da etwas unwiderruflich vorbei war. Helmut Schmidt machte es uns nicht leicht. Von ihm als Person ging schon diese norddeutsche Abgeklärtheit aus, die sich mit den Visionen linksdemokratischer Jungakademiker nicht gut vertrug. 1974 war durchaus eine Zäsur. Doch zugleich vollzog sich an der Spitze der Bundesregierung ein Wechsel, den auch wir auf unsere Weise intellektuell eingeläutet hatten, nur eben nicht so schonungslos offen, wie Schmidt das nun tat. Im Laufe meines politischen Werdegangs ist mir immer klarer geworden, dass wir Helmut Schmidt damals aus der Distanz auch unrecht taten und dass wir zu wenig über ihn wussten.

Bedeutende Kanzler, heißt es, haben immer ein bestimmendes Thema. Adenauer war der Kanzler der Westbindung; die Sozialdemokratie unterstützte ihn darin seit den späten Fünfzigerjahren auch in der Person des Abgeordneten Helmut Schmidt, der sich um den Aufbau der Bundeswehr als Parlamentsarmee kümmerte und sehr entschieden gegen die atomare Bewaffnung argumentierte. Brandt war der Kanzler der Ost- und der Entspannungspolitik, und Schmidt diente Brandt als Verteidigungsminister, der das Leitbild des Staatsbürgers in Uniform durchsetzte, von jedem Soldaten einen eigenen Kopf erwartete und per »Haarerlass« auch die Mähne darauf erlaubte. Pflichterfüllung ja, aber Spießertum war dem liberalen Hanseaten immer ein Gräuel. Dann wurde Schmidt *der* Finanzminister, den 1972 und 1973 die ganze Wucht einer Doppelkrise aus Dollarverfall und Ölpreisschock traf. Das Ende des Währungsabkommens von Bretton Woods wurde damals wie ein Erdbeben empfunden. Hinzu kam die Verknappung des Ölangebots nach dem arabisch-israelischen Krieg von 1973, das den wichtigsten Rohstoff der deutschen Industrie verteuerte. Das Wachstum, der Stolz einer Generation des Wiederaufbaus, brach ein. Mit einem Schock wurde uns Westdeutschen die globale Verflechtung unserer Wirtschaft und unseres Wohlstands bewusst. Was mit der Kanzlerschaft Helmut Schmidts begann, wird oft als Krisenmanagement bezeichnet. Das war es anfangs auch, denn die wirtschaftliche Lage verlangte politische Führung mit schnellen und harten Entscheidungen.

Die sozialliberale Koalition bestand ihre Bewährungsprobe, und die Bundesregierung konzentrierte die Haushaltspolitik auf Prioritäten. Sie sicherte die Investitionen – beispielsweise den Bildungsausbau –, und sie schaffte es, Preissteigerungen zu begrenzen. Nicht zufällig kürte die »Financial Times« den Kanzler 1975 zum »Mann des Jahres«. Die Bundesrepublik wuchs mit ihm in eine neue internationale Rolle hinein. Helmut Schmidt genoss den Respekt der amerikanischen Regierung, vor allem hatte er ihr Gehör. Er entwickelte mit dem französischen Präsidenten Valéry Giscard d'Estaing ein beispielhaftes Vertrauensverhältnis. Vor allem aber zog er aus der Weltwirtschaftskrise die Konsequenz, dass die internationale Zusammenarbeit der führenden Wirtschaftsmächte eine neue Qualität gewinnen müsse. Schmidt wusste, dass er die Verantwortung für eine Exportnation trug. Er setzte sich für den Freihandel ein, argumentierte gegen nationale Abschottung und für offene Märkte. Leidenschaftlich warb er in London dafür, dass Großbritannien dem gemeinsamen europäischen Markt nicht den Rücken kehrte. Ich bin heute der festen Überzeugung, dass Helmut Schmidt der erste deutsche Kanzler war, der die unwiderstehliche Dynamik der wirtschaftlichen Globalisierung begriff. Und er zog für unser Land daraus den Schluss, dass nationalstaatliche Antworten nicht mehr genügten: Gemeinsame Märkte benötigen gemeinsame Regeln. Schmidt erlebte in den Siebzigerjahren die erste große Welle der wirtschaftlichen Internationalisierung mit ihren Einbrüchen und Risiken, er dachte aber bereits voraus für deren zweite, politische Stufe. Die Nationalökonomie wurde zu eng, aber die Globalökonomie war noch nicht erfunden. Wie wahrscheinlich viele andere habe ich mir nach dem Ausbruch der jüngsten Finanzkrise einige seiner alten Reden angeschaut – und ich war erstaunt, wie lebendig, wie modern, wie wegweisend sie noch heute sind. Er machte sich als einer der Ersten auf den Weg hin zu einer Ordnungspolitik für das globale Zeitalter. Das sah er damals sehr viel klarer als seine Kritiker. In vielem hat er recht behalten. Viele seiner Einsichten sind heute wichtiger denn je.

Wir hatten in den Jahren nach 1974 allerdings auch nie den

Eindruck, dass das Erbe von Willy Brandt aufgegeben wurde. Vor allem die Brandt'sche Ostpolitik war längst noch keine Selbstverständlichkeit geworden und blieb weiter auf der Tagesordnung. Die KSZE-Schlussakte von 1975 trägt die Unterschrift des Kanzlers Schmidt – auch das war die Fortsetzung eines Weges, den Willy Brandt eingeschlagen und für den Egon Bahr die Formel »Wandel durch Annäherung« geprägt hatte. Ende der Siebzigerjahre allerdings rückte für uns etwas anderes in den Vordergrund. Es war das Ausmaß, mit dem die Sicherheitsbehörden nach den sogenannten Sympathisanten der RAF-Terroristen fahndeten. Unser Misstrauen richtete sich gegen einen Staat, der sich in seinem Sicherheitsbedürfnis in der Wahl seiner Mittel vergriff. Es gab die Straßenkontrollen, die Schnüffeleien im Privatleben gerade von jungen Leuten, weil man sie verdächtigte, Verdächtige beherbergt zu haben. Wir verstanden nicht, wie das Sicherheitskonzept eines Generalbundesanwalts der Hysterie entgegenwirken sollte, obgleich das sein Anspruch war. Oder wollten wir es nicht sehen? Ich hatte vor seinem Tod 2005 intensiven Kontakt mit Hans-Jürgen Wischnewski, der unter Schmidt als Staatsminister im Zusammenhang mit den Terroranschlägen im »Deutschen Herbst« 1977 zahlreiche Verhandlungen geführt hatte, auch jene in Mogadischu.

Wieder und wieder haben wir diese Zeit durchleuchtet. Nachdem ich selbst in den schweren Wochen und Monaten nach dem 11. September 2001 Verantwortung für die Sicherheit in Deutschland getragen habe, weiß ich, unter welchem Druck die Politik damals stand. An eines erinnere ich mich noch gut: Nach der Entführung von Hanns Martin Schleyer und der Lufthansa-Maschine »Landshut« gewann Schmidt hohen Respekt in der Bevölkerung, aber auch unter uns jungen Studenten. Es wuchs Verständnis, wenn nicht sogar Mitgefühl angesichts der schwierigen Entscheidungen des Regierungschefs, der eine echte Herausforderung des demokratischen Rechtsstaats parieren musste. Wir ordneten die

»bleierne Zeit« in der Bundesrepublik eigentlich nicht dem Regierungsstil Schmidts zu. Sie war nicht nur das Resultat einer Konfrontation zwischen Terroristen und Polizeibehörden, sie war ja nicht minder der Hoffnungs- und Sprachlosigkeit von Verirrten geschuldet. Diese hatten sich hasserfüllt im Extremismus isoliert und fanden keinen Rückweg mehr.

Wie kein anderer repräsentierte Schmidt das Plädoyer für praktische Vernunft in der Politik. Das war für die Jüngeren natürlich weniger attraktiv, aber beide, Brandt und Schmidt, machten auf ihre besondere Weise Politik unter globalen Bedingungen. Schmidt dachte stärker in wirtschafts- und sicherheitspolitischen Kategorien, Brandt setzte sich als Parteivorsitzender mit dem Nord-Süd-Dialog für weltumspannende Gerechtigkeit ein. Willy Brandt gewann die Herzen, besonders der spätere, dem die Last des Regierens von den Schultern genommen war. Mit Helmut Schmidt musste man alle Ambivalenzen austragen wie mit einem Vater. Er verlangte, die Irrationalitäten der wirklichen Welt auszuhalten, er ließ kein Ausweichen in Träumerei zu: Seid realistisch, stellt euch auf den Boden der Tatsachen. Das waren, wenn man so will, zwei Möglichkeiten sozialdemokratischer Politik. Ich glaube, sie wirken auf die eine oder andere Weise immer noch nach. Aber beide, Schmidt wie Brandt, erkannten bereits die künftigen Instabilitäten, die das Leben in der Bundesrepublik verändern würden, die ökonomischen, aber auch jene, die aus weltweiter Armut und globaler Ungleichheit erwachsen. Was ich damals zu ahnen begann, ist für mich heute eine Gewissheit: Die SPD kann nur stark sein und die gesellschaftliche Mehrheit gewinnen, wenn sie beide Linien zu einer geeinten politischen Kraft bündelt.

Die Querelen um die Zeitschrift »Demokratie und Recht« sind nur eine Fußnote in der geistigen Geschichte der Bundesrepublik nach '68, für uns jedoch war es ein symptomatisches

Ereignis. Das Fortschrittslager war zerfallen, es konnte nicht länger die Rede davon sein, dass es die Gesellschaft für sich gewann oder gar so etwas wie geistige Führung in der Bundesrepublik beanspruchen durfte. Dieser Gedanke hatte sich auf lange Zeit erledigt, denn zuerst ging die Glaubwürdigkeit verloren, dann die Regierung, und wer als linker Demokrat an seinen Idealen festhielt, musste sich überlegen, wie eine Linke aufs Neue und auf veränderte Weise wieder mit der Gesellschaft in Austausch treten konnte. Die Spaltung von SPD und dogmatischen Sozialisten jedenfalls hat nicht nur einen langen Vorlauf, sie ereignet sich an der Sollbruchstelle der Freiheit immer wieder neu. Dieser Konflikt hat unsere Parteigeschichte tief geprägt, vielleicht tiefer, als wir das nach dem Godesberger Programm 1959 und in den Aufbruchsjahren der alten Bundesrepublik wahrhaben wollten. Mit der Bildung der Linkspartei ist diese Auseinandersetzung nun in eine neue Phase eingetreten – und wieder geht es darum, Mehrheiten zu gewinnen für unsere große Idee von Freiheit und sozialem Fortschritt.

Statt sich in Grabenkämpfen mit ressentimentgeladenen Linksaußen-Funktionären aufzureiben, muss sich die SPD dabei auf ihre wichtigste Aufgabe besinnen: jene Gruppen der Gesellschaft zu erreichen, die das Land prägen, ökonomisch, sozial und kulturell. Diese Menschen kommen aus unterschiedlichen Schichten. Was sie eint, ist nicht der Steuerbescheid. Ich spreche auch nicht von Eliten, die im Rampenlicht der Medien stehen. Vielmehr geht es um die solidarische Mehrheit unseres Landes, um all diejenigen, die wollen, dass wir gemeinsam vorankommen, dass Leistungen anerkannt werden, dass es fair zugeht und dass Deutschland als Ganzes eine gute Zukunft hat. Diese Mehrheit besteht aus Wählern, aber wichtiger noch: aus Bürgern, aus Männern und Frauen, die sich in ihrem Land zu Hause fühlen. Sie wollen, dass der Respekt füreinander wiederkehrt. Der Sozialdemokratie muss es um mehr als kurzfristige taktische Winkelzüge gehen, die nur bis zur nächsten Wahl reichen. Unsere Aufgabe ist es, den verpflichtenden Geist für das Ganze unseres Landes wieder zu stärken.

Die Bundesrepublik – in den ersten dreiunddreißig Jahren meines Lebens war es die westliche Bundesrepublik – hat in meiner politischen Biografie tiefe Spuren hinterlassen. Diese Republik hatte ihre Fehler, aber eine ihrer größten Stärken war die Fähigkeit, aus Fehlern zu lernen und sich zu verbessern. Sie rang beständig um den inneren Frieden in einer offenen Gesellschaft. Ökonomische Wettbewerbskraft und soziale Gerechtigkeit waren für sie keine Gegensätze, sondern gehörten zusammen und bedingten einander. Das ist der Kern des »Modells Deutschland«. Und dafür lohnt es sich zu kämpfen. Die SPD, die unser Land entscheidend geprägt, die es sicherer und menschlicher gemacht hat, muss offensiv für diesen Gesellschaftsentwurf kämpfen. Immer wieder, von 1918 bis heute, war die SPD zur Stelle, wenn Deutschland kritische Situationen zu bewältigen hatte. Und das wird auch in Zukunft so sein.

Die alte Bundesrepublik gibt es nicht mehr. Sie war unvollständig, denn ihr fehlte eine republikanische Urerfahrung: die Diktatur selbst niedergerungen und die Demokratie aus eigener Kraft gewonnen zu haben. Das war es ja, worum es 1968 ging, und das war, was Willy Brandt 1969 aufgriff. Darum ging es auch uns, als wir gemeinsam mit Helmut Ridder das zivilgesellschaftliche Wurzelwerk der Demokratie in Deutschland stärken wollten. Vollständig errang diese Nation ihre demokratische Reife erst 1989, und es waren die Bürger der DDR, die vollbrachten, was kein westdeutscher Kanzler je hätte erreichen können. »Wir sind das Volk!« – das kam aus dem Osten und klang unbeabsichtigt, aber nicht zufällig wie der Anfang der amerikanischen Verfassung, die mit den Worten einsetzt: »We the people…« Dem Mauerfall und der deutschen Einheit ging die ostdeutsche Bürgerbewegung, ging eine Vielzahl von widerständigen Handlungen voraus, zu denen auch der Mut zum Ausreiseantrag oder die Entscheidung zur Flucht über Ungarn zählte. Der Protest gegen die gefälschten Kommunalwahlen, die Montagsdemonstrationen, die großen Kundgebungen in Leipzig und Berlin – all das gehört zur Chronik einer Zivilcourage, die noch nicht hinreichend in unser historisches Bewusstsein Eingang gefunden hat. Es sind Begebenheiten, die Teil einer weitaus umfassenderen Freiheitsgeschichte sind. Der Kampf der Arbeiter auf der Danziger Lenin-Werft, das Kriegsrecht in Polen und der polnische Widerstand haben mich damals sehr beschäftigt. Bei allen Unterschieden verspürten ich und viele meiner politischen Freunde die Stärke der demokratischen Idee, die den Arbeitern und den sie unterstützenden Intellektuellen die Kraft gab, der staatlichen Repression zu widerstehen.

Wir nahmen viel Verbindendes wahr. Die politischen Zustände in West und Ost ließen sich zwar nicht vergleichen, wohl aber gab es Gemeinsamkeiten in der Haltung zu Autoritäten und Machtstrukturen. In Mittel- und Osteuropa insgesamt erneuerte sich die Haltung des Citoyen. Ein ganz neuer, vielleicht entscheidender Faktor waren dabei die Länder und Völker übergreifenden Netzwerke, die sich außerhalb der herkömmlichen Strukturen und offiziellen Kontakte gebildet hatten. In dieser internationalen Dimension zivilgesellschaftlicher Zusammenarbeit lag ein neues, bis heute prägendes Moment von Aufbruch und Wandel, dem 1968 genau wie 1989 die Konservativen aller Art mit Unverständnis begegneten. Es setzte eine gesellschaftliche Entwicklung ein, in der fortschrittliches Denken nicht länger im Rahmen einer im Nationalstaat verfassten und verhafteten Politik stattfand, sondern in zivilgesellschaftlichen Strukturen. Genau dort lag schließlich auch das Fundament für die deutsche Wiedervereinigung.

Aber waren uns diese Konsequenzen damals, bei den Ereignissen in Polen 1981, schon bewusst? In ihrem ganzen Umfang nicht – aber wir ahnten zumindest, dass es sich hier um mehr als nur um innerpolnische Angelegenheiten handelte. Ridder hatte damals einen Artikel über Polen verfasst, in dem er die Solidarność als Risiko für die große politische Annäherung zwischen Ost und West beschrieb, auf die es ihm ankam. Die Jüngeren, auch ich, waren der Ansicht: Wenn die Menschen dort auf die Straße gehen, müssen wir auf ihrer Seite sein. Die Solidarność war etwas Neues. Arbeiter kämpften für würdige Arbeitsbedingungen und Demokratie, und wo Menschen dafür eintreten, müssen wir als demokratische Linke an ihrer Seite sein. Hätten wir damals nicht erahnen können, müssen, dass diese Bewegungen die Systeme zum Einsturz bringen würden? Und dass dies auch die DDR erfassen würde, die uns immer als besonders repressiv und bleiern erschien? Ich habe mir diese Frage im Nachhinein manchmal gestellt. Ich gestehe: Mein Vorstellungsvermögen reichte damals dafür nicht aus.

Ich glaube, dass Willy Brandts berühmter Satz »Jetzt wächst zusammen, was zusammengehört« all die Stimmungslagen wenig später in einzigartiger Weise zusammenfasste – gerade weil dieser Satz nicht nur eine einzige Bedeutung hatte. Für jene, die noch die Zeit vor der Teilung miterlebt hatten, beschrieb er eine Selbstverständlichkeit. Für meine Generation, die mit der Realität der Teilung groß geworden war, bedeutete er etwas anderes: Es war eine Mahnung. Uns fehlte die lebensweltliche Erfahrung des Zusammenlebens, und Brandt erinnerte uns daran, dass die Einheit eine historische Verpflichtung darstellte, mit allen Konsequenzen. Die Wiedervereinigung Deutschlands war wichtiger als sämtliche Einwände, die damals, aus welchen Motiven auch immer, dagegen vorgebracht wurden. Ehrlich gesagt hatte doch niemand, auch nicht die politisch Wachen, ernsthaft damit gerechnet, dass das DDR-Regime implodieren und den Weg zur Einheit freimachen würde. Die deutsche Frage, auch der Status der Nation, das heißt ihrer Zusammengehörigkeit im Zustand der politischen Teilung, hatten sich zwar wie ein roter Faden durch mein juristisches und politisches Denken gezogen, aber ich habe nicht damit gerechnet, die Wiedervereinigung zu erleben. Und das galt sicherlich für die Mehrheit der Deutschen – nicht nur in meiner Generation. Ich hatte über meine Verwandtschaft immer Beziehungen in die DDR. Ich wusste, wie die Menschen dort lebten und dachten – erlebt hatten sie gerade erst die Feierlichkeiten zum vierzigsten Jahrestag der Gründung der DDR, freudlos und verkrampft zwar, aber noch kein Signal des Untergangs. Mit wachsenden Zweifeln, aber noch nicht vorbereitet auf den Fall der Mauer. Als wir in Gießen vor dem Fernseher saßen und die Menschen auf der Mauer tanzen sahen, da lösten sich das Staunen, die Ungläubigkeit in Freude auf. Dass diese Deutschlands zusammengehören, konnte nicht in Frage stehen.

Heftig diskutierten wir damals allerdings das verfassungsrechtliche Selbstverständnis und die konstitutionelle Basis, auf der die Vereinigung der beiden Teilstaaten erfolgen sollte. Die entscheidende Frage war, ob die Vereinigung nach Artikel 23 oder Artikel 146 Grundgesetz, also in Form eines Beitritts der DDR zur Bundesrepublik oder über die Erarbeitung einer gesamtdeutschen Verfassung, erfolgen sollte. Wenn ich und viele meiner Freunde damals für ein gemeinsames Grundgesetz plädierten, in das auch die politischen Errungenschaften der Bürgerrechtsbewegung einfließen sollten, lag dem ein urdemokratischer Impuls zugrunde. Für uns war das Ausdruck des Respekts vor dem demokratischen Aufbruch in der DDR. Er sollte nicht einfach untergehen in einem Akt der rechtlichen Angliederung – als wären plötzlich die Menschen nicht mehr wichtig, die diesen Akt erst möglich gemacht hatten. Meinem Plädoyer für Artikel 146 lag damals die Erwartung zugrunde, die demokratischen Kräfte müssten sich auch wiedererkennen können in einer gemeinsamen deutschen Verfassung. Ohne ein solches konstitutives Bekenntnis schien uns die Integration in das einige Deutschland wenig aussichtsreich. Wenn der Politiker Steinmeier heute den Zeitgenossen, Demokraten und Juristen von damals beurteilen sollte, muss ich sagen: Das war eine ehrenwerte, am Ende aber auch unrealistische Vorstellung. Der politische Prozess der Vereinigung vollzog sich mit großer Geschwindigkeit. Die Zeit, kaum ein Jahr, ist genutzt worden, um den Einigungsvertrag auszuhandeln und mit dem 2+4-Vertrag einen internationalen Rahmen für die deutsche Einheit zu schaffen. Meine zehn Jahre in drei Bundesregierungen haben mich inzwischen oft genug erfahren lassen, wie schnell sich historische Fenster öffnen und wieder schließen. Die demokratisch aufrichtige Perspektive, in der wir damals die Ereignisse verfolgten, wurde dem engen Korridor realistischer Politik nicht gerecht.

Seit 1989 können wir »Deutschland« sagen, wenn wir von unserem Land sprechen. Die nationale Einheit, eingebettet in einen europäischen Aufbruch, hat die »deutsche Frage« endgültig geklärt und unser Land in die Mitte eines geeinten Kontinents gerückt. Als Matthias Platzeck mich fragte, ob ich bereit sei, mich in Brandenburg für ein Bundestagsmandat zu bewerben, habe ich sofort Ja gesagt. Die meisten meiner engen Mitarbeiter haben einen Geburtsort östlich der Elbe. Ich weiß, dass wir uns gegenseitig bereichern, dass wir gewinnen, wenn wir einander zuhören, unsere geschichtlichen Erfahrungen teilen und gemeinsam an einem neuen, europäischen Deutschland arbeiten. Die DDR war eng, aber auch die alte Bundesrepublik war ein zu selbstgenügsames Land. Die deutsche Einheit hat uns aus einem geschichtlichen Schlummer gerissen. Wir konnten an ihr historische Fantasie entwickeln lernen. Heute blicken wir offener und zugewandter auf eine Welt, die in historischer Beschleunigung begriffen ist, die neue Gefahren aufwirft, aber auch neue Möglichkeiten bietet. Deutschland ist im guten Einvernehmen mit allen seinen Nachbarn geeint – darin liegt das historisch Neue. Was mit Brandts Ostpolitik begann, die Heilung der Wunden, die der Zweite Weltkrieg im Verhältnis zu Mittel- und Osteuropa gerissen hatte, erfüllte sich vor zwanzig Jahren. Auf die Spaltung Europas in West und Ost folgte an der Schwelle zum 21. Jahrhundert eine Vereinigung unseres Landes und unseres Kontinents, für die es weder in der europäischen Geschichte noch irgendwo sonst ein Vorbild gibt. Deutschland hat in den vergangenen Jahren die Herausforderungen unserer Zeit angenommen, in Gleichklang und in Harmonie mit seinen europäischen Partnern. Das gibt mir Vertrauen.

Kapitel 2

Die Modernisierung beginnt
Rot-Grün an der Macht

Spätherbst 1990: Deutschland feiert die Einheit, und vierzig Jahre deutscher Teilung gehen zu Ende. Das Land schaut nach vorn, optimistisch, aber nüchterner als ein Jahr zuvor beim Mauerfall. Viele ahnen: Die Erfüllung des historischen Traums bringt Veränderung. Um die gleiche Zeit kündigen sich Veränderungen im Privaten an. Die Promotion war geschrieben, die mündliche Prüfung lag aber noch vor mir. Der Zeitvertrag an der Uni lief noch ein halbes Jahr. Ich hatte die Möglichkeit zur Habilitation, denn eine Fortsetzung meines Wegs in der Wissenschaft war für mich immer vorstellbar. Die Arbeit mit den Studenten lag mir, und die Zusammenarbeit mit dem Nachfolger des mittlerweile emeritierten Ridder, dem heutigen Verfassungsrichter Brun-Otto Bryde, lief gut. Ich entschied mich dennoch gegen die Universität, ich wollte mehr machen und gestalten. Mit der Entscheidung gegen die Wissenschaft nach vierzehn Jahren universitärer Erfahrung war ich also auf dem Markt, auf einem Stellenmarkt, den Mauerfall und deutsche Einheit allerdings rasant verändert hatten. Juristen waren gefragt, denn viel Unvorhergesehenes hinterließ Fragen und suchte nach rechtlichen Antworten. Bärbel Bohleys Zuspitzung »Wir wollten Gerechtigkeit und bekamen den Rechtsstaat« spiegelt die Überraschung, auch die Enttäuschung darüber wider, wie rasch die politischen Erwartungen der friedlichen Revolution hinter der juristischen Durchformung der Einheit in allen Lebensbereichen zurücktraten. Arbeit für Juristen mit ein wenig politischem Gespür gab es nun reichlich. Und ich war entschieden, in die politische Verwaltung zu wechseln. Ich war drauf und dran, in mein altes Heimatland Nordrhein-Westfalen zurückzugehen, in die Staatskanzlei in Düsseldorf, damals noch unter Johannes Rau. Es kam anders. Brigitte Zypries, damals seit einigen Monaten bei der neuen Landesregierung in Hannover, rief an und berichtete von ihren ersten Erfahrungen im gerade begonnenen zweiten Projekt einer rot-grünen Regierungszusammenarbeit auf Landesebene. Spannende Dinge seien im Gange, und Hilfe werde dringend gebraucht.

Gerhard Schröder, seit 1986 Oppositionsführer, hatte im Mai 1990 die Landtagswahlen gewonnen. Er löste Ernst Albrecht nach vierzehn Amtsjahren ab und weckte das Land aus einer Art Schlaf. Die niedersächsische CDU galt als prononciert konservativ. Ihre Politik hatte sich überlebt, denn Niedersachsen war längst nicht mehr das Land zäh an ihren Traditionen festhaltender Bauern. Spielbankenskandal und Machenschaften des Verfassungsschutzes – das berühmte »Celler Loch«, eine in die Mauer der Justizvollzugsanstalt Celle gesprengte Öffnung, um einen Informanten in die RAF einzuschleusen – hatten selbst überzeugte Konservative zu Zweiflern an der CDU-Regierungspolitik gemacht. Schröder hatte gesiegt, brauchte aber einen Koalitionspartner. Die FDP wollte in die Opposition, so schlug die Stunde Jürgen Trittins, der nach Hessen den Weg für die zweite, realo-geprägte Koalition zwischen Rot und Grün auf Landesebene frei machte. Die niedersächsische SPD stand einer solchen Konstellation allerdings noch skeptisch gegenüber. Mich interessierte Rot-Grün jedoch, weil es, bei allen Schwierigkeiten, politische Kräfte zusammenbrachte, die für das moderne Deutschland standen. Ich war von Gießen aus Zeuge gewesen, wie in Hessen das erste rot-grüne Experiment mit Holger Börner und Joschka Fischer gescheitert war, teils an mentalen Blockaden, teils an politischen Fragen, die damals noch so stark mit symbolischer Bedeutung aufgeladen waren, dass die Identität beider Parteien daran hing. Zwischen Ökonomie und Ökologie tobte in den Anhängerschaften der beiden Parteien noch so etwas wie ein Kulturkampf – ausgetragen an den Streitobjekten Atomkraft und Frankfurter Flughafen.

Vielleicht war es also in Hessen noch zu früh für ein solches Bündnis gewesen, aber in meiner Wahrnehmung veränderte sich die Gesellschaft der Bundesrepublik schneller, als das den Protagonisten in Hessen bewusst war. Es war an der Zeit, diese veränderte Wirklichkeit auch mit veränderten machtpolitischen Konstellationen abzubilden. Es ist durchaus ein Vorteil des deutschen Verfassungssystems, dass es Erprobungsphasen auf Landesebene zulässt. Denn charakteristisch, wohl auch unvermeidlich ist, dass Koalitionsbildungen in der Demokratie selten die Avantgarde des gesellschaftlichen Wandels sind, sondern dass sich in Wahlen nachvollzieht, was sich zuvor als gesellschaftliches Bedürfnis artikuliert hat. Schröder hat das gespürt. In Hannover jedenfalls war Neuanfang, und ich gestehe, dass mich unübersichtliche Phasen faszinieren, in denen noch viel Potenzial steckt. Schröder machte Rot-Grün möglich, auch wenn er nüchtern blieb und es für sich selbst als reine Vernunftentscheidung deklarierte. Auch nach drei Jahren mit den Grünen bestand er darauf, dass diese Koalition nicht unbedingt sein Herzenswunsch gewesen sei: »Bei mir geht das durch den Kopf.« Mir gefiel das. Ich heuerte an, zunächst als Hilfsreferent für Medien- und Presserecht.

Das politische Klima in Hannover war zu jener Zeit ein besonderes. Man spürte den Aufbruch. Der Umgang miteinander war kollegial und unkonventionell. Offene Türen – das fiel mir besonders auf! Die wollten etwas, und sie wollten, was auch ich wollte: eine Politik, die endlich aus den gegenseitigen Blockaden, aus dem Stillstand herauskam und etwas in Bewegung setzte. In einem kurzen Gespräch im April 1991 lernte ich Gerhard Schröder persönlich kennen. Das war unser erster persönlicher Kontakt, obwohl wir nur fünfzehn Kilometer voneinander entfernt aufgewachsen sind. Aber eben mit zwölf Jahren Altersunterschied, das ist in der Politik eine ganze Generation. Als ich zu den Jusos stieß, war Schröder schon kurz davor, Bundesvorsitzender zu werden, der er von 1978 bis 1980 war. Schon damals war sein beherzter Führungsstil, der von gesundem Menschenverstand geprägt war und das Verhältnis zur Mutterpartei entkrampfte, ebenso bemerkenswert wie seine Medienauftritte. Ich war schnell entschieden: Dort wollte ich einsteigen. Nach einem kurzen Gespräch entschied auch Schröder: Das kann gehen. In der Hannoveraner Staatskanzlei war nicht nur das Arbeitsklima anregend, sie war auch der Größe nach sehr überschaubar. Das machte die Wege kurz. Schröder meinte später, ich sei anders gewesen als die anderen, ich hätte Selbstbewusstsein ausgestrahlt. Er mochte das, er hatte selbst genug davon.

Ich war nun für Rundfunk und Fernsehen zuständig. Wir siedelten nach Hannover um. Bis heute bin ich davon überzeugt, dass es die, was Lebensqualität anlangt, am meisten unterschätzte Großstadt in Deutschland ist. Wer das als Liebeserklärung lesen will, liegt nicht falsch. Wir, das waren damals noch Elke und ich, denn unsere Tochter kam erst ein paar Jahre später, im Frühjahr 1996, zur Welt. Wir hatten uns in Gießen an der Uni kennengelernt, sogar eine Zeit lang am selben Lehrstuhl zusammengearbeitet. Und wenn ich heute darüber nachdenke, staune ich immer noch, wie sehr Milieus und Herkommen lebenslang prägen, aber auch Empfindlichkeiten, Wertschätzungen und Verständigung beeinflussen. Wir kommen aus ganz ähnlichen Elternhäusern, Elke allerdings aus einer katholischen Familie im Siegerland. Auch ihr Vater war Tischler, auch ihre Mutter war berufstätig, auch ihre Brüder haben über handwerkliche, technische Ausbildungen ihren Berufsweg gemacht. Elke hat sich nach ihrer

Ausbildung zur Industriekauffrau nochmals auf den Weg gemacht. Über die gewerkschaftliche Jugendarbeit war sie ermutigt worden, das Abitur auf dem Kolleg nachzuholen. Sie hat sich durchgebissen bis zum Studium. Auch sie ist die Erste ihrer Familie, die einen Hörsaal von innen sah. Ihr Jurastudium hatte sie noch vor unserem Umzug in den Norden zu Ende gebracht. In Hannover begann sie ihr Referendariat und hatte – Ironie der Biografien – sehr viel eher Berührung zur Außenpolitik als ich. Für den frei zu wählenden Teil der praktischen Ausbildung bewarb sie sich nämlich an der deutschen Botschaft in Washington, wurde ausgewählt und in kurzer Zeit Expertin für amerikanische Innenpolitik – mit kritischem Blick auf die sozialen Defizite der amerikanischen Gesellschaft. Wir dürfen nicht vergessen: In den frühen Neunzigerjahren war die Hälfte des Stadtbezirks von Washington noch eine No-Go-Area für weiße Europäer. Aber ich erinnere mich gut, dass sie in unseren nächtlichen Telefonaten von einer ideenreichen, selbstbewussten, mutigen Frau schwärmte, die das alles verändern wollte, eine Frau, die nicht einmal Senatorin war, aber das ganze politische Establishment in Washington beeindruckte, die dem Senat Lektionen in sozialer Gerechtigkeit erteilte und Wegweisendes zur Reform des Gesundheitswesens vortrug. Die Frau war Hillary Clinton. Seit wenigen Monaten ist sie meine Kollegin als neue amerikanische Außenministerin. Für Elke blieb der Auswärtige Dienst eine Episode. Sie entschied sich für die Justiz und ist heute Richterin am Verwaltungsgericht in Berlin.

Ich hatte im Frühsommer des Jahres 1991 meine Dachkammer mit Schreibtisch in der hannoverschen Staatskanzlei bezogen, im Winter kalt, im Sommer heiß. Auf meinem Tisch landete alles, was durch die Ritzen von Zuständigkeiten und Verantwortlichkeiten fiel. Der »junge Mann« könne sich daran mal versuchen – das war die Haltung. Ich war darüber nicht böse, denn ich hatte binnen Wochen Berührung zu allem, was

60

aktuell und schwierig war – und eben deshalb rasch Kontakt zu den entscheidenden Leuten im Haus. Und die waren sogar dankbar für den Blick von außen, auch für manche Idee, die nicht aus der Verwaltungsroutine geboren wurde. Mein viel zu früh verstorbener Freund Werner Greifelt, graue Eminenz in der Staatskanzlei, hat darauf geachtet, dass aus Anfängerglück keine Hybris wurde. Ihm und meinem väterlichen Förderer Eckhard Schieb habe ich es zu verdanken, dass ich schon nach kurzer Einarbeitungszeit eine große Bewährungschance erhielt. Nicht alles ist das Ergebnis von Ehrgeiz und eigener Leistung. Oft habe ich die Erfahrung gemacht, wie sehr wir abhängig sind vom uneigennützigen Verhalten anderer und dem Glück, zum richtigen Zeitpunkt am richtigen Ort zu sein.

Das Thema meiner Bewährung war die Neuordnung der öffentlich-rechtlichen Medienlandschaft nach der deutschen Einheit. Viel Bewegung war da nicht in dieser Landschaft. Die westdeutschen Sender waren sich selbst genug. Allein im Norden wurde die naheliegende Frage aufgeworfen, ob die deutsche Einheit nicht auch eine – die alten innerdeutschen Grenzen überschreitende – Neuordnung verlange. Das schien möglich. Die Öffnung der Dreiländeranstalt des NDR für Mecklenburg-Vorpommern war in der Diskussion. Politische Gespräche hatten begonnen zwischen den drei sozialdemokratisch regierten NDR-Ländern und dem konservativ regierten Mecklenburg-Vorpommern. Es waren Gespräche, die jäh abbrachen, als der Schweriner Ministerpräsident Alfred Gomolka beschloss, sein Heil in der NORA zu suchen, einer Nordostdeutschen Rundfunkanstalt mit dem Kernland Mecklenburg-Vorpommern, gegebenenfalls unter »Einverleibung« von Brandenburg. Das Projekt stand von Anfang an auf tönernen Füßen, nicht einmal Gomolkas parlamentarische Mehrheit stand dahinter. Die mit ihm regierende FDP zwang den Ministerpräsidenten auf den Kurs von Verhandlungen mit dem NDR zurück. Das Medien- und Rundfunkrecht lag in den

Staatskanzleien – und damit beim Ministerpräsidenten. »Nun sieh mal zu, dass ihr das hinkriegt«, war die »präzise« Vorgabe Schröders, die – wie ich nach Jahren eigener Führungserfahrung weiß – ungeheuer viel Vertrauen voraussetzt. Ich habe das sehr geschätzt, bedeutete es doch, frei zu sein von einengenden Vorgaben und Raum zu haben für kreative Ideen, die schon zu rot-grünen Zeiten in Niedersachsen häufig gebraucht wurden. Der NDR jedenfalls wurde zur Vier-Länder-Anstalt erweitert, der Staatsvertrag unterschrieben. Das Projekt eines öffentlich-rechtlichen Senders mit Trägern im Westen und im Osten des vereinten Deutschland war geglückt.

Mit Gerhard Schröder hatte ich während der monatelangen Verhandlungen häufig Kontakt. Wir lernten uns kennen und schätzen, nicht nur wegen der Ergebnisse. Ich spürte wachsendes Vertrauen, aber auch wachsende Erwartung. Und die nächsten Sonderprojekte ließen nicht lange auf sich warten. Mir verschaffte das eine Art Sonderstellung in der Staatskanzlei, und dennoch war ich überrascht, als Schröder mich 1993 fragte – es ging auf die Landtagswahlen 1994 zu –, ob ich sein Büroleiter werden wollte. Wahlkampf hatte ich noch nicht gemacht, aber ich kannte das Land zwischen Emden und Göttingen inzwischen gut, hatte ein dichtes Netzwerk von Kontakten, in der SPD sowieso, aber auch darüber hinaus, vom Handwerk bis zur Wissenschaft. Also sagte ich zu. Damit begann die intensivste Form der Zusammenarbeit mit Gerhard Schröder, die alles in allem fünfzehn Jahre in unterschiedlichen Konstellationen anhalten sollte.

Schröder konnte grenzenlos ungeduldig sein. Barsch, wenn die Konflikte auf der Stelle traten und Fortschritte nicht erkennbar waren. Manche haben das ertragen müssen. Ich habe diese Erfahrung nie gemacht. Nicht einen einzigen Tag in den fünfzehn Jahren habe ich mit der Befürchtung gearbeitet, am Ende keine Rückendeckung für das eigene Tun oder für ausverhandelte Lösungen zu haben. Wer den politischen Alltag kennt, wird wissen, wie selten, aber gleichzeitig wichtig Rückendeckung für die Belastbarkeit, aber auch für die Glaubwürdigkeit politischer Absprachen ist. Wir wussten, wie unterschiedlich wir sind, und respektierten das. Vielleicht trug die Unterschiedlichkeit ja dazu bei, dass wir gemeinsam stark waren. Die Landtagswahlen waren jedenfalls ein Riesenerfolg. Die Erfolge der Landesregierung, von der Ansiedlung der Mercedes-Teststrecke – die zuvor in Baden-Württemberg verhindert worden war – über die Überwindung der Hindernisse zur Anlandung norwegischer Erdgasleitungen bis zu einer politischen Unterstützung der Schiffsbau- und Automobilbranche, all das hatte die CDU in die Defensive gebracht. Die Konservativen brachen ein, die FDP wurde mit hinabgerissen und rutschte aus dem Landtag. Die Grünen gewannen hinzu; nicht nur der Konflikt um Gorleben nützte ihnen, sie hatten auch geschickt verhandelt, wenn ihre Zustimmung zu Wirtschaftsprojekten erforderlich war. Die Unterquerung des ökologisch sensiblen Wattenmeers durch die Gasleitungen war ebenso Beispiel dafür wie die hochdotierte Einrichtung der Stiftung Niedersächsisches Wattenmeer. Auch die Gründung des Nationalparks Harz, die ich damals gerade zu Ende verhandelt hatte, galt als überzeugender Beweis, dass ökonomische und ökologische Interessen nicht zwingend im Widerspruch zueinander stehen.

Rot-Grün hatte im tendenziell eher konservativen Niedersachsen durch seine Arbeit deutlich an Akzeptanz gewonnen. Beide Regierungsparteien profitierten davon. Doch gebraucht wurden die Grünen zur Mehrheitsbildung nicht mehr. Wie erhofft, aber nicht erwartet, errang die Sozialdemokratie die absolute Mehrheit. Überrascht waren nicht nur die Medien, die sich auf eine Fortsetzung von Rot-Grün eingestellt hatten. Überrascht waren auch wir, jedoch weniger über das Ergebnis als über die Reaktion der eigenen Mitgliedschaft. Als wir am Wahlabend, nachdem alle Interviews gegeben waren, am Ort der Wahlfeier, in dem Hannoveraner Lokal »Capitol«, ankamen, schallten Schröder Sprechchöre »Rot-Grün, Rot-Grün« entgegen – einigermaßen frustrierend für jemanden, der gerade die absolute Mehrheit im Lande errungen hatte. Die Eintrübung war allerdings nur von kurzer Dauer und die gute Stimmung schnell wiedergefunden – am Ende war das eine niedersächsische Sozialdemokratie, wie ich sie seliger nie erlebt habe.

Die Erwartungen waren riesengroß. Johann »Joke« Bruns, Urgestein der niedersächsischen SPD aus Emden und vielleicht der entscheidende Mann, der vier Jahre zuvor den konservativen Flügel der SPD ins rot-grüne Bündnis eingebracht hatte, übertrug Gerhard Schröder den Landesvorsitz. Wir stürzten uns wieder in die Arbeit, ohne den üblichen Verzug durch Koalitionsverhandlungen. Ich hatte geplant, eine weitere Legislaturperiode als Büroleiter zu bleiben, nicht nur weil wir gut miteinander klarkamen, sondern auch, weil nun alles auf Schröder zulief und sein Team reibungslos funktionieren musste. Es kam anders. Das Ende der Koalition brachte viel Bewegung ins politische Personal. Alfred Tacke, mit dem ich eng befreundet war, Schröders wichtigster wirtschaftspolitischer Berater, war schon vor der Wahl als Staatssekretär ins Wirtschaftsministerium geholt worden. Weitere gingen in die vormals grünen Ressorts. Ich übernahm die politische Abteilung der Staatskanzlei, war verantwortlich für die Richtlinien der Politik. Anspruchsvoll, aber hoch spannend und ein gutes Training für Politikgestaltung in einem Flächenland, mit kurzem Draht zu Bürgermeistern, Landräten und Regierungspräsidenten. Mir bleibt unverständlich, weshalb die heutige konservative Landesregierung die Regierungspräsidenten abgeschafft hat und sich nun mit einem labilen Gerüst von Fach- und Sonderbehörden herumschlägt. Modern erscheint mir das nicht, einem Flächenland angemessen auch nicht. Aber das liegt hinter mir.

Das Arbeitsprogramm geriet anspruchsvoll. Einen neuen

Anlauf zum Energiekonsens sollte es geben: Werner Müller, Schröders Wirtschaftsminister nach 1998, hatte uns schon in der ersten Legislaturperiode beraten. Die Finanzen waren knapp, es drohten Konflikte mit den Hochschulen des Landes. Warnsignale kamen auch aus manchen Bereichen der Wirtschaft. Zwar hatte sich der Automobilsektor erholt, und VW als das wirtschaftliche Herz des Landes war dank richtiger Personalentscheidungen wieder stabil. Der Angriff Pirellis auf Continental, Hannovers größten Arbeitgeber nach VW, war zurückgeschlagen, aber umstrittene Entscheidungen über Motorenwerke von VW im Ausland schreckten auf. Der Umbau der Preussag vom Rohstoffkonzern zum Dienstleister verunsicherte, bis die erfreuliche Entwicklung der TUI den Kurs bestätigte. Beim Schiffsbau geriet die traditionsreiche Meyer-Werft in Papenburg unter Druck, weil die Kreuzfahrtschiffe immer größer wurden, die Ems aber nicht tiefer werden sollte. Unklar war auch die Zukunft eines Airbus-Standorts ganz im Norden des Landes, in Lemwerder. Hannover wollte ein Transplantationszentrum, Göttingen brauchte eine neue Biochemie, um den Standard zu halten. Das war reichlich Stoff für eine Legislaturperiode.

Der Schwung hielt an, Routine wollte jedoch nicht daraus werden. In den Verteilungskämpfen der Hochschulen ums knappe Geld hatte ich gerade erfolgreich verhandelt. Und dabei auch Weichen gestellt für eine größere Unabhängigkeit der Universitäten vom Land. Thomas Oppermann hat als späterer Wissenschaftsminister mit der Errichtung von Stiftungsuniversitäten Maßstäbe gesetzt. Die Biochemie für die Uni Göttingen war auf gutem Weg. Das Sperrwerksprojekt an der Ems, für das ich später so lange gestritten habe, spielte noch keine Rolle, aber erste Gespräche waren geführt – da geschah erneut Unerwartetes: eine Kabinettsumbildung! Der Finanzminister war uns durch Rücktritt abhandengekommen. Er wurde ersetzt durch Willi Waike, den ruhigen und klugen Südniedersachsen, bis dahin Chef der Staatskanzlei. Das warf sofort die Frage auf, wer von ihm die Leitung der Staatskanzlei übernehmen sollte. Keine Aufgabe, die für mich in Frage kam – dachte ich. Ich sah meine Aufgabe eher darin, vernünftige Besetzungsvorschläge zu machen, Persönlichkeiten, die bei Kabinett und Regierungsfraktion auf Akzeptanz stießen. Schröder jedoch war ganz anderer Meinung. Er formulierte es als Bitte, aber was er sagen wollte, war: »Du musst das selbst machen!«

Nun sind uns allen Eitelkeiten nicht fremd, auch in der Politik sollen sie vorkommen. Und ich selbst bin sicher nicht ohne Ehrgeiz und Selbstbewusstsein. Dennoch, ich habe davon gelebt, mich und meine Fähigkeiten gut einzuschätzen. Ein bisschen früh schien es mir, und so schwankte ich zwischen »Ich fühle mich geehrt« und »Mein Gott, was kommt da auf mich zu«. Ich brauchte Rat von außen. Eckhard Bode saß damals als Regierungspräsident von Weser-Ems in Oldenburg, hoch anerkannt im Land, aber nicht aus dem hannoverschen Klüngel. Mit ihm hatte ich viel zusammengearbeitet, wir mochten uns. Ihn rief ich also an und fragte um Rat. Wir trafen uns im Oldenburger Bahnhof, in jenem Restaurant, das als Ort der Besiegelung des rot-grünen Bündnisses sechs Jahre zuvor zeitgeschichtliche Bedeutung erlangt hatte, und redeten sehr offen. Das Gespräch war lang, sein Urteil eindeutig: »Du kennst uns besser als viele, die über Hannover nicht rausgekommen sind. Wenn einer akzeptiert wird, dann du. Mach dir darüber keinen Kopf. Du musst es machen!« Ich vertraute ihm, er war ein unabhängiger Geist mit gutem Urteil. So wurde ich im sechsten Jahr meiner Zugehörigkeit zur niedersächsischen Landesverwaltung und sechs Monate nach der Geburt meiner Tochter Chef der Staatskanzlei. Eckhard Bode, der seinen Anteil daran hatte, kam wenige Monate später bei einem Unfall mit seinem Dienstwagen auf dem Heimweg von Hannover nach Oldenburg ums Leben. Manchmal denke ich an ihn, wenn wir nachts mit dem Dienst-Mercedes, im »Panzer«, unterwegs sind.

Zwei Personen außer seiner Frau kennen Gerhard Schröder besser als ich: Doris Scheibe und Sigrid Krampitz. Doris Scheibe steuerte über Jahre, auch schon bevor Schröder Ministerpräsident wurde, mit Freundlichkeit und Bestimmtheit den Zugang zu ihm. Sie wusste um Launen und günstige Gelegenheiten. Mehr an Erfahrung hat nur noch Sigrid Krampitz. Sie wurde schon 1994 meine Nachfolgerin und Büroleiterin des Ministerpräsidenten – und leitet heute noch das Büro des Altbundeskanzlers. Die gelernte Lehrerin war Schröder früh als Mitarbeiterin des Protokolls aufgefallen, wo sie gelegentlich Reden für ihn geschrieben hatte. Mit ihr habe ich alle Höhen und Tiefen der niedersächsischen Landespolitik, später auch der Bundespolitik bis 2005 erlebt, manches durchlebt, einiges auch nur überstanden. Schröder, das galt für Hannover wie später auch für Bonn und Berlin, brauchte immer einen kleinen, sehr stabilen Kreis um sich, zu dem auch Alfred Tacke gehörte, am Anfang auch Reinhard Scheibe. Diese frühen Hannoveraner Verbindungen sind oft beschrieben worden. Trotzdem ist der Eindruck falsch, Schröder hätte all die Zeit so etwas wie einen »Kokon« um sich gehabt. Ihn hinter einer undurchdringlichen Schutzhülle abschirmen zu wollen, das wäre völlig aussichtslos gewesen. Er war immer ein ungeheuer neugieriger Mensch, immer auf der Suche nach Austausch mit anderen. Oft waren das keine dauerhaften Verbindungen, oft nutzte er das Gespräch, um sich anregen zu lassen. Aber zur Einsamkeit oder Abgehobenheit neigte er nie. Er hat Kontakte immer gefordert und gefördert. Er mochte keine Leute, die ihm unterwürfig entgegentraten, er brauchte selbstbewusste Charaktere, mit denen eine produktive Spannung entsteht, vielleicht auch solche, die ihn ein wenig herausforderten.

Zwischen Schröder und mir stimmte jedenfalls die Chemie. Ich hatte Spielräume, und ich nutzte sie. Gerade später im Bundeskanzleramt gab es eigentlich keine größeren Projekte ohne Vorlauf. Das meiste von dem, was dauerhafte Wirkung hatte, war zuvor ausführlich diskutiert und in vielerlei Szenarien und Alternativen durchgespielt worden. Insofern stellte sich nie die Frage, ob ich seine Politik mittragen konnte. Ich hatte ja schon im Anlauf und beim Entwurf alle Hände voll damit zu tun. Je prägender dann die eigene Handschrift in dem gemeinsamen Politikentwurf ist, desto stärker das Gefühl: Das ist unsere Politik. Wenn wir ein Projekt zur Reife gebracht hatten, war auch geklärt, wie groß die zu erwartenden Widerstände sein würden und wie sie zu überwinden waren. Wenn sich eine Staatskanzlei, erst recht ein Kanzleramt festgelegt hat, kommt man nur schwer wieder davon herunter. Allerdings wussten wir auch, wie fatal es ist, zu keinem eindeutigen Urteil zu kommen, wenn man die Dinge schleifen lässt und notwendige Schritte der Bequemlichkeit oder der Opportunität halber verschleppt. Ich habe das immer für eine Schwäche konservativer Blockadespieler in Deutschland gehalten. Das begann ja nicht erst mit Helmut Kohl, auch unter einem Kanzler Kurt-Georg Kiesinger war Ende der Sechzigerjahre nichts mehr vorangekommen, weder in der Ost- und Entspannungspolitik noch in der Sozial- und Gesellschaftspolitik. Für uns galt: Entscheidungen müssen sein, damit in der Regierung Klarheit über Richtung und Ziel herrscht.

Gelegentlich wurde ich gefragt, ob wir an der Macht, sei es in den Landesregierungen in Niedersachsen, sei es in den beiden rot-grünen Bundesregierungen oder vielleicht sogar in der Großen Koalition, so etwas wie eine Handschrift entwickelt haben. Ich meine: ja. Als jemand, der Anteil an unserem Regierungsstil hatte und mit den Jahren aus der zweiten Reihe in die erste getreten ist, denke ich natürlich darüber nach, ob in unserer Arbeit etwas Profil gewann, was uns auch künftig zur Orientierung dienen kann. Ich kann diese Frage nicht distanziert wie ein Politikwissenschaftler beantworten. Der Aufbruch, den unsere Politik für Deutschland wollte, der Kampf um die Modernisierung, den wir dann zu führen hatten, ohne auf die

Härte der Auseinandersetzungen schon vorbereitet gewesen zu sein, das hat nicht nur unser Land in Atem gehalten, das hat auch mich persönlich tief geprägt. Es hat mir gezeigt, dass gute Politik langfristig angelegt sein muss, dass Beharrlichkeit nötig ist, um sie zu realisieren, Geduld, gelegentlich auch Härte. Unser Ziel jedoch haben wir nie aus den Augen verloren.

Die erste rot-grüne Koalition, die ich in Niedersachsen erlebte, hatte sich Ziele gesetzt, die größer waren, als es den Mitteln und Möglichkeiten der Landespolitik eigentlich entsprochen hat. Moderne Wirtschaft, gerechte Gesellschaft, ökologische Wende und nicht zuletzt kulturelle Öffnung – das waren die Vorgaben für unser Regierungsprogramm. Der utopische Überschuss, der darin lag, wurde durch die zupackende Art Gerhard Schröders immer wieder ausgeglichen. In der Industriepolitik ging es hart zur Sache, wenn die Wertschöpfung und damit die Arbeitsplätze im Land auf dem Spiel standen. Gleichzeitig versuchten wir, auch die ökologischen Aspekte zu berücksichtigen und zu Lösungen zu kommen, die den Gegensatz von Ökonomie und Ökologie überbrückten. Die Energiepolitik verstanden wir schon in Niedersachsen als strategisch bedeutende Zukunftsfrage. Aber in den Auseinandersetzungen um die geplante Wiederaufarbeitungsanlage und das Atommülllager in Gorleben erfuhren wir die bundesgesetzlichen Grenzen unserer Handlungsspielräume. Die damalige Bundesregierung wollte mit Weisungen aus Bonn auf provokante Weise ein Exempel statuieren. Sie wollte unbedingt die Brennelementetransporte durchsetzen, ohne dass die Entscheidungsfrage annähernd geklärt war. Das regte die Menschen auf und brachte sie auf die Straße. Die Energiekonsensgespräche, die wir schon Mitte der Neunzigerjahre von Hannover aus immer wieder anzuschieben versuchten, versandeten.

Diese und andere Konflikte kündigten bereits an, mit welchen Widerständen wir es dann zu tun bekamen, als Rot-

Grün 1998 auf Bundesebene seine Chance erhielt. Da tat sich ein Zwiespalt auf, in dem viele der rot-grünen Protagonisten plötzlich standen. Zum einen waren wir voller Optimismus; wir fühlten uns nicht wie eine Administration, die an die Stelle einer anderen gerückt war. Wir standen für eine Bundesrepublik, die von der schwarz-gelben Koalitionsregierung nicht repräsentiert, ja immer wieder geradezu ausgegrenzt worden war: die Bundesrepublik der Friedensbewegung, der Umweltgruppen, der gesellschaftspolitisch Engagierten, die für eine ehrliche Einwanderungspolitik stritten oder für die Gleichstellung von Frauen, die Bundesrepublik, die ein Modell Deutschland wollte, das wirtschaftlich stark und modern ist, das Innovation und Gerechtigkeit zusammenbringt, die Bundesrepublik, die niemanden einfach zurücklässt, der es aus eigener Kraft nicht schaffen kann. Auf der anderen Seite aber waren die Zeitumstände, die Interessenskämpfe um vieles härter geworden. Wir begannen zu ahnen, dass das unabgeschlossene Projekt der Modernisierung Deutschlands sich nicht von selbst erfüllte, sondern dass eine politische Bewährungsprobe vor uns lag, deren Ausgang offen war. Vielleicht waren wir zu sehr fixiert auf die Kohl-CDU. In den Stunden der Euphorie darüber, dass Kohl verloren hatte, waren uns Größe und Tragweite unserer Aufgabe zwar in Ansätzen bewusst. Sie erwies sich dann aber doch als noch weit größer als angenommen.

Die fünfzehn Jahre etwa von der Mitte der Siebziger bis zur deutschen Einheit 1990 hat man zu Recht als eine Schwellenphase bezeichnet. Sie hat die Bundesrepublik nachhaltig verändert. Der Wind war rauer geworden; eine schwere Rezession, das Ende eines Reformenthusiasmus, der auf die Erwartung einer endlosen Expansion der Industriegesellschaft und eines dauerhaft hohen Wachstums gegründet war, hatten tiefe Spuren im Bewusstsein der Bundesbürger hinterlassen. Als in der Tagesschau 1975 die erste Million Arbeitsloser gemeldet wurde, war das Land nicht mehr dasselbe.

Die Verwundbarkeit durch weltwirtschaftliche Abhängigkeiten traf die Bundesrepublik wie ein Schock. Das steigende Tempo technologischer Erneuerungen und das erschreckende Ausmaß der Technologierisiken – Seveso, Harrisburg, Tschernobyl – veränderten die Einstellungen zum Fortschritt. Die Verunsicherung über das, was die Zukunft bringt, wuchs nicht zuletzt durch die Funktions- und Finanzierungskrise des Sozialstaats. Unsere Wirtschaft sah sich mit mehr und mehr Wettbewerbern konfrontiert, Unterhaltungselektronik und Autos trugen immer öfter die Markenzeichen asiatischer Firmen. Über die Preiskonkurrenz verschärfte sich die Kostenkonkurrenz der internationalen Standorte, schließlich auch die Lohnkonkurrenz der Arbeitnehmer. Das setzte unsere Arbeitskultur – und besonders die Gewerkschaften – wie nie zuvor unter Druck. Westdeutschland wurde durch offenere Märkte ökonomisch stärker, aber sozial unsicherer. Das Produktionsmodell des rheinischen Kapitalismus, also die spezialisierte Qualitätsproduktion mit einem hohen Maß an Kooperation zwischen Arbeitnehmern und Arbeitgebern mit kollektiven Tarifverhandlungen, drohte aus den Fugen zu geraten.

Seither geht die Tarifbindung der Unternehmen zurück, ebenso der gewerkschaftliche Organisationsgrad der Arbeitnehmer. Die Schere zwischen Reallohnentwicklung und Unternehmensgewinnen klaffte immer weiter auseinander. Die Sockelarbeitslosigkeit stieg an. Die Belastung der Arbeitnehmer durch Sozialversicherungsabgaben erhöhte sich, genauso die Verschuldung der öffentlichen Haushalte. Der Staat musste einen immer größeren Anteil seines jährlichen Haushalts für den Schuldendienst aufbringen und hatte weniger Spielraum für Investitionen. Hinzu kam die große Auseinandersetzung um die Nachrüstung, die auch mitten durch meine eigene Partei ging. Sie trat jedoch in den Hintergrund, als die Entspannungspolitik eines Michail Gorbatschow die vollkommen überlebte ideologische Konfrontation aufzulösen begann.

Das Ende des Kalten Krieges und der Fall der Mauer beschleunigten die Entwicklung zu offenen Märkten noch einmal. Die Ostdeutschen, die 1989 und 1990 hofften, endlich Teil der wirtschaftlichen Erfolgsgeschichte der Bundesrepublik zu werden, traf das mit einer für sie unerwarteten Härte. Viele glaubten – und die CDU nährte diesen Glauben –, einem Wirtschaftswunderland beizutreten. Sie mussten erleben, dass es dieses Land nicht mehr gab und dass die Erwartungen, es werde wie von selbst »blühende Landschaften« geben, nur der Kohl'schen Rhetorik entsprangen. Auf den internationalen Wettbewerb und auf mit harten Methoden geführte Übernahmekämpfe um industrielle Standorte waren die Menschen in den neuen Bundesländern nicht vorbereitet. Den Marktbereinigungen der Neunzigerjahre fiel die ostdeutsche Industrie als Erstes zum Opfer. Die ostdeutschen Facharbeiter und Ingenieure waren zwar besser ausgebildet, als westlicher Hochmut dies sehen wollte; viele wanderten ab, bildeten für die südwestdeutsche Wirtschaft ein willkommenes Fachkräftereservoir. Aber die ostdeutschen Standorte mit ihren veralteten Anlagen verschwanden – und mit ihnen verschwand die Hoffnung auf schnelle eigene Wertschöpfung.

Kohl mag einer Art Autosuggestion erlegen sein, als er den Osten, der doch eine konzentrierte Innovations- und Industriepolitik brauchte, dem freien Spiel der Marktmächte überließ und die sozialen Kosten der darauf folgenden Arbeitslosigkeit den Sozialversicherungen aufbürdete. Nicht die Einheit war schuld an der Sozialstaatskrise, wie mancher deutsche Stammtisch grummelte. Erst recht trifft der von Konservativen erhobene Vorwurf nicht zu, die Anspruchshaltung »frustrierter« Ostdeutscher sei für die Ebbe in den öffentlichen Kassen verantwortlich. Das ist eine Vernebelung der Tatsachen, um die Untauglichkeit der eigenen Rezepte nicht eingestehen zu müssen. Das Versprechen eines Lebens ohne Einschnitte und Brüche, das ein Kanzler Adenauer unter dem Slogan »Keine

Experimente« noch abgeben konnte, ist inzwischen unglaubhaft geworden. Helmut Schmidt war klug genug, den Menschen ein solches Versprechen nicht mehr zu machen, Kohl hingegen tat es wieder, in einer Zeit, in der entschlossenes politisches Handeln schon lange überfällig war.

Ich habe nie geglaubt, dass wir in einer Gesellschaft leben, die sich halb melancholisch, halb schicksalsergeben als »postfortschrittlich«, in welcher Form auch immer, beschreiben ließe, wie es mit den Krisen der Siebzigerjahre in Mode kam. Von allzu enthusiastischen Hochrechnungen einiger Soziologen ließ ich mich nicht beeindrucken. Schon das 1973 von dem amerikanischen Sozialwissenschaftler Daniel Bell geprägte Wort von der »postindustriellen Gesellschaft« schien mir immer den Kern der Sache zu verfehlen. Unsere Wirtschaft produziert glücklicherweise immer noch Güter. Immer noch kommt es auf die Leistungsbereitschaft und die Leistungsfähigkeit von Menschen an. Die Arbeit ist uns bei aller Rationalisierung nicht ausgegangen, neue Arbeitsfelder und Arbeitskulturen sind hinzugekommen. Die Dienstleistungs-, Wissens- und Informationsökonomie, in der immer mehr Menschen tätig sind, verbindet sich dabei auf vielfache Weise mit dem verarbeitenden Gewerbe. Auch Dienstleistungen bleiben darauf angewiesen, *reale* Leistungen zu erbringen. Das trifft nicht zuletzt auf die sozialen Dienstleistungen zu, bei denen Menschen für Menschen da sind, in unseren Kindergärten und Schulen ebenso wie in der Gesundheitsversorgung und in der Altenpflege.

Ich habe auch nie ernsthaft an so etwas wie eine »Postmoderne« im Zeichen der Kultur geglaubt, in der sich die Ordnung unseres Zusammenlebens in ein unverbindliches und ironisches Spiel mit Möglichkeiten auflösen würde. Aus Ehe und Familie sind keineswegs Auslaufmodelle sozialer Beziehungen geworden. Verpflichtende Werte haben sich nicht irgendwohin verflüchtigt. Ich habe mein Eintreten für die Moderne nie so verstanden, den Wandel um des Wandels willen zu begrüßen. Vielmehr geht es dabei um die Veränderung des Unhaltbaren und Ungerechten, damit wir das wirklich Wertvolle unter den Bedingungen einer neuen Zeit bewahren können. Willy Brandt hat uns am Ende seines Lebens die Mahnung mit auf den Weg gegeben, »dass jede Zeit eigene Antworten will und man auf der Höhe der Zeit zu sein hat, wenn Gutes bewirkt werden soll«. Fortschritt ist für mich ein wertegebundener Begriff. Veränderung ohne Verbesserung kann kein Fortschritt sein. In krisenträchtigen Zeiten sollte die Gesellschaft sehr behutsam mit kulturellen Beständen und Glaubensbekenntnissen umgehen, die dem Leben Sicherheit geben. In dieser Behutsamkeit, was den humanen Kern unseres Zusammenlebens ausmacht, sollten wir Politiker die Gesellschaft unterstützen.

Am wenigsten hat mich die These überzeugt, wir würden nach dem Zusammenbruch der kommunistischen Diktaturen in ein »posthistorisches« Zeitalter eintreten und fortan in einer Epoche leben, in der die Schwierigkeiten der demokratischen Nationen des Westens im Prinzip ausgeräumt wären. Wir sind weit entfernt von einem Zustand des vollendeten Fortschritts. Ich sehe nicht, dass sich unsere Politik heute nur noch als Feinjustierung oder Optimierung des Vorhandenen begreifen könnte. Zu viele Menschen in unserer Gesellschaft scheitern an einer Ökonomie des kalten Herzens und des bedenkenlosen Eigennutzes. Zu tief sind die sozialen Zerklüftungen, zu groß die Gegensätze zwischen Reichtum und Armut. Und zu hoch sind die ökologischen Kosten der gegenwärtigen Produktionsweise, als dass sie allen Menschen Wohlstand auf hohem Niveau verfügbar machen könnte. In anderen Worten: Die Geschichte geht weiter. Und auch in unserer Hand liegt es, welchen Ausgang sie nimmt.

Die Gedanken und Bücher von Ivan Illich und Robert Jungk hatten seinerzeit kräftigen Anteil an der Bedeutungserweiterung unserer Vorstellungen vom Fortschritt und gehören heute zum geistigen Allgemeingut in der Sozialdemokratie. Fortschritt war für diese Autoren kein Selbstzweck, sondern Fortschritt für die Menschen, ein Zugewinn an Lebensqualität und Freiheitsräumen. Progressiv ausgerichteter Politik wuchs damit erneut eine anspruchsvolle Rolle zu. Sie sollte ja nicht nur die Folgeschäden einer problematisch gewordenen Modernisierung begrenzen. Wenn man so will, sollte die Politik so etwas wie eine zweite Moderne einleiten. Sie sollte vorausschauend denken lernen und Vorsorge treffen für die Lebensmöglichkeiten der kommenden Generationen. Nicht mehr auf Kosten der Zukunft zu leben wurde zum geflügelten Wort.

In der Sozialdemokratie ist es vor allem Erhard Eppler gewesen, der das Prinzip der nachhaltigen Entwicklung aufgriff und den sozialökologischen Umbau der Industriegesellschaft forderte. Das Berliner Programm von 1989 war durchaus die Summe vieler dieser Überlegungen und bereitete dem rotgrünen Modernisierungsprojekt innerhalb der SPD den Boden. In unserer Sicht war da durchaus etwas Unabgegoltenes der Brandt-Zeit übrig geblieben. Aber wir selbst mussten es nun einlösen. Dafür konnten wir allerdings wie nie zuvor auf das Bündnis mit gesellschaftlichen Gruppen setzen, wir mussten es auch. Denn nicht nur die Jugend, sondern auch breite Schichten der Bevölkerung bis tief ins etablierte Bürgertum hinein waren aufmüpfig und eigensinnig geworden. Ob es um Bildungsfragen ging, um die Erziehung der Kinder, um Architektur oder Stadtplanung, vor allem aber um die Frage der künftigen Energieversorgung – die Leute wollten und konnten mitreden. Wer immer politische Verantwortung auf Zeit – die Definition von Macht in unserer parlamentarischen Demokratie – übertragen bekam, stand fortan unter der Beobachtung einer informierten und urteilsfähigen Gesellschaft. Eine wache und kritische Öffentlichkeit übte einen neuen, einen fühlbaren Legitimationsdruck auf die Politik aus.

Der unerhörte Vorfall von 1975, als die Bürger des Ortes Wyhl in Baden-Württemberg einen Bauplatz besetzten, auf dem ein Atomkraftwerk errichtet werden sollte, war ein kleiner, zuerst verwirrender, dann aber die gesamte Bundesrepublik verändernder Anfang. In den heftigen Kontroversen um die geplante Wiederaufbereitungsanlage in Wackersdorf und um das atomare Endlager bei uns im niedersächsischen Gorleben spitzte sich der Richtungskampf um die Atomkraft zu. Nach der Katastrophe von Tschernobyl traute sich allerdings kaum noch jemand zu behaupten, wer gegen die Atomkraft sei, der wolle zurück in die Steinzeit. Im Gegenteil, über die Atomkraft schien der Weg dorthin eher kürzer zu sein! Keine Entscheidung über eine technologische Weichenstellung ist in Deutschland wohl jemals einer so intensiven demokratischen und wissenschaftlichen Prüfung unterzogen worden. Es war, man kann das heute mit Recht behaupten, die Allgemeinheit, die sich das Recht der Prüfung erstritten hatte. Der gesellschaftliche Eigensinn in unserem Land ist im Streit um die Atomkraft erheblich gestärkt worden. Gegen den exklusiven Anspruch einer kleinen Zahl von Experten und Entscheidern, die es besser zu wissen meinten, hatte sich die Allgemeinheit das Recht erobert, über allgemeine Angelegenheiten tatsächlich mitzubestimmen. Die Prüfung der neuen Technologie und ihrer Gefahren fiel negativ aus, und alles, was so kompliziert und langwierig darauf folgte, war im Grunde ein nachholender Prozess der Angleichung von Politik und Recht an diese Urteilsfindung der Gesellschaft.

Viele kluge Köpfe aus den Protestbewegungen der Siebziger- und Achtzigerjahre blieben allerdings irgendwann in ihren Initiativen stecken und waren nicht mehr daran interessiert, den Schritt in die praktische Politik zu wagen. Ich habe selbst oft an Friedensdemonstrationen und Anti-AKW-Kundgebungen teilgenommen. Wer aber nun, da die Chance auf andere politische Mehrheiten gegeben war, den Rückzug antrat, der handelte für meinen Geschmack selbstverliebt. Da war mir zu viel reine Gesinnung und Pflege des guten Gewissens im Spiel. Für mich war der Schritt in die politische Verantwortung folgerichtig. Ich sah mich dabei in der richtigen Partei, denn die SPD erschien mir immer aufgeschlossen und souverän genug, um die kritischen Impulse der Gesellschaft aufzunehmen. Das Vertrauen in die innere Reformfähigkeit von Institutionen, auch der SPD, habe ich nie verloren.

Allerdings auch nicht die Einsicht in die Notwendigkeit des Kompromisses. Er ist Teil der demokratischen Kultur, nicht ihre Verneinung. Die unversöhnliche und verbitterte Haltung, die manche Vorkämpfer der Protestkultur an den Tag legten, hatte den politischen Impetus der Aufklärung verloren. Ich wollte weltanschaulich weniger und politisch zugleich mehr: Die neuen sozialen Bewegungen sollten keine wiederaufgelegte APO bleiben, sie sollten ihre Interessen in den Parlamenten zur Geltung bringen. Dafür muss man um Mehrheiten werben und neue Formen finden, den gesellschaftlichen Willen in die politischen Routinen einzubringen, aber auch mit den rechtsstaatlichen Verfahren zu versöhnen. Das bedeutete – ich musste es lernen –, einen langen, manchmal hindernisreichen Weg zu gehen. Für mich war er alternativlos. Allabendlich die Kerze ins Fenster und ein Protestzug an den Gedenktagen der Bewegung, das erspart Enttäuschungen, das bewahrt vor Fehlern und Irrtümern – nur verändern wird sich damit nichts.

1998 standen die Chancen für einen Regierungswechsel gut. Breite Teile der Öffentlichkeit, bis tief ins Bürgertum hinein, fühlten, dass die schwarz-gelbe Koalition unter Helmut Kohl ausgebrannt war. Sogar viele Wähler der Union, vor allem die Wirtschaft, fühlten sich am Ende von ihrer Regierung schlecht vertreten. Nicht nur die Arbeitslosigkeit und die Staatsverschuldung hatten einen historischen Höchststand erreicht, auch Steuern und Abgaben waren stark angewachsen. Die Belastung mit Einkommensteuern war weit höher als gegenwärtig. Wir forderten 1998 eine die mittleren Einkommen und die Existenzgründer entlastende Steuerreform. Und in der Tat, in den sechzig Jahren seit Gründung der Bundesrepublik hat niemand die Einkommensteuern so umfassend gesenkt wie die SPD bis 2005. Der Vertrauensverlust, der Helmut Kohl schließlich die Macht kostete, reichte aber noch viel tiefer. Die CDU verweigerte sich den veränderten Realitäten, dass Deutschland Einwanderungsland geworden war, vernachlässigte Bildung und Wissenschaft, blockierte eine moderne Familienpolitik, sie ließ die Alleinerziehenden im Stich und ignorierte das Drama der ökologischen Herausforderung. Sie fand keine Antworten mehr auf die Herausforderungen, die sich durch die Einheit und durch die wirtschaftliche und kulturelle Globalisierung stellten.

Das Land aber wollte den Neuanfang. Personell mit einem neuen Kanzler, inhaltlich mit neuen Themen, neuen Ideen, neuer Frische. Wir trafen den Nerv der Zeit. Am Abend des 27. September verkündeten die Sender nicht nur ein Wahlergebnis. Wir alle fühlten die Zäsur, denn eine Ära war abgewählt worden. Dazu passte, dass sich zum ersten Mal in der Geschichte der Republik ein Machtwechsel nicht durch den Seitenwechsel eines Koalitionspartners, sondern durch den Wählerwillen vollzog. In seiner Regierungserklärung vom 10. November 1998 sagte Gerhard Schröder: »Vor uns liegen gewaltige Aufgaben. Die Menschen erwarten, dass eine bessere Politik für Deutschland gemacht wird. Wir wissen: Ökonomische Leistungsfähigkeit ist der Anfang von allem. [...] Wir müssen dafür sorgen, dass die Arbeitslosigkeit zurückgedrängt wird, dass bestehende Arbeitsplätze erhalten bleiben und neue Beschäftigung entsteht.« Er kündigte eine umfassende steuerliche Entlastung der Normalverdiener an. Der Atomausstieg, eine Innovationsoffensive für Energieeffizienz, neue Anstrengungen für Bildung und Ausbildung und bessere Kinderbetreuung gehörten zum Regierungsprogramm. »Die Stärke des Sozialstaats«, so der neue Kanzler, »bemisst sich nicht an den Milliarden, die er ausgibt. Sie muss sich beweisen an der Qualität der Leistungen, die erbracht werden.«

Persönlich hatten wir 1998 allerdings nicht allzu ausführlich besprochen, wie das genau aussehen würde, wenn es nach der Bundestagswahl eine rot-grüne Mehrheit gäbe. Da waren höchstens Sätze gefallen wie: »Wenn es klappt, wärst du bereit, mit nach Bonn zu gehen?« Wir hatten genügend Selbstbewusstsein, um die Regierung zu übernehmen, aber wir zögerten, uns für diesen Fall ein festes Personaltableau zu überlegen. Ich bin oft gefragt worden, ob ich mich getäuscht gefühlt hätte, als Bodo Hombach Chef des Bundeskanzleramtes wurde. Das konnte ich nicht, weil es dazu keinerlei Verabredungen vor der Wahl gab. Als die Entscheidung stand, dass ich mit ihm als Staatssekretär im Kanzleramt arbeiten würde, traf ich mich mit Hombach in Mülheim in seinem Privathaus, und wir haben uns sehr professionell auf eine Arbeitsteilung verständigt. Dass sie nicht tragen würde, habe ich nicht vorausgesehen. Aber unterschätzt habe selbst ich damals den Anteil des alltäglichen Konfliktmanagements in den Anfangsjahren der rot-grünen Regierung, sehr detailreich von der steuerrechtlichen Behandlung geringfügiger Arbeitsverhältnisse über die Verwendung der Ökosteuer bis zur Reform des Gesundheitswesens. Es war eher Dschungelkampf als ein Parademarsch.

Ich rückte dann wenig später Bodo Hombach als Chef des Bundeskanzleramts nach und musste die Rolle ganz anders anlegen als mein Vorgänger. Ich wollte einen anderen Stil der Amtsführung markieren, ohne die tägliche Medienkonkurrenz zu den Ressortministern, die alle noch um Bekanntheit rangen. Die Entscheidung, das Amt als Staatssekretär und nicht als Minister wie Hombach auszuüben, gehörte ebenso dazu wie Klarheit über die Aufgaben des Kanzleramts. Mir war bewusst, dass die Arbeit im Kanzleramt als konzeptionellem Zentrum nicht behauptet, sondern bewiesen werden muss. Dazu musste das Kanzleramt die Politik der Ressorts koordinieren und Streitfälle schlichten, bevor sie Brisanz erhielten. In einer so komplizierten Koalition, wie wir sie hatten, ging das gar nicht anders. Mein Vorbild war eher Manfred Schüler, der das Amt unter Helmut Schmidt ganz ähnlich geführt und den ich ebenso wie Horst Ehmke um Rat gefragt hatte. Manfred Schülers Stil schien mir für unsere Verhältnisse angemessen: Effizienz und Pragmatismus im Regierungsgeschäft waren die Eigenschaften, die uns anstanden nach den turbulenten ersten Monaten.

Denn als die Sektgläser geleert waren, begann ein überaus harter und konfliktreicher Politikalltag. Einerseits erfuhren wir jetzt in genauen Zahlen, wie schwer die Erblast war, die wir übernommen hatten. Andererseits führten gerade die großen Erwartungen an Rot-Grün zu einem inneren Profilierungsdruck. Die Koalitionsvereinbarung war nach sehr schwierigen Verhandlungen geschlossen worden. »Aufbruch und Erneuerung – Deutschlands Weg ins 21. Jahrhundert« stand nicht eben bescheiden, aber der Größe der Aufgabe angemessen über dem Papier. Im Kabinett saßen starke Persönlichkeiten, die politisch etwas wollten und für die Belange ihrer Ressorts zu streiten verstanden. Gesellschaftspolitisch wollten wir einiges zügig abarbeiten, stießen dabei aber auf heftige Rückzugswiderstände des politischen Gegners, beispielsweise bei der Reform des Staatsbürgerschaftsrechts, auch bei der ökologischen Steuerreform. Das waren noch einmal die Kämpfe von gestern. Nach Jahren vergeblicher Opposition dagegen hat die Union sich mittlerweile, ohne ihren Irrtum zuzugeben, klammheimlich an so manche unserer Positionen angepasst. Damals aber gingen führende CDU-Politiker geradezu hasserfüllt zu Werke, wie Roland Koch, der in Hessen Unterschriften gegen die doppelte Staatsbürgerschaft sammelte und in Kauf nahm, damit fremdenfeindliche Ressentiments zu schüren.

Hinzu kam: Die Wirtschaftslage bescherte uns schwierige Haushaltsplanungen. Dazu wachsende Spannungen auf dem Balkan, Berichte von massenhaften Menschenrechtsverletzungen – es war eine Situation, die nach Entscheidungen verlangte. Und das alles wenige Tage vor Beginn der gleichzeitigen Präsidentschaft Deutschlands in der EU und in der G8-Runde. Die Tage waren lang, und kaum einer hatte Vorsorge für Unterkünfte oder Ähnliches getroffen. Mangels Alternativen wurde schnell entschieden, dass das alte Gästehaus der Bundesregierung auf dem Venusberg als Übergangsherberge bis zum Berlin-Umzug herhalten musste. In das Haus im Kiefernweg 12 zog nun Deutschlands wahrscheinlich mächtigste WG ein. Gerhard Schröder und Michael Naumann, Kanzler und Kulturstaatsminister, teilten sich das mittlere Geschoss, das aus zwei größeren Wohnungen bestand. Alfred Tacke, nun Staatssekretär im Bundesministerium für Wirtschaft und Technologie, und Gesundheitsstaatssekretär Pico Jordan von den Grünen residierten im hinteren Teil des Gemäuers. Sigrid Krampitz und ich waren im Dachboden untergebracht. Ich hatte ein Jugendzimmer mit einer bemerkenswerten Einrichtung. Wenn man den Kopf vom Kissen hob, drohte man an ein blassblaues Waschbecken zu stoßen. Es war düster, und über mir lebte eine Marderfamilie ihr intensives Familienleben. Wenn ich spätabends mit Sigrid Krampitz aus dem Kanzleramt nach Hause kam, war selten mehr da als die Tüte Chips und ein paar Dosen Bier von der nahen Esso-Tankstelle. Dann saßen wir um Mitternacht auf dem Bonner Venusberg in Willy Brandts blauer Polstergarnitur und versuchten fassungslos die Ereignisse des Tages nachzuvollziehen. Es war eine verrückte, atemlose Zeit, die erst mit dem Umzug der Regierung nach Berlin im August 1999 endete. Eine Zeit, in die auch der Rücktritt Oskar Lafontaines fiel.

Am 11. März kam der Brief, auf dem nur »Lafontaine« als Absender stand, und Schröder wusste sofort, was der Inhalt war. Er hat den Schritt Oskar Lafontaines ohne größere Überraschung und Bewegung zur Kenntnis genommen. Joschka Fischer, der herbeitelefoniert wurde und im Laufdress mit Baseballkappe im Sessel vor Schröders Schreibtisch hing, schien besorgt über die Gewichteverschiebung in der Koalition, war aber realistisch genug, die Unwiderruflichkeit des Schritts zu erkennen. An diesem Tag musste Schröder nicht nur den Parteivorsitz übernehmen, sondern auch entscheiden, wer neuer Finanzminister werden solle. Die Koch-Kampagne hatte den befürchteten Effekt gehabt, denn die SPD hatte die hessischen Landtagswahlen verloren. Hans Eichel war nicht länger Ministerpräsident und kam als einer von ganz wenigen infrage, das Finanzministerium zu übernehmen. Wir haben sämtliche Personalentscheidungen noch am selben Nachmittag gefällt.

Was Lafontaines Rücktritt anlangt, so hatte er sich im Regierungsapparat schon länger angedeutet. Schröder und er waren im Grunde beide unzufrieden mit der Rolle, die Lafontaine zugefallen war. Oskar Lafontaine haderte vermutlich von vornherein damit, dass Schröder ihn ins Kabinett gezwungen hatte, wohl wissend, dass er damit eine Loyalität zeigen musste, die er als Libero, als Partei- und Fraktionsvorsitzender, nie hätte aufbringen müssen. Schröder wiederum wusste, dass ein Parteivorsitzender, der gleichzeitig die Fraktion führte, ein Risiko für die Regierung und den Kanzler darstellte. Ein ausgeprägter eigener Ehrgeiz des Parteichefs in Kombination mit Differenzen in inhaltlichen Fragen, die es ja gab, hätte sich schnell gefährlich ausgewirkt. Viele hatten damals prophezeit, die Situation würde auf einen Showdown irgendwann im Laufe der Legislaturperiode hinauslaufen, aber keiner sah voraus, dass vier Monate ausreichten. In diesen vier Monaten hatte sich der Konflikt aufgeschaukelt. Vieles lief nicht rund, und fast immer war das Finanzministerium betroffen, zumindest mitbetroffen. In den ersten drei Wochen unserer Regierung legte das Bundesfinanzministerium die erste Gesetzesnovelle vor, die damals die geringfügigen Arbeitsverhältnisse betraf. Lafontaine präsentierte sie vielleicht in bester Absicht, aber sie war nicht wirklich durchdacht und hätte auf dem Arbeitsmarkt fatale Folgen gehabt. Diese Novelle musste zurückgezogen werden. Das trug uns bereits im ersten Monat den Ruf ein, eine Regierung der ständigen Nachbesserungen zu sein.

Die Distanz zwischen Schröder und Lafontaine wuchs. Entgegen mancher heutigen Legendenbildung allerdings nicht wegen des Kosovo-Einsatzes der Bundeswehr, wie Lafontaine bis heute erzählt. Ich lese immer wieder, er habe dem Beschluss mehrfach offen widersprochen. Weder ich noch andere haben diesen Eindruck gewonnen. Berührt hat ihn allerdings spürbar, dass er in seinem ureigenen Feld international schwer in die Kritik geriet. Natürlich war es Unsinn, wenn die britische Boulevardpresse den deutschen Finanzminister als »gefährlichsten Mann Europas« titulierte. Nicht politische Ideen waren ausschlaggebend für die Isolation, in die sich Lafontaine manövrierte – er hatte Schwierigkeiten, eine langfristige Politik zu entwerfen und mit Geduld und Zielstrebigkeit die dafür nötigen politischen Allianzen zu bilden. Hinzu kamen Unberechenbarkeiten – etwa wenn er plötzlich von der für uns ganz zentralen Programmatik abrücken wollte, die Einnahmen der Ökosteuer zur Entlastung der Rentenkasse zu nutzen. Einsparvorschläge für den Bundeshaushalt lösten Katastrophenstimmung im Textil- und Buchhandel aus, weil die Konsequenzen des Wegfalls der Teilwertabschreibungen nicht zu Ende gedacht waren. Die Folge war eine Reihe von unnötigen Konflikten mit den Ressorts, die im Einzelfall vom Kanzler wieder aufzulösen waren. Die Dynamik entwickelte sich bis zu einem Punkt, an dem beide spürten: So wird man das Regierungsgeschäft auf Dauer nicht miteinander machen können. Und für Lafontaine war die Erfahrung entscheidend, dass in Konfliktsituationen die erhoffte gleiche Augenhöhe im Alltag der Regierungsarbeit nicht besteht. Das so früh, schon im ersten Viertel des ersten Jahres einer vierjährigen Legislaturperiode zu erfahren, war sicher bitter. Warum er außer dem Ministerposten auch den Parteivorsitz hinwarf, ja geradezu wegwarf? Ich glaube, in dieser Situation zeigte sich, dass er kein wirklicher Kämpfer ist. Er ist ein *political animal,* eines, das mit politischen Stimmungen spielen kann, aber harter Regierungsalltag, das Bohren dicker Bretter, ist seine Sache nicht.

Dennoch, die Zeiten blieben aufreibend. Inzwischen kündigte sich Berlin als künftiger Dienstsitz an. Ich pendelte zwischen Hannover, Bonn und Berlin. Die Familie sah ich kaum, denn am Wochenende stand oft genug koalitionäre Krisenbewältigung an. Aber langsam kam Zug in die Sache. Die Gleichzeitigkeit von EU-Präsidentschaft, G8-Präsidentschaft und Krisenbewältigung auf dem Balkan brachten einen Professionalisierungsschub. Für den Regierungsalltag begannen die Frühwarnsysteme zu wirken, die ich entwickelt hatte. Manche lernten, dass Informationsaustausch den gemeinsamen Erfolg besser sichert als eigennützige Informationsherrschaft. Das setzt Vertrauen der handelnden Personen voraus, Vertrauen in die Fairness des Verhandlungsprozesses, die Gewissheit, dass es nicht gesetzte Sieger in den Verhandlungen gibt. Zentral ist aber in Koalitionsregierungen: Großherzigkeit gegenüber dem kleineren Partner zu zeigen, ihm die Chancen zu lassen, sich mit seinen Themen zu präsentieren. Das ging immer besser. Im Laufe des Jahres 1999 fassten wir Tritt, und im Sommer konnten wir das Zukunftsprogramm 2000 im Kabinett beschließen, das den Haushalt, die ersten Steuerentlastungen, die ökologische Steuerreform und einen sozialeren Familienlastenausgleich enthielt. Auch in der Öffentlichkeit bekamen wir jetzt bessere Noten.

Aufatmen: Im Frühjahr 2000 zogen dann endlich auch Elke und unsere Tochter nach Berlin um, wir alle zusammen in ein Häuschen in Zehlendorf, ganz zugewachsen das Grundstück, mannshoch das Gestrüpp. Mit Alfred Tacke hatte ich darin ein paar Monate unsere Bonner WG fortgesetzt, weil seine Berliner Bleibe noch nicht fertig geworden war. Aus dem Haus mit verwildertem Garten ist inzwischen ein Hochsicherheitstrakt geworden, geschützt gegen Beschuss auch mit Langwaffen. Die Nachbarschaft freut sich, ist doch durch die ständige Bewachung der Berliner Polizei die Zahl von Falschparkern und Autoeinbrüchen im Viertel signifikant zurückgegangen.

Unser Versprechen, das Land zu modernisieren, markierte einen hohen Anspruch. Diesen Anspruch über den Wahlkampf hinaus aufrechtzuerhalten bedurfte es eines ernsthaften Willens, zu Lösungen zu kommen, die auch über den Tag hinaus Bestand hatten. Ob es um die verschlungenen Wechselwirkungen von sozialer Sicherung und Arbeitsmarkt ging, um die ethischen Folgen der Gentechnik oder um die Energieversorgung, wir brauchten den Dialog, wir brauchten frischen Wind und neue Ideen. Mein Bemühen war es, den Regierungsapparat zu öffnen für den Wissens- und Erfahrungsschatz der Gesellschaft. Das war weniger einfach, als ich annahm. Beharrung und Konkurrenzangst waren in der Ministerialverwaltung verbreiteter als erwartet. Gerade die enorme Beschleunigung des wissenschaftlich-technischen Fortschritts, aber auch die dadurch provozierten neuen Gefährdungen stellen unser politisches System mit seinen vielen *checks and balances* auf eine harte Belastungsprobe. Bei Zukunftstechnologien mit Auswirkungen auf viele Lebensbereiche, wie Gentechnik oder Internet, sind die Zeitfenster für die Entwicklung von rechtlichen und institutionellen Rahmenbedingungen knapp bemessen, ist das notwendige Wissen in den politischen Apparaten kaum ausreichend vorhanden. Der ritualisierte Weg über Expertenrunden, Programmkommissionen, über Parteitagsbeschlüsse und langwierige Gesetzgebungsverfahren kann sich hier als zu lang erweisen. Diskussionen in Partei und Gesellschaft, Gespräche mit Wissenschaftlern und Unternehmen, Abstimmungen mit den europäischen Partnern und legislative Arbeit müssen in neuer Weise miteinander verschränkt werden.

Viel ist damals über die von uns einberufenen Dialogrunden geschrieben worden. Das Wort von der »Konsensdemokratie« machte die Runde, Kritiker sprachen von »Neokorporatismus« und befürchteten eine schrittweise Entmachtung des Parlaments. Ich habe damals eingewandt: Wenn man schon das schillernde Wort »Konsens« zur Kennzeichnung des neuen Regierungsstils verwenden will, muss klar sein, worüber man redet: Konsens, wie wir ihn auffassten, stand weder für die Vermeidung des politischen Meinungsstreits noch für den die Öffentlichkeit scheuenden »Kungelkonsens«, sondern für das Ergebnis einer offen und fair ausgetragenen Auseinandersetzung um Standpunkte und Interessen. Nur um einen solchen »innovativen Konsens« ging es, besser: um De-Blockierung von Politik zur Wiedergewinnung von Gestaltungsräumen. Konsenssuche wird hier zu einem dynamischen Prozess, in dessen Verlauf man durch Verharrung und Rituale errichtete Hindernisse überwindet und dafür sorgt, dass sich in komplexen Entscheidungsprozessen die Waagschale im richtigen Moment zugunsten der Erneuerung senkt. Gerade dort, wo infolge verfassungsrechtlicher Vorgaben und institutioneller Übung eine Vielzahl von Akteuren mit ihren jeweiligen Eigeninteressen an der Formulierung politischer Entscheidungen teilhat, ist dies nach unserer Erfahrung oft die einzig verbliebene Weise, starre ideologische Fronten aufzubrechen und einen Modernisierungskurs durchzusetzen. Wer meint, dies ginge ohne Konflikt und die Bereitschaft zum Streit, dem fehlt die Fantasie für den Verlauf solch dialogischer Prozesse. Und ganz klar war uns auch, dass die Experten nicht unmittelbaren Einfluss auf die Entscheidung der Regierung selbst bekommen durften, dass das Parlament in seinen Rechten nicht beschnitten werden durfte.

Reformpolitik im Dialog ist alles andere als ein Spaziergang. Wie sehr wir schließlich um die Modernisierung Deutschlands kämpfen mussten, ist mir auf zwei Feldern noch in guter Erinnerung. Mein eigenes politisches Denken und Wollen ist mit diesen Modernisierungsprojekten eng verknüpft. Die Zeiträume, in denen sie sich entwickelten, waren für die mediale Wahrnehmung ungeeignet, weil viel zu weit gestreckt. Medien sind ja auf eine hoch professionelle Weise vergesslich – um täglich etwas Neues präsentieren zu können. In Wirklichkeit ist erfolgreiche Politik aber das Resultat von Vorbereitung, Sondierung und klugen, oft behutsamen Weichenstellungen am Anfang. Auch eine robuste Widerstandskraft gegenüber Enttäuschungen aller Art gehört dazu. Geduld ebenso – aber auch das Gespür für den richtigen Zeitpunkt, Allianzen zu schließen und die Öffentlichkeit mit einer Entscheidung zu konfrontieren. Das Spektakuläre an der Politik ist wie beim Eisberg nur der Bruchteil, der aus dem Wasser herausragt, der Rest ist jedoch auch da – und wird oft erst im Tauchgang des historischen Rückblicks in seinen Ausmaßen erkennbar. Diese beiden Felder, die ich meine, sind der Atomausstieg und das Bündnis für Arbeit. Der Atomkonsens ist ein langfristig angelegtes Vorhaben gewesen, das wir am Ende erfolgreich abschließen konnten. Im Bündnis für Arbeit hingegen scheiterten wir an der Suche nach dem innovativen Konsens. Das hatte seine Gründe – und es hatte schwerwiegende Folgen. Wo wir in der Streitfrage um die Atomkraft einen Konflikt beilegen konnten, der die Gesellschaft zu zerreißen drohte, waren wir mit der Arbeitsmarktreform schließlich gezwungen, uns über den Widerstreit der Interessen hinwegzusetzen. Wir konnten der Gesellschaft, auch unserer eigenen Partei, eine Belastungsprobe nicht ersparen.

Niedersachsen war, als ich 1991 in der Staatskanzlei in Hannover begann, einer der Hauptschauplätze, auf denen sich die gesellschaftliche und politische Auseinandersetzung um die Kernenergie abspielte. Nicht nur die hohe Dichte von Kernkraftwerken in Niedersachsen selbst und im grenznahen Raum, vor allem die Konzentration der gesamten deutschen Entsorgungswirtschaft in einem Bundesland brachten die Leute auf die Straße. Es war die Empörung über die CDU-Vorgängerregierung, die für einige zusätzliche hundert Millionen Mark aus dem Bundeshaushalt ihre Zustimmung zur Ansiedlung der Anlagen in Niedersachsen erteilt hatte. Es war Empörung darüber, dass eine Region mit dem Endlager für schwach- und mittelradioaktive Stoffe im Schacht »Konrad« bei Salzgitter und dem zentralen deutschen Endlager für abgebrannte Brennstoffe in Gorleben allein die Last der Entsorgung von Nuklearabfällen tragen sollte. Und es war Angst und Unsicherheit, ob Entsorgungstechnologien und die Wirtsgesteine der projektierten Lager in »Konrad« und in Gorleben den versprochenen Schutz der Bevölkerung garantierten. In Niedersachsen bildete sich – verdichtet auf engem Raum – der unversöhnliche Streit zwischen Kernkraftbefürwortern und -gegnern ab, besonders explosiv im Wendland, wo ansässige Landbevölkerung und bundesweite Antikernkraftbewegung eine politisch wirkungsstarke Symbiose eingingen.

SPD und Grüne hatten sich zu Oppositionszeiten, vor 1990, auf eine Ablehnung der bisherigen Atompolitik in Niedersachsen festgelegt. Das schuf Erwartungen nach dem Regierungswechsel, für beide Koalitionspartner. Aber noch mehr als für die SPD war für die Grünen die glaubwürdige Dokumentation einer Politik des Ausstiegs aus der Atomwirtschaft von existenzieller Bedeutung. Der Dauerkonflikt mit dem Bund war unvermeidlich. Nach dem Scheitern des rot-grünen Experiments in Hessen stand Jürgen Trittin unter starkem Druck seiner Basis. Gleichzeitig wusste er nur zu gut, dass er die Regierungsfähigkeit seiner Partei unter Beweis stellen musste. Ein Bruch unserer Koalition hätte die Grünen damals auf die Rolle der ewigen Oppositionskraft festgelegt, auch im Bund. Der Ausstieg war 1990 Teil der Koalitionsvereinbarung, für viele Beobachter markierte er die Sollbruchstelle des Bündnisses. Wahrscheinlich wurde er zu einer seiner Klammern.

Der Unfall von Harrisburg hatte sich 1979 ereignet, zu dieser Zeit waren in Deutschland zwanzig Kernkraftwerke am Netz. Im April 1986 war das Unglück von Tschernobyl geschehen. Die SPD legte sich auf ihrem Nürnberger Parteitag im August desselben Jahres auf einen Ausstieg fest. Brokdorf wurde erst nach heftigen Protesten in Betrieb genommen. Daneben wurde die Wackersdorfer Wiederaufbereitungsanlage vereitelt. 1991 kam das Aus für den Schnellen Brüter in Kalkar. Die hohe Zeit der Atomwirtschaft war also bereits vorüber, als wir Strategien diskutierten, wie ein langfristiger Ausstieg politisch zu organisieren wäre. Währenddessen lag das Land in Unfrieden. Allein für den Castor-Transport 1997 waren 3000 Polizeibeamte im Einsatz. Die Kosten, den Transport zu sichern, beliefen sich auf 157 Millionen Mark.

Werner Müller, der seine Erfahrungen aus der Energiewirtschaft mitbrachte, hat uns danach geholfen, realistische Positionen für den Weg des Ausstiegs zu entwickeln. Zwei Versuche Schröders, schon in den Neunzigerjahren mit der Energiewirtschaft zu einem Konsens zu kommen, waren gescheitert. Verzicht auf Neubau, Restlaufzeiten für Bestandskraftwerke, Lösung der Entsorgungsfrage und die Zukunft neuer Technologien zur Energieerzeugung – das war das Geviert, in dem Politik, Wirtschaft und Umweltbewegung eine Gesamtlösung suchten. Beide Anläufe führten letztlich zu nichts. Wer die Gründe dafür sucht, wird sie auch in der unrealistischen und unflexiblen Positionierung der Energiewirtschaft finden. Die kompromisslose Haltung der allermeisten Ausstiegsbefürworter in den Umweltverbänden gehört ebenso dazu. Die ganze

Wahrheit ist, dass auch die SPD in Gestalt ihres Parteipräsidiums im Herbst 1993 nicht den Mut hatte, dem niedersächsischen Ministerpräsidenten *plein pouvoir* für Verhandlungen mit der Wirtschaft zu geben. Die Bereitschaft der SPD – im Gegenzug zum Ausstieg –, die Forschung an einem Exemplar einer neuen Generation von Kernkraftwerken zuzulassen, dem Fadenrissreaktor, hätte das Ende der Kernkraft in Deutschland vermutlich zehn Jahre eher eingeleitet. Wir haben viel Zeit verloren. Die damals vorhandene Bereitschaft, Restlaufzeiten ihrer Kernkraftwerke mit Förderung regenerativer Energietechnologien zu entgelten, war später bei der Energiewirtschaft nie mehr so ausgeprägt entwickelt.

Aber die Zeit spielte gegen die Atomlobby. Die Gesellschaft lehnte mehrheitlich die Kernkraft ab. Wir konnten in Sachen Ausstieg auf öffentliche Zustimmung bauen. Denn das Land lag fortgesetzt im Unfrieden. Unfrieden gestiftet von unentwegten Transporten strahlenden Materials durch die Republik, regelmäßig begleitet durch fantasievollen Protest der Kernkraftgegner, bundesweit sichtbar gemacht durch den Einsatz Zehntausender von Polizisten, die die Transporte vor den Bürgern, oft genug auch die Bürger vor den Transporten zu schützen hatten. Nachlässigkeiten der Entsorgungswirtschaft und Mängel der Transportbehältertechnologie ließen das Thema nur selten über längere Zeit aus den Schlagzeilen verschwinden.

Für beide Regierungsparteien war der Atomausstieg 1998 eines der Kernthemen in der Koalitionsvereinbarung. Umstritten war unter den Koalitionären nicht die Notwendigkeit des Ausstiegs, diese Haltung teilten wir. Der Weg dahin, seine Länge und die Bedingungen, unter denen er beschritten werden sollte – all dies war jedoch offen, und die Positionen hierzu lagen oft genug im Streit miteinander. Auf der sozialdemokratischen Seite war klar, dass die Beachtung von Verfas-

sung und Eigentumsrechten sowie die Vermeidung unverant-
wortlicher Entschädigungsrisiken Leitplanken des Wegs sein
mussten. Andere waren bereit, größere Entschädigungsrisiken
in Kauf zu nehmen. Die klare Entscheidung für den Weg über
Verhandlungen fiel am Ende nach Sondierungsgesprächen mit
der Wirtschaft. Dort war die Irritation über die neue Koalition zwar spürbar, wenngleich sich kaum einer nach der alten
zurücksehnte.

Die Ungeduld in den ersten Monaten nach Regierungs-
übernahme war groß. Fraktionen und Parteien drängten auf
vorzeigbare Großtaten, gerade auf den zentralen Feldern. Und
der Atomausstieg gehörte dazu. Denn die andere Seite am Ver-
handlungstisch, die Energiewirtschaft, war sichtbar unsortiert.
Deshalb war es im Ergebnis nicht erstaunlich, dass im ersten
Versuch Jürgen Trittin, im zweiten Versuch Werner Müller unverrichteter Dinge aus den Gesprächen zurückkamen.
Die Energiewirtschaft verfügte über unbefristete Betriebsge-
nehmigungen, und sie hatte ein Atomgesetz auf ihrer Seite,
das den ungestörten Betrieb schützte. Sämtliche Proteste und
Konflikte hatte die Energiewirtschaft stoisch ausgesessen. Das
Geschäft lief ja gut, der Rest war eine Frage der Nerven.

Wir hatten die große Sorge, dass nach den gescheiterten
Verhandlungsrunden jetzt der Druck in Richtung eines ge-
setzlichen, also nicht verhandelten Ausstiegs unaushaltbar groß
würde. Groß damit auch wieder die Gefahr von entschädi-
gungs- und verfassungsrechtlichen Risiken, ganz abgesehen
von der damit einhergehenden Vergiftung des Klimas zwischen Regierung und Wirtschaft für den Rest der gesamten
Legislaturperiode. Gerhard Schröder bat mich, es mit Verhandlungen noch einmal zu versuchen. Ich bin oft gefragt worden,
warum es dann funktionierte. Zwei Gründe sehe ich: Erstens
hatte sich die Energiewirtschaft darauf eingerichtet, dass man
zu einem *modus vivendi* auch mit einer rot-grünen Bundesregierung, zumal mit einem wirtschaftsfreundlichen Kanzler,

kommen musste. Zweitens – und wichtiger – hatte die selbstbewusste Energiewirtschaft ein kleines Detail bei ihrer anfänglich ablehnenden Haltung zu Ausstiegsverhandlungen übersehen. Ein Detail, das die vormalige Umweltministerin Angela Merkel, allerdings gänzlich unfreiwillig, zur Geburtshelferin des Atomausstiegs machte. Sie hatte im Mai 1998, nachdem in Frankreich Kontaminationen an Transportbehältern festgestellt worden waren und die Regierung innerfranzösische Atomtransporte untersagt hatte, einen Transportstopp ausgesprochen, der nicht wieder aufgehoben wurde. Nur für eine Übergangszeit war das Problem für die Energiewirtschaft beherrschbar. Was vielen nicht bewusst war: Das geltende Atomrecht sah nur begrenzte Lagermengen an den Kraftwerksstandorten vor. Die für die Unternehmen unangenehme Folge war, dass die Überschreitung der höchstzulässigen Lagermengen den rechtlichen Fortbestand der Betriebserlaubnis berührte. Mit anderen Worten: Ohne Lösungen zum Abtransport des abgebrannten Brennstoffs hätte der Weiterbetrieb einzelner Anlagen bald infrage gestanden. Meine Verhandlungspartner auf der Wirtschaftsseite wussten um diese Risiken. Damit war der Einstieg gefunden. Politisch ging es um die Verantwortbarkeit einer Technologie, deren Risiken die Mehrheit der Bevölkerung nicht zu tragen bereit war, wirtschaftlich um Milliardeneinnahmen, die sich die Unternehmen aus dem unbegrenzten Weiterbetrieb der – überwiegend steuerlich abgeschriebenen – Anlagen erhofften. Beide Seiten brauchten ein Ergebnis.

Nie in meinem Leben habe ich Verhandlungen von solcher Intensität und Ausdauer erlebt wie jene im Frühjahr des Jahres 2000. Auf meiner Seite verhandelten die Staatssekretäre aus Umwelt und Wirtschaft, Rainer Baake und Alfred Tacke, auf der Seite der Energiewirtschaft war Walter Hohlefelder von E.ON der Verhandlungsführer, unterstützt durch die Beauftragten von RWE und EnBW. Weiter voneinander entfernt konnten die Positionen beider Seiten kaum sein. Ob solche

Anstrengungen eine Chance auf Erfolg haben, hängt selbstverständlich ganz wesentlich davon ab, ob inhaltliche Differenzen am Ende überbrückt werden können. Wenn der Erfolg, wie es anfangs schien, fast aussichtslos ist, hängt noch mehr an den persönlichen Konstellationen, an der Frage, ob die notwendige kritische Masse an Ernsthaftigkeit, Verlässlichkeit und Glaubwürdigkeit entsteht. Wir hatten es aufseiten der Wirtschaft mit harten Vertretern ihrer Standpunkte zu tun, die aber auch spürten, dass sie nicht mit Leuten am Tisch saßen, die der Energiewirtschaft aus ideologischen Gründen den Garaus machen wollten, sondern Lösungen suchten, die trugen.

Hunderte Stunden haben wir miteinander verbracht, Tage und Nächte. Immer wieder haben wir Spielräume und Lösungskorridore ausgeleuchtet. Oft genug wurden im Morgengrauen die Fenster geöffnet, ohne dass wir in zentralen Fragen weitergekommen waren; stattdessen hatten wir eine Reihe neuer Folgeprobleme entdeckt. Häufig war das Scheitern näher als der erhoffte Erfolg. Aber den Ausweg durch Abbruch, der leicht zu provozieren gewesen wäre, hat keiner gesucht. In der Frage der Kernenergie bin ich mit Walter Hohlefelder uneins geblieben. Geblieben ist aber der gegenseitige Respekt. Auch er konnte auf seiner Seite vermitteln, dass vernünftig war, was am Ende errungen wurde. Das Auslaufen der Kernenergienutzung in Deutschland war vereinbart. Die Restlaufzeiten für jedes einzelne Kraftwerk wurden bestimmt, die in der Auslaufphase anfallenden Abfallmengen definiert. Zwischenlager bis zur Klärung der Endlagerung wurden zugelassen, auch wieder Transporte zu und von den Aufbereitungsanlagen in Frankreich und Großbritannien. Der Bundestag stimmte mit Mehrheit zu. Der friedliche Ausstieg aus der Atomenergie war beschlossen. Eine neue Zukunft der Energieerzeugung in Deutschland sollte beginnen.

Kritik gab es aus Teilen der Ökologiebewegung, insbesondere an der Dauer der Auslaufphase. Die Diskussion heute zeigt, wie realistisch diese Frist bestimmt war: Der zukunftsfähige Umbau der Energieversorgung in der in Europa am stärksten industriell geprägten Volkswirtschaft ist und bleibt eine politisch und wirtschaftlich höchst anspruchsvolle Aufgabe. Deshalb versucht die Stromwirtschaft, den Ausstieg rückgängig zu machen. Man spekuliert auf andere politische Mehrheiten nach 2009; in der CDU bezeichnen manche die Atomkraft schon als »Ökoenergie«. Das kann leicht zur Fehlspekulation werden. Denn das entscheidende Signal der Vereinbarung bestand am Ende doch darin, dass es gelungen war, einen langwierigen politischen Konflikt zu befrieden. Ich kann mir nicht vorstellen, dass irgendeine vernünftige politische Kraft Interesse daran hat, diesen Frieden wieder aufzukündigen. *Pacta sunt servanda* – ein kluger Rechtsgrundsatz auch hier.

Weniger erfolgreich dagegen war mein zweites großes Projekt: das Bündnis für Arbeit. Auch das hat eine Vorgeschichte: Der IG-Metall-Vorsitzende Klaus Zwickel hatte es 1995 Helmut Kohl vorgeschlagen, der auch darauf einging. Vier Runden fanden seinerzeit statt. In dieser Phase hatte das Bündnis den Charakter eines klassischen Paktes: Lohnverzicht gegen Arbeitsplätze. Als jedoch CDU und FDP im April 1996 beschlossen, die Lohnfortzahlung im Krankheitsfall einzuschränken, zogen sich die Gewerkschaften aus dem Bündnis zurück. Unser Vorbild in der Methode war das niederländische »Poldermodell«, ein seit 1982 in Holland erprobter konsensorientierte Ansatz in der Wirtschafts- und Arbeitsmarktpolitik. Konsens unter den Sozialpartnern unter Einschluss der Regierung hätte Reformen damals sehr beschleunigt. Schröder sprach damals vielleicht etwas voreilig schon von einer »Neuorientierung« der Wirtschafts- und Finanzpolitik. Obgleich die Arbeitgeber dem Verhandlungsangebot sehr reserviert gegenüberstanden – ich erinnere mich noch gut an Olaf Henkels Satz: »Das Bündnis ist Konsenssoße« –,

konnten wir Mitte 1999 Anfangserfolge verbuchen: Zusagen
für die Lohnrunde 2000 und Zusagen für eine Beschäftigungs-
initiative für Geringqualifizierte und Langzeitarbeitslose.

Aber schon in dieser Phase wurden wir als Regierungsseite
mit Erwartungen der Beteiligten konfrontiert, die wir weder
erfüllen wollten noch konnten. Die Gewerkschaften forderten ein staatliches Konjunkturprogramm – massive Steuersenkungen in einer angespannten Haushaltslage wünschten
sich die Arbeitgeber. Es gab die Neigung, die Bündnis-Ge-
spräche je nach Interessenlage auf ein einzelnes Thema zu reduzieren. In der Logik des konsensorientierten Politikansatzes,
der ja der Prozess eines *gemeinsamen* Lernens und somit einer
fortschreitenden Kompromissbildung sein muss, liegt es aber,
dass stets eine Bandbreite von Themen verhandelt wird: Ta-
rif- und Lohnpolitik, Arbeitsmarkt-, Steuer- und Sozialpolitik.
Nur dann ist dieser Ansatz sinnvoll. Für Einzelfragen existieren
andere Foren der Konfliktlösung. Jedenfalls war es nicht die
Bühne, Regierungsentscheidungen öffentlich zu debattieren
oder auf deren Revision hinzuwirken.

Die Beteiligten gingen auch deswegen auf Konfrontations-
kurs, weil zwischen Gewerkschaften und Arbeitgebern ein
Ungleichgewicht bestand. Die Arbeitgeber, befeuert durch
eine selbstgewisse marktradikale Rhetorik, vertraten eine erfolgreiche Exportindustrie, während sich die Gewerkschaften
durch die Verlagerung von Arbeitsplätzen ins Ausland in die
Defensive gedrängt sahen. Man kann auch einfacher sagen:
Das Kapital war längst international aufgestellt, die Arbeit organisierte sich noch national. Zwischen beiden Seiten ging
damals in den Gesprächen, die wir führten, die gleiche Augenhöhe verloren. Wir mussten uns eingestehen, dass der ernsthafte Wille zur Einigung schlechterdings nicht vorhanden
war. Außerdem stellte sich die Frage nach der Verpflichtungs-
kraft eines möglichen Kompromisses, wenn die Verbände of-
fensichtlich Schwierigkeiten hatten, ihre Mitglieder vom Sinn

eines Bündnisses zu überzeugen und für Absprachen zu gewinnen. Die Gewerkschaften verloren Mitglieder und hatten Mühe, die Partikularinteressen von einzelnen Berufsgruppen zusammenzuführen und ganze Branchen im Tarif zu halten. Die Arbeitgeberverbände erlebten auf der anderen Seite, dass Unternehmen sich weigerten, die Abschlüsse umzusetzen. Kurz: Auch der Vertrauensverlust innerhalb der Verbände verhinderte einen breiten Kompromiss. Jeder musste sich aufplustern, um seine Klientel zu beruhigen. Beide Seiten blockierten, und damit war kein innovativer Konsens zu erreichen. In dieser Lage mussten wir handeln, denn geringes Wachstum, hohe Arbeitslosigkeit, auch die Haushaltslage ließen uns keine Zeit, noch länger auf einen Sinneswandel im Bündnis für Arbeit zu warten. Wir waren gezwungen, unsere Reformen im Alleingang durchzusetzen. Anfang März 2003 beendeten wir das Bündnis. Am 14. März hielt Gerhard Schröder seine Regierungserklärung im Deutschen Bundestag, deren Inhalt die Agenda-Reformen waren. Wir beschritten den Weg der reinen Gesetzgebung – wir hätten es lieber auf andere Weise hinbekommen.

Ich schildere das Schicksal des Bündnisses für Arbeit, um daran zu erinnern, dass politische Führung im Dialog auf eine Gesellschaft angewiesen bleibt, in der ein Geist der Gemeinsamkeit vorhanden ist. Eine Gesellschaft, der das wechselseitige Vertrauen abhandenkommt, findet keinen Mut mehr, sich zum Konsens zu bekennen und den fairen Kompromiss zu suchen. Das Bündnis für Arbeit war ein solcher Fall. Man kann sich dann auf den Standpunkt stellen: Schluss mit der »Konsenssoße«, wir suchen unser Glück in der Konfrontation. Aber das verschafft nur kurzfristig Befriedigung und verursacht hohe Kosten nicht nur auf einer Seite. Das Scheitern des Bündnisses für Arbeit hat im Rückblick weder den Arbeitgeberverbänden noch den Gewerkschaften genutzt. Es brachte die Regierung in die Pflicht, im Alleingang das Notwendige zu tun.

Kapitel 3

Wege aus der gespaltenen Gesellschaft
Deutschlands Stärken neu begründen

Kaum ein politisches Projekt hat so kontroverse Diskussionen ausgelöst wie die Agenda 2010. Für die einen war es die endgültige Kapitulation vor dem neoliberalen Zeitgeist, für die anderen ein viel zu zaghafter Versuch, Deutschland aus jahrzehntelanger Reformstarre zu befreien. Beides wird der Agenda nicht gerecht. Über die unmittelbare Vorgeschichte der Agenda 2010 ist viel geschrieben worden: leere öffentliche Kassen, schwierige Koalitionsverhandlungen im Herbst 2002 mit langen Streichlisten aus dem Bundesfinanzministerium, die massive Verunsicherung der Menschen angesichts einer aus dem Ruder laufenden Reformdebatte, täglich neue Vorschläge zu Kürzungen bei Gesundheit und Rente. Eine Regierung, die ernsthaft über die Höhe der Mehrwertsteuer für Schnittblumen, Hunde- und Katzenfutter streitet, hat keinen Gestaltungsspielraum mehr. Für mich war spätestens im Dezember 2002 klar: So kommen wir nicht über die nächsten vier Jahre.

Gerhard Schröder und ich wussten, dass die Bundesregierung die Initiative ergreifen musste, um in dieser unübersichtlichen Situation Klarheit zu schaffen und politische Führung unter Beweis zu stellen. Eine Art Neustart war erforderlich. Die Lage war explosiv. Die Regierung stand einerseits mit dem Rücken zur Wand, war andererseits intern festgezurrt zwischen koalitionären Abmachungen und parteiinternen

Blockierungen. Abwarten und Verharren waren aber nicht die Lösung. Mutiges Denken nach vorn war gefragt. Noch vor Weihnachten lud ich zu ersten Runden mit klugen, unabhängigen Köpfen ein, um mögliche Szenarien für das kommende Jahr zu diskutieren. Selbst in den weniger pessimistischen Szenarien mussten wir von weiterer Arbeitslosigkeit mit ihren Folgen für die Lage der sozialen Sicherungssysteme und der öffentlichen Haushalte ausgehen. Das war nicht zu verantworten, nicht für die Regierung, erst recht nicht für die Arbeitnehmer, die Wirtschaft und all jene, die auf öffentliche Leistungen angewiesen waren. Die Situation rief nach einem Befreiungsschlag.

Schmaler hätte das Hochseil nicht sein können. Gefragt war neue Politik, eine, die überrascht, die erneuert, die aber auch klarmacht, dass ihr Ziel nicht Raubbau am Sozialstaat und am Sozialen in der Marktwirtschaft ist, sondern die seine bewährten Institutionen, insbesondere die sozialen Sicherungssysteme unter veränderten Rahmenbedingungen erhält und zukunftsfest macht. Glaubwürdig konnte das nur geschehen, wenn man über Koalitionsvereinbarungen und Parteiprogramme hinausging und bereit war, an Tabus zu gehen.

Gerhard Schröders Rede im März 2003 ist damals in der Öffentlichkeit ohne allzu große Begeisterung aufgenommen worden. Ihre Langzeitwirkung wurde komplett unterschätzt. Im radikalreformerischen Überschwang, der damals die deutschen Leitartikel beherrschte, galten viele der Maßnahmen als halbherzig und wenig wirkungsvoll. Kaum einer ahnte, dass diese Rede einmal als Epochenscheide der deutschen Politik empfunden würde. Kaum einer hatte ein Gespür dafür, dass hier tatsächlich eine Kehrtwendung gelang und unser Land innerhalb von wenigen Jahren vom »kranken Mann Europas« wieder zum ökonomischen Kraftzentrum unseres Kontinents würde.

Die einzelnen Etappen der Auseinandersetzung um die

Agenda 2010 sind den meisten noch in Erinnerung. Sie zu wiederholen erspare ich mir. Meine Partei, die SPD, hat dafür mit vielen verlorenen Landtagswahlen und der Gründung der Linkspartei einen hohen Preis bezahlt. Stellvertretend für die Gesellschaft haben wir den Konflikt ausgetragen, mit Leidenschaft und schmerzlichen Verlusten. Schröder sagte in seiner Rede: »Entweder modernisieren wir, oder wir werden modernisiert.« Dass den Sozialstaat nur erhalten kann, wer zu seiner Reform bereit ist – dieses Credo konnte dem eigenen politischen Lager, aber auch der übrigen Gesellschaft nur in mühsamer Überzeugungsarbeit vermittelt werden. Der Paradigmenwechsel war notwendig: Die Aktivierung eigener Kräfte muss Vorrang vor der Alimentierung haben. Die Alimentierung hat auf Dauer den bitteren Beigeschmack einer Aussonderung und Ausmusterung aus der Arbeitswelt. Heute denken auch viele der früheren Kritiker anders über die Agenda. Über einzelne Instrumente gibt es zwar weiter unterschiedliche Auffassungen – unbestritten ist jedoch, dass die Agenda den Aufschwung stärkte. Fast zwei Millionen neue Stellen sind seither geschaffen worden, sogar die Langzeitarbeitslosigkeit sank. Die Menschen wurden in den zurückliegenden Jahren auf unterschiedliche Weise entlastet, der Beitrag zur Arbeitslosenversicherung sank seit 2006 um die Hälfte. Wir haben das Wohngeld und das BAföG erhöht. Krankenkassenbeiträge werden bald steuerlich absetzbar sein. Die Riester-Förderung erstreckt sich inzwischen auch auf Eigenheime. Die Steuereinnahmen verbesserten sich erheblich, und die Arbeitslosenversicherung verfügt heute über ein solides finanzielles Polster. Auch die finanzielle Lage der Kommunen hat sich danach nachhaltig verbessert.

Diese Zahlen sprechen für sich. Darin spiegelt sich die von vielen erhoffte, von den damaligen Akteuren erwartete Veränderung wider, die wir durch die Reformen zugunsten von Wachstum und Beschäftigung angestoßen haben. Dennoch bin ich oft gefragt worden, warum wir nicht auf mehr öffentliche Zustimmung gestoßen sind. Vielleicht war die Zeit zu kurz zwischen den Wahlen und Schröders Regierungserklärung, um die Öffentlichkeit vom Ernst der Lage und von der Notwendigkeit neuer Politik zu überzeugen. Vielleicht hat uns der schnell aufbrandende Streit in der eigenen Partei viel Überzeugungskraft genommen. Jedenfalls ist es uns nicht gelungen, die Zuschauer dazu zu bewegen, in die Arena zu kommen. Die Öffentlichkeit spaltete sich auch nach Vorlage der Agenda zwischen denen, die »mehr Mut« forderten, und denen, die in den Vorschlägen das Ende der Sozialstaatlichkeit in Deutschland heraufdämmern sahen. Wer aufseiten der Medien Zustimmung für das Agenda-Programm signalisiert hatte, wechselte ab Mitte des Jahres meist ins Lager derer, die mit täglich neuen Fallbeispielen die Unverantwortlichkeit des beschrittenen Weges skandalisierten. Auch wenn wir eine große Zahl von zum Teil konstruierten Beispielen widerlegen konnten, die öffentliche Verunsicherung und Skepsis blieben. Dennoch zeigte die Regierung Standhaftigkeit. Schröder vorneweg, Fischer war persönlich überzeugt von der Richtigkeit der Kursbestimmung. Seine Partei war in Fragen der Arbeitsmarkt- und Sozialpolitik ohnehin weniger programmatisch festgelegt.

Im Ergebnis gelang es nicht, schon in der Entwurfs- und Entstehungsphase den umfassenden gesamtgesellschaftlichen Reformansatz herauszuarbeiten, der sich mit der Agenda verband. Anders als manche Kritiker uns vorwarfen, ging es ja nicht um das Zurückschneiden des Sozialstaates, sondern darum, für Politik und Gesellschaft wieder Spielräume zu gewinnen, um aktiv die Zukunft gestalten zu können. Wir konnten nicht länger nur die Arbeitslosigkeit weiterfinanzieren. Sondern wir mussten die Menschen wieder in Arbeit bringen. Wir wollten weg davon, immer mehr Geld für den Schuldendienst aufzuwenden. Stattdessen waren wir entschlossen, mehr in Bildung und Forschung zu investieren. Wir haben viel erreicht, um unsere Sozialsysteme in Ordnung zu bringen, die nur so künftig die Last des demografischen Wandels tragen können. Und wir haben den Kommunen endlich wieder die Möglichkeit gegeben, Schulen, Straßen und Schwimmbäder zu sanieren.

Nachdem sich der Vermittlungsausschuss nach langen Verhandlungen in der Nacht vom 14. auf den 15. Dezember 2003 über die Agenda-Gesetze geeinigt hatte, kümmerte ich mich neben dem alltäglichen Regierungsgeschäft vor allem um die großen Zukunftsaufgaben Bildung, Forschung und Familie. Natürlich blieb die Verzögerung zwischen Reformen einerseits sowie einer Rendite andererseits, die in Gestalt von gut ausgebildeten jungen Leuten, mehr Frauen im Beruf und besser in unsere Gesellschaft integrierten Ausländern erst in Zukunft sichtbar wird. Wir würden, so unsere Überzeugung, die Menschen von unserer Politik nur überzeugen können, wenn der Grundansatz erkennbar wird: Vertrauen in die eigene Kraft, Erneuerung des »Modells Deutschland«, mutige Gestaltung der Zukunft.

Im Kanzleramt arbeiteten wir damals intensiv an einer »Innovationsoffensive«. Mein Ziel war es, in einer gemeinsamen Anstrengung von Wissenschaft und Wirtschaft den Forschungsstandort Deutschland wieder an die Weltspitze zu führen. Mit dem Einstein-Jahr 2005 versuchten wir, vor allem junge Menschen für die Naturwissenschaften zu begeistern. Auch in der Gesellschaft die Einstellung zum wissenschaftlich-technischen Fortschritt positiv zu beeinflussen, war langfristig angelegt. Unsere Dramaturgie war und ist auf eine Reform des Ganzen abgestimmt. Unsere Handschrift verhieß Aufbruch. Zusammen mit unserer Familienministerin Renate Schmidt entwickelten wir das Konzept für das Elterngeld, wie es später in der Großen Koalition verabschiedet wurde. In vielem legten wir damals das Fundament für das Programm der Großen Koalition, das eine klar sozialdemokratische Handschrift trägt. Gemeinsam mit Matthias Machnig habe ich im Herbst 2004 unter dem Titel »Made in Germany '21« ein Buch herausgegeben, das den Stand unserer damaligen Diskussion wiedergibt. Ich staune, wie viele der dort versammelten Beiträge bis heute lesenswert und aktuell sind.

Wir haben in Deutschland die Trendwende auf dem Arbeitsmarkt geschafft. Wir haben Sozialkassen und öffentliche Haushalte saniert. Wir haben unserem Land wieder neues Selbstbewusstsein und Vertrauen gegeben. Wir haben die Zukunftsthemen Bildung, Forschung und Familie wieder in den Mittelpunkt der öffentlichen Debatte gestellt. Dennoch können wir nicht die Augen vor der Tatsache verschließen, dass die Erneuerung unseres Landes, die 1998 begonnen hat, lange noch nicht zu Ende ist. Unsere Ökonomie befindet sich in einer »Kompetenzrevolution«. Das Wachstum der Produktivität bringt die Gesellschaft als ganze voran, während die soziale Ordnung durch unsichere Lage auf den unteren und mittleren Rängen gekennzeichnet ist. Kurz, wir sind auf vielen entscheidenden Feldern der Hochtechnologie oder der Exportwirtschaft so erfolgreich wie nie zuvor, aber wir sind auch gespalten, was die Teilhabe an diesen Erfolgen angeht. Denn zu viele Menschen sind nicht mitgekommen. Nach wie vor geht ein großer Riss durch unser Land. Noch immer gibt es viel zu viele Menschen, die am Rande der Gesellschaft leben. Und die Sprachlosigkeit zwischen den unterschiedlichen Gruppen, nicht nur zwischen oben und unten, nimmt weiter zu. Neben all dem Krisenmanagement, das die nächste Zeit prägen wird, sind die Überwindung dieses Risses und die Suche nach einer neuen Sprache des solidarischen Miteinanders die zentralen Aufgaben der deutschen Politik. Wenn es uns nicht gelingt, die sozialen Fliehkräfte zu bändigen, dann gerät der soziale Zusammenhalt ernsthaft in Gefahr. Und damit das Fundament, auf dem die Stärke unseres Landes beruht.

Wo stehen wir heute? Was sind unsere Probleme? Und wie betten sie sich ein in eine Welt, die sich um uns herum rasant verändert hat? Um diese Fragen zu beantworten, müssen wir ein wenig tiefer graben. Wir müssen erstens reden über Veränderungen und Fehlentwicklungen auf dem Arbeitsmarkt. Wir müssen zweitens über den beschämenden Mangel an Bildungschancen für viele Menschen sprechen. Wir müssen drittens unsere Haltung zur Wissenschaft, ihren Risiken, aber auch ihren Zukunftspotenzialen neu bestimmen. Und wir müssen uns viertens über Respekt unterhalten: über Respekt zwischen unterschiedlichen Gruppen unserer Gesellschaft, über Pflicht und Verantwortung, über das Band von Kultur und Sprache, das uns zusammenhält.

Ich möchte zunächst etwas zum ersten Thema sagen, zur Arbeit. Seit vier Jahrzehnten ist die Erwerbsarbeit in den entwickelten Industrieländern gewaltig unter Druck geraten. Das liegt an einer ganzen Reihe von unterschiedlichen Einflüssen: Der Aufstieg neuer Industriestandorte vor allem in Asien führte zu verschärfter Konkurrenz. Die Verbraucher hat es gefreut, viele Arbeitnehmer aber waren die Leidtragenden. Die Internationalisierung der Märkte und das Absinken der Transport- und Transaktionskosten eröffneten die Möglichkeit, Arbeit dorthin zu verlagern, wo sie am billigsten ist. All das hat bei uns auf die Löhne gedrückt. Hinzu kam: Im Wettbewerb globaler Anlagemöglichkeiten waren die Renditeerwartungen an das eingesetzte Kapital dramatisch angestiegen. Das verstärkte den Druck, die Kosten in Betrieben zu senken, oft zu Lasten des Faktors Arbeit. Börsennotierte Unternehmen schielten immer kurzatmiger auf das Quartalsergebnis, weil sie um den Kapitalzufluss aus den nervös gewordenen Finanzmärkten fürchteten. Das Stichwort der »Shareholder-Ökonomie« machte Karriere und wurde zur Chiffre für den Bedeutungsverlust langfristiger Entwicklungsperspektiven für Unternehmen und Standorte. Schließlich kosteten auch technische Neuerungen zunächst einmal Jobs, bevor an anderer Stelle neue entstanden. Und die neuen Arbeitsplätze waren fast immer anspruchsvoller.

Besonders ungelernte Arbeiter wurden zu den großen Verlierern dieser Entwicklung. In den vergangenen Jahren sind die Anforderungen an Ausbildung und Berufsqualifikation beträchtlich angestiegen. Vor dreißig Jahren lag die Arbeitslosenquote unter Ungelernten in Westdeutschland noch bei etwa sechs Prozent, heute beträgt sie weit über 20 Prozent. Maschinen erledigen ihre Tätigkeiten, oder die Jobs wandern ganz in Billiglohnländer ab. Ungelernte Arbeit hat keine langfristige Berufsperspektive mehr, es drohen prekäre Beschäftigungsverhältnisse. Der Bedarf an Ungelernten wird sinken, während der Bedarf an Facharbeitern steigt. Gleichzeitig sind wir mit einem Arbeitskräftemangel bei Ingenieuren konfrontiert. Jetzt schon klagen manche Branchen über einen Mangel an Fachkräften – und versuchen alles, um in den Zeiten der Krise die Fachkräfte zu halten. Um gut Ausgebildete tobt mittlerweile ein internationaler Wettbewerb. Man muss kein Prophet sein, um vorauszusagen, dass dieser Wettbewerb immer härter werden wird. Es ist ein neuer Konkurrenzkampf, der den Wettbewerben auf den Gütermärkten und um internationales Anlegerkapital an die Seite tritt. Wer gar keinen oder einen schlechten Schulabschluss hat, der wird, wenn er nicht gerade das Zeug zum genialen Garagenunternehmer hat, in aller Regel auf dem Arbeitsmarkt bestraft. Auch wer mit doppelten Belastungen zurechtkommen muss, wer neben der Arbeit für ein Kind sorgt und dabei ohne Partner auf sich gestellt ist, kann oft die hohen Ansprüche an Verfügbarkeit und Mobilität nicht erfüllen. Meistens trifft es alleinerziehende Mütter. Auch Einwanderer, deren Integration in der Vergangenheit in erster Linie über den Arbeitsmarkt gelang, haben es viel schwerer, in unserer anspruchsvoller gewordenen Arbeitsgesellschaft den Einstieg zu finden. Sie geraten schneller in soziale Not.

Seit Mitte der Siebzigerjahre gibt es in Deutschland Massenarbeitslosigkeit. Um ältere Arbeitnehmer aus dem Betrieb zu bekommen, ohne eine Kündigung auszusprechen, haben die Unternehmen sehr gezielt das Instrument des Vorruhestands ausgenutzt. Zu Lasten der Sozialversicherungsbeitragszahler, aber immer mehr auch zu Lasten der Steuerzahler, denn jeder dritte Euro der sozialen Sicherung stammt inzwischen aus dem Bundeshaushalt. Die demografische Entwicklung in Deutschland verändert das Altersgefüge auf dem Arbeitsmarkt. Wir werden uns also in den nächsten Jahren noch intensiver mit den Folgen des demografischen Wandels für die Produktivität beschäftigen. Ohne Zuwanderung würde die deutsche Bevölkerung von heute 82 Millionen auf 59 Millionen im Jahr 2050 sinken. Selbst wenn jährlich 200 000 Menschen zu uns kommen, würde sich die Zahl der Erwerbspersonen von heute 41 Millionen auf etwa 34 Millionen verringern. Die deutsche Wirtschaftskraft wäre erheblich geschwächt. Gleichzeitig erhöht sich die Zahl älterer Arbeitnehmer, während der Anteil der 15- bis 29-Jährigen dramatisch sinkt. Nur bessere Aus- und Weiterbildung, eine Erhöhung der Frauenerwerbsquote sowie Zuzug werden hier Abhilfe schaffen.

All dies bleibt nicht ohne Folgen für die Sozialversicherungen, die von einem Gleichgewicht zwischen erwerbstätigen Zahlern und Empfängern von Versicherungsleistungen abhängen. Diese Balance ist aus dem Lot geraten, und das strapaziert vor allem das Beitragssystem der Alterssicherung aufs Äußerste. Mit dem Ergebnis, dass die Sozialabgaben von rund 25 Prozent des Bruttolohns in den Sechzigerjahren auf über 40 Prozent 1998 angestiegen waren. Noch einmal traf es besonders die gering qualifizierte und niedrig entlohnte Arbeit. Sie ist nicht nur in der Globalisierung am stärksten unter Druck, sie leidet auch am stärksten unter der Abgabenlast. Denn die Abgaben sind die Steuern des kleinen Mannes.

Die Chance auf Arbeit ist es, die auch Ost- und Westdeutschland nach wie vor am meisten trennt. Zwei Jahrzehnte nach dem Ende der politischen Spaltung haben wir es noch immer mit einer ökonomischen und sozialen Kluft zu tun. Im vergangenen Jahr gab es eine Reihe von Regionen in den alten Bundesländern, die annähernd Vollbeschäftigung erreichten. Auch in den neuen Ländern sank zwar die Arbeitslosigkeit, lag aber immer noch bei über zehn Prozent, in manchen Regionen bei über zwanzig Prozent. Das kann so nicht bleiben. Ich halte es für einen der großen Erfolge der rot-grünen Bundesregierung, mit dem Solidarpakt II für das nächste Jahrzehnt klare Perspektiven geschaffen zu haben. Die neuen Länder wissen damit genau, mit welcher Förderung sie rechnen können. Sie wissen auch, dass die Mittel langsam zurückgehen werden. Aber dieser Pakt ist fair, weil er Geber und Nehmer in die Pflicht nimmt. Dennoch sind die regionalen Gegensätze in Deutschland insgesamt größer geworden. Die Bereitschaft, etwas für den Ausgleich zu tun, nimmt ab. Das ist eine große Gestaltungsaufgabe für das nächste Jahrzehnt.

Auch für die Gewerkschaften brachte der Wandel viele Veränderungen mit sich. Wolfgang Streeck, Direktor des Max-Planck-Instituts für Gesellschaftsforschung in Köln, spricht von der »Desorganisation der Solidarität«. Was heißt das? Die kleinen Gewerkschaften mit hohem Identifikationsgrad ihrer Mitgliedschaft, unter anderem »Holz und Kunststoff« sowie »Druck, Journalismus und Papier«, verschwanden wegen Kostendruck, wurden aufgesogen durch Großgewerkschaften. Gleichzeitig verloren die großen Gewerkschaften seit den Achtzigerjahren rapide an Mitgliedern. Um von der Zersplitterung der Arbeitswelt nicht selbst zerrissen zu werden, gingen sie immer öfter den Weg der tariflichen Öffnungsklauseln, die heute für rund 75 Prozent aller Arbeitsplätze in Anspruch genommen werden. Ich bin immer wieder erstaunt, wie wenig bekannt ist, mit welcher Bereitschaft zum Kompromiss die deutschen Gewerkschaften in einer für sie äußerst schwierigen

Zeit handeln. Dennoch – und das ist kein Vorwurf an Gewerkschafter, sondern gehört zur Diagnose unserer Zeit –, dennoch ist es kaum gelungen, die Erosion der Tariflandschaft aufzuhalten. Damit gerät ein Pfeiler in Gefahr, auf dem die Stabilität und der soziale Frieden unseres Landes bisher ruhten.

Ein Beispiel für den schmalen Grat, auf dem Reformpolitik wandelt, ist die Leiharbeit. Unser Ziel war es ursprünglich, sie von ihrem Schmuddelimage zu befreien und sie zu nutzen, um Arbeitslosen eine Brücke in normale Beschäftigung zu bauen. Für die Betriebe sollte es mehr Möglichkeiten geben, vorübergehende Auftragsspitzen zu bewältigen. Wenn wir die Entwicklung heute prüfen, sehen wir: Rund 60 Prozent der Leiharbeitnehmer sind aus der Arbeitslosigkeit heraus in Beschäftigung gekommen. Das ist gut; viele sind froh, dass sie wieder anpacken können. Aber zu wenige von ihnen bleiben dann auch in Beschäftigung. Wer aus der Leiharbeit gar nicht mehr herauskommt, fühlt sich nicht auf einer stabilen Brücke in den Beruf, sondern in einem Jobkarussell, das ihm keinen ausreichenden Halt gibt. Missbrauch gibt es dort, wo Unternehmen die Leiharbeit als Hebel benutzen, um dauerhaft gespaltene Belegschaften zu etablieren. Deshalb müssen wir weiterdenken, wie wir Mindestlöhne für die Branchen sowie gleichen Lohn und gleiche Arbeitsbedingungen wie für die Kernbelegschaft hinbekommen. Entweder mit der Union in dieser Legislaturperiode – oder ohne sie in der nächsten. Das ist notwendig, um Leiharbeit aus dem Zwielicht des Lohndumpings zu holen. Übrigens: Dumping heißt im Wortsinne »abladen«. Nichts anderes aber ist das betriebliche Kalkül, Arbeitskosten zu drücken und beim Staat abzuladen, was den Arbeitnehmern zum Leben fehlt.

Die Einkommensungleichheit ist zu einer Erschütterung des gesellschaftlichen Prinzips geworden, dass Leistung sich lohnen muss, vor allem, dass Arbeitsleistung ihren gerechten Lohn findet. Oben, wo viel verdient wird, werden Zuwächse verzeichnet, unten, wo weniger ankommt, bleibt es knapp – und es wird immer knapper. Im unteren Beschäftigungssegment steigen die Löhne real nicht mehr, sie fallen. Die Mitte steht finanziell unter Druck. Eine Spreizung des Einkommensgefüges ist in Ordnung, solange sie auf nachvollziehbaren Leistungsunterschieden beruht und der erwirtschaftete Wohlstandszuwachs allen zugute kommt. Das ist aber nicht unbedingt länger der Fall. Seit den frühen Neunzigern stiegen die Einkommen der besser gestellten Schichten um etwa 30 Prozent. Jahrelang übten die Beschäftigten in Deutschland Lohnverzicht, im Vertrauen darauf, dass die gute Lage der Unternehmen auch ihnen Einkommenszuwächse bescheren würde. Stattdessen driften die Einkommenschancen in Deutschland auseinander. Kaufkraftbereinigt sank der durchschnittliche Nettolohn seit 2004 sogar leicht.

Währenddessen erhöht sich der Anteil der Geringverdiener an der Gesamtbevölkerung. Fast ein Viertel der Arbeitnehmer kann vom Selbstverdienten nicht mehr leben und ist in der einen oder anderen Form auf staatliche Zuschüsse angewiesen. Nur ein Beispiel: Das Nettoeinkommen eines Ehepaars mit zwei Kindern, dessen Einkünfte von einem Verdiener erwirtschaftet werden, liegt in der untersten Tarifgruppe im Einzelhandel oder im Gaststättengewerbe bei etwa 1400 Euro. Im produzierenden Gewerbe liegt das Einkommen im untersten Segment nur etwa 15 Prozent über der Grundsicherung bei Arbeitslosigkeit. Wozu dann zur Arbeit gehen? Wer heute bei einem Sicherheitsdienst arbeitet, bei der Gebäudereinigung, als Fahrer oder Pförtner, kann mit seinem Gehalt kaum hinkommen. Damit dürfen wir uns nicht abfinden. Selbst wenn der Satz oft gesagt worden ist, richtig bleibt: Es ist notwendig, dass ein jeder, der Vollzeit arbeitet, von seinem Lohn auch leben kann. Das ist eine Grundvoraussetzung dafür, dass sozialer Zusammenhalt wieder erlebbar wird. Arbeit hat nicht nur einen Wert, sie schafft nicht nur Werte, sondern sie hat auch etwas verdient: nämlich ordentliche Löhne und Teilhabe am erwirtschafteten Wohlstand. Davon werden Familien versorgt und die Ausbildung der Kinder finanziert.

Besonders skandalös ist die Tatsache, dass unter den Geringverdienern sehr viele Frauen sind. Bei der Gleichbehandlung von Frauen in der Arbeitswelt hat Deutschland noch viel aufzuholen. Die geringe Beschäftigungsquote von Frauen wird immer mehr zur Modernisierungsbremse, sie liegt immer noch zehn Prozentpunkte unter derjenigen der Männer. In Schweden oder Finnland sind erheblich mehr Frauen im Vergleich zu Männern berufstätig als bei uns. Es gibt zu wenige weibliche Vorstandsvorsitzende oder Aufsichtsräte. Die Aufstiegschancen sind ungleich verteilt. Der von uns durchgesetzte Ausbau der Kinderbetreuung und das Elterngeld werden hier zwar helfen, reichen aber noch lange nicht aus. Für gleiche Arbeit erhalten Frauen und Männer oft genug nicht den gleichen Lohn. Im EU-Durchschnitt beziehen Frauen 84,1 Prozent des durchschnittlichen Einkommens eines Mannes für eine vergleichbare Arbeit; in Deutschland sind es nur 78 Prozent. Damit liegen wir in den Statistiken ganz hinten.

Betrachte ich das alles im Zusammenhang, wird klar, dass das Thema Arbeit und Chancengleichheit zentral bleibt. Es gibt gute Jobs, auch in der Krise und danach, sie werden auch exzellent bezahlt. Doch unten droht etwas wegzubrechen, mit solch einer Wucht, dass es auch die Bezieher mittlerer Einkommen erschüttert und den Abstieg fürchten lässt. Mitte vorigen Jahres erregte eine McKinsey-Studie Aufsehen, die prognostizierte, dass auch bei anziehender Konjunktur die Chancen der Mittelschichten schlecht stünden: Bis 2020 würden weniger als die Hälfte der Arbeitnehmer ein mittleres Einkommen beziehen. Heute liegt ihr Anteil noch bei 54 Prozent. Niemand kann mehr die Augen davor verschließen, dass die sozialen Spannungen in der Gesellschaft inzwischen die Mitte erfasst haben. Und das betrifft nicht nur den ökonomischen

Aspekt. Auch die Lebensformen der sozialen Schichten haben sich in den letzten Jahren verändert, sie schotten sich stärker voneinander ab. Mit der wirtschaftlichen Erosion der Mittelschichten geht auch eine kulturelle einher. Facharbeiter, Handwerker, Beamte, Angestellte und Freiberufler sind es all die Zeit gewesen, die durch ihren Leistungswillen, ihren Ehrgeiz und Fleiß, aber auch durch ihre Sensibilität für Gerechtigkeit dazu beitrugen, dass die Mitte tatsächlich stabil blieb. Zur Identität dieser Schichten gehörte immer der Anspruch, nicht nur die eigene Zukunft und die ihrer Kinder zu gestalten, sondern die Gesellschaft insgesamt offen und durchlässig zu halten. Und genau das, diese Verantwortung für eine solidarische Zukunft, droht in einer Gesellschaft, in der jeder voller Angst nur noch an sich denkt, unter die Räder zu kommen.

Aufs Engste damit verknüpft ist mein zweites Thema, Bildung und Integration. Jeder zweite Arbeitslose, jede dritte Alleinerziehende und jeder dritte Einwanderer in Deutschland leben an der Schwelle zur Armut, müssen also mit weniger als 781 Euro im Monat auskommen. Was mich umtreibt, ist die Tendenz, die darin zum Ausdruck gelangt: dass einzelne Gruppen in Deutschland mit einem immer höheren Armutsrisiko leben. Betroffen sind besonders junge Leute ohne Schulabschluss und Ausbildung sowie Jugendliche aus Einwandererfamilien. Jeder Fünfte von ihnen – meist aus der Türkei – geht ohne Abschluss von der Schule. Nur 23 Prozent der Jugendlichen aus diesen Familien machen überhaupt eine Ausbildung, mit fallender Tendenz. Diese Jugendlichen leiden ganz massiv an sozialer Ausgrenzung – und manche kultivieren dabei die Selbstausgrenzung mit gespielter Gleichgültigkeit und Härte. Diese Ausgrenzungsmechanismen wirken inzwischen tief in die Gesellschaft hinein, sie isolieren die Betroffenen und heften ihnen einen Makel an. Sie verhindern, dass sie sich aus eigener Kraft in den Arbeitsmarkt und die Gesellschaft integrieren, und führen dazu, dass sie sich an einer Ersatzidentität als Verlierer inmitten einer Gewinnergesellschaft festhalten. Ich habe das mit Heinz Buschkowsky, dem Bezirksbürgermeister des Berliner Stadtteils Neukölln, diskutiert, der diese Fragen wie kaum ein anderer hautnah erlebt. Er hat Erfahrung mit dem sozialen Riss in unseren großen Städten. Seinen Respekt gegenüber den Jugendlichen hat er nicht verloren – und zwar gerade weil er ihnen nicht betulich gut zuredet, sondern ihnen mit der ebenso harten wie verbindlichen Forderung begegnet: »Ihr könnt was, also tut auch was, ich reiche euch die Hand. Wenn ihr euch fordert, halte ich euch den Rücken frei.« Mehr denn je bin ich davon überzeugt, dass eine fordernde und fördernde Bildungs- und Arbeitsmarktpolitik der einzige Ansatz ist, der Erfolg verspricht – und dass es ein Fehler ist, Nichtstun und mangelnde Anstrengung durch garantierte Transferzahlungen zu belohnen. 2007 gab es in Deutschland noch immer eine halbe Million Jugendliche ohne Job, 8,5 Prozent sind das im Westen, erschreckende 14 Prozent im Osten. Die Zahlen waren auch im vergangenen Jahr nicht viel besser. Die Gruppe der jungen Leute unter 25, die als Ungelernte auf den Arbeitsmarkt losgelassen werden, wird seit den Neunzigerjahren stetig größer. Und das, obwohl wir nur zu gut wissen, dass diese Gruppe die geringsten Chancen auf Arbeit hat.

Die erste PISA-Studie konfrontierte uns vor acht Jahren mit der Nachricht, dass unser Bildungssystem stark selektiv wirkt. Nur sechs Prozent der Arbeiterkinder, aber fast die Hälfte der Beamtenkinder machen einen akademischen Abschluss. Das heutige Bildungssystem stabilisiert also Abgrenzung. Manches lässt sich über Veränderungen bei den Schulformen erreichen. Aber Schulformdebatten allein schaffen uns das Problem nicht vom Hals. Wenn wir verhindern wollen, dass bei uns eine verlorene Generation heranwächst, brauchen wir einen Gesamtansatz: frühzeitige Förderung, Hilfen beim Spracherwerb, mehr Ganztagsschulen, durchlässige Schulformen, ein Studium ohne

Gebühren. Und vor allem: motivierte Lehrer, die das Gefühl haben, dass die Gesellschaft sie mit ihrer schwierigen Arbeit nicht allein lässt, sondern sie achtet und unterstützt.

Nicht jeder muss aufs Gymnasium, darum geht es auch nicht. Wirklich drängend ist das Problem, dass viel zu viele Ausländerkinder gar keinen Schulabschluss haben oder keine Ausbildung machen. Damit stellt sich die Frage nach dem sozialen Aufstieg ganz neu. Auch wenn man in einer tristen Wohnburg am Stadtrand groß wird und anfangs nur gebrochen Deutsch spricht – gerade diese Mädchen und Jungen müssen es schaffen können und schaffen wollen, mit zwanzig zu studieren und mit dreißig Ingenieur oder Juristin zu sein. Ich bin gegen die Normkarriere. Nichtstudierte, die ihren Weg machen, Eigensinnige, die sich ohne formale Ausbildung etwas aufbauen, sind oft interessante Charaktere. Sie haben ein Recht auf gleichen Respekt. Aber eine Ausbildung muss jeder junge Mensch machen können, sie muss ihm eine realistische Möglichkeit eröffnen, den eigenen Lebensunterhalt zu verdienen.

Und wir brauchen eine Kultur der zweiten Chance. Immer wieder muss es Menschen geben, die auch mit den schwierigen Jugendlichen reden und ihnen sagen: »Auch wenn du im ersten Anlauf gescheitert bist, du kannst es schaffen. Die Chance bekommst du, und die Hilfe auch. Und wenn der erste Schritt gelungen ist, dann geh weiter, die Tür bleibt offen.« Das muss unsere Botschaft sein. Sie muss unser gesamtes Bildungssystem durchdringen.

Besonders schlecht ist die Ausgangslage für junge Menschen aus Einwandererfamilien. Viele dieser Kinder, die heute in die Schule gehen, gehören schon der dritten und vierten Generation von Einwanderern an. Schon ihre Eltern sind nicht in der deutschen Gesellschaft angekommen, denn das große Scheitern der Integration liegt bereits ein paar Jahre zurück. Sie lebten oft in zerfallenden Familien, mit Eltern, die beide den ganzen Tag arbeiteten und die Kinder sich selbst überließen. Sie sprachen gebrochen Deutsch. Sie konnten ihren Kindern die notwendigen Sprachkenntnisse und sozialen Fertigkeiten im Umgang mit der deutschen Gesellschaft nicht mitgeben. Die Krippen, Tagesstätten und Kindergärten aber, die Sprache und Sozialkompetenz früh und spielerisch hätten vermitteln können, gab es nicht in ausreichender Zahl und nicht mit der nötigen pädagogischen Qualität. Wenn wir heute nach all diesen Erfahrungen von konservativer Seite noch immer und immer wieder neu das Mantra hören, wir bräuchten mehr staatliches Geld für Eltern statt guter Kindergartenplätze für die Kinder, dann müssen wir erwidern: Wenn jetzt noch einmal versäumt wird, die frühe Förderung auf Rang eins unserer Prioritäten zu setzen, dann braucht man kein Hellseher zu sein, um schon heute die nächste verlorene Generation heranwachsen zu sehen. In vielen Städten der Bundesrepublik, auch in den wohlaufgeräumten Großstädten Westdeutschlands, gibt es inzwischen ein Neukölln. Wenn wir den Teufelskreis aus Armut und kultureller Entfremdung überwinden wollen, müssen wir das zum zentralen politischen Thema der nächsten zehn Jahre machen. Gelingt uns hier kein Durchbruch, gerät der soziale Frieden in Gefahr.

Die Zukunft der deutschen Sozialdemokratie wird entscheidend davon abhängen, ob es ihr gelingt, ihrer langen Geschichte des Kampfes um Befreiung und Emanzipation der Menschen eine große Erzählung vom Aufstieg durch Bildung hinzuzufügen. Und dazu müssen wir Sozialdemokraten unter völlig veränderten Bedingungen das sozialdemokratische Aufstiegsversprechen erneuern, das Willy Brandt Anfang der Siebzigerjahre uns Arbeiterkindern gegeben hat. Wir können es uns nicht erlauben, kluge Köpfe unentdeckt zu lassen oder nicht zu fördern. Geschlecht, Herkunft oder Geburtsort dürfen nicht über Lebens- und Arbeitschancen entscheiden. Nicht die Hautfarbe und nicht der Stadtteil, in dem einer großgeworden ist. Jeder, der es kann und will, muss aufsteigen können, auch derjenige, der zugewandert ist oder künftig zu uns kommt. Bildung und Arbeit sind die besten Mittel zur Integration, alles andere tritt dahinter zurück. Keine andere Art der Integration greift psychologisch und gesellschaftlich so tief wie Integration durch Arbeit, die Aufstiegschancen eröffnet. Das Gefühl der Zusammengehörigkeit, *ein* Schicksal zu teilen und *eine* Zukunft, kann nicht verordnet werden, es wird auch nicht einfach vererbt. Das Vertrauen dazuzugehören muss erlebt und erarbeitet werden, und zwar im besten Sinne des Wortes. Bildung und Arbeit sind für die Integration wichtiger als der Familienname oder die Religion. Die realistische Chance zum Aufstieg stärkt das Vertrauen in die Fairness und die Gerechtigkeit einer Gesellschaft. Wir verfügen, seien wir ehrlich, nicht über allzu viele Mittel in der Politik, um der Spaltung der Gesellschaft entgegenzuwirken. Die Investition in Bildung gehört dazu.

Und dazu gehören ebenso, mein drittes Thema, Investitionen in die Forschung. Ich erinnere mich an ein schönes sozialdemokratisches Wort aus der Zeit Willy Brandts: »Zukunft kommt von allein, Fortschritt nur mit uns.« In den letzten Jahren haben wir über solche Worte höchstens gelächelt. Das Wort »Fortschritt« ist auch in der Sozialdemokratie aus dem Gebrauch gekommen. Höchstens in Sonntagsreden tauchte es noch auf und wirkte dann stets etwas angestaubt und antiquiert. Ich glaube, dass jetzt die Zeit gekommen ist, dieses Wort wieder aufzugreifen und ihm neben »Fairness«, »Solidarität« und »Gerechtigkeit« seinen angestammten Platz in der politischen Sprache zurückzugeben.

Das Schicksal in die eigenen Hände zu nehmen ist noch immer der Kern aller fortschrittlichen Politik. Nichts kann mehr Hoffnung vermitteln als das glaubwürdige und erfahrbare Eingreifen in den Lauf der Dinge, um gleiche Chancen, gleiche Rechte, ein besseres Leben für alle zu erkämpfen. Dabei geht es um gesellschaftliche Auseinandersetzungen, aber auch um Wissenschaft und Technologie, deren Entwicklung erst die Spielräume schafft, um das menschliche Leben zu verbessern.

Leider hat sich seit Langem eine Stimmung breitgemacht, in der sich zu viele Menschen nur noch als Getriebene, nicht mehr als Gestalter des sozialen Wandels empfinden. Die großen Risiken des 20. Jahrhunderts, die Bedrohung durch Atomwaffen, die Ausbeutung des Planeten, die Verwüstung unserer natürlichen Lebensgrundlagen, die Manipulationen am menschlichen Erbgut, haben die Ambivalenz des Fortschrittsbegriffs vorgeführt. Die Zeiten, in denen jeder technologische Durchbruch stürmisch bejubelt wurde, sind unwiederbringlich vorbei. Aber mir scheint doch, wir sind zu oft ins andere Extrem verfallen und einer im Grunde irrationalen Fortschrittsfeindlichkeit auf den Leim gegangen. Technik ist an sich weder gut noch schlecht; wir müssen sie verstehen, um sie zu beurteilen, und wir müssen ihren Möglichkeiten aufgeschlossen begegnen, um technische Innovation in den Dienst des sozialen Fortschritts zu stellen. Genau darum geht es mir. Wir können mehr Hoffnung wagen und mehr Mut zeigen, um die Zukunft zu gewinnen.

Deutschland verfügt über keine nennenswerten Rohstoffe. Das muss uns nicht unglücklich machen, denn die Geschichte hält bis in unsere Tage Beispiele genug parat, dass Rohstoffreichtum keine Garantie für eine erfolgreiche Entwicklung ist. Unser Kapital sind gut ausgebildete, hoch motivierte Menschen. Wir verfügen über eine Forschungslandschaft, um die uns viele in der Welt beneiden. Und unsere Unternehmen wissen heute besser denn je, dass sie auf den Weltmärkten nur mit hoch innovativen Produkten bestehen können.»Wissensgesellschaft« ist kein leeres Wort, denn die Qualität unseres Lebens und unseres Wohlstands hängt mehr denn je von Ideen ab, von präziser Arbeit und klugen Strategien der Anwendung.

Dennoch habe ich den Eindruck, dass wir noch immer unter unseren Möglichkeiten bleiben. Die alte Technikskepsis der Siebziger und Achtziger hat zwar deutlich abgenommen, aber in vielen Bereichen sehen wir trotzdem noch nicht klar genug, was sich vor unseren Augen abspielt. Mit dem Internet haben die meisten ihren Frieden gemacht, es gehört inzwischen einfach dazu. Wenn es aber als Thema aufgegriffen wird, dann reden wir immer noch viel zu sehr über die Risiken. Die Sorge um jugendgefährdende Inhalten ist richtig, aber es fehlt noch fast völlig der Blick für die sozialen Kräfte der Netzwelt. Der kanadische Internetforscher Don Tapscott hat sich die Netzgeneration genau angeschaut, achttausend Teilnehmer der Jahrgänge 1978 bis 1994 aus zwölf Ländern einbezogen. Was er gefunden hat, sind keineswegs die neurotischen und isolierten Bildschirmhocker, die jedem in Deutschland aus der Berichterstattung geläufig sind. Nein, diese Generation ist sozial aufgeschlossener, neugieriger, aktiver und viel fähiger, eine komplizierte Welt zu verstehen, als wir denken. Tapscott sagt voraus:»Diese Generation wird die Welt verändern.«Statt mit dem belehrenden Zeigefinger auf sie zu zeigen, sollten wir gemeinsam mit ihnen die Welt verbessern.

Ich wundere mich manchmal über die Selbstverständlichkeit, mit der wissenschaftliche und technische Entwicklungen in der Gesellschaft vorausgesetzt werden. Doch auch auf diesem Sektor kommt nichts von allein. Mir scheint das Bewusstsein immer noch unterentwickelt zu sein, dass Wissenschaft zu den ökonomischen und kulturellen Grundlagen unserer Gesellschaft gehört. Mit dem besonderen Engagement der Regierung im Einstein-Jahr 2005, das ich damals im Kanzleramt erstritten habe, wollten wir das Bewusstsein für die Rolle schärfen, die Wissenschaft für unser tägliches Leben hat. Nichts hat unser Leben in den letzten hundert Jahren mehr verändert. Und Deutschland spielt bis heute in der ersten Liga mit. Selbst wenn es angesichts der stürmischen Anstrengungen bei den neuen Spielern auf der internationalen Bühne, China und Indien, schwerfällt, Schritt zu halten. Wir sind führend in den Bereichen Raumfahrt, Optik, Nanotechnologie, bei Antriebstechniken von Autos, in der Kommunikations- und Informationstechnologie, in der Kraftwerksforschung, bei regenerativen Energien insgesamt, in der Umwelttechnik ohnehin, auch in der Biotechnologie. Andere, wie beispielsweise die Chinesen, erkennen inzwischen auch, dass ihre Zukunft vom Bereich Forschung und Entwicklung abhängt. Die chinesischen Steigerungsraten sind eindrucksvoll. In den nächsten Jahren wird ihre Wissenschaftsförderung in absoluten Zahlen gemessen das Niveau Europas erreichen. Deutschen Unternehmen sollte das zu denken geben.

Gerade in der wirtschaftlichen Rezession kommt es darauf an, dass die Unternehmen ihre Forschungsausgaben nicht zurückfahren, sondern – wie viele ja bereits angekündigt haben – deren Niveau halten und verstärken. Nur so werden wir gestärkt aus der Krise hervorgehen. Aber auch in der öffentlichen Wissenschaftslandschaft müssen wir die Anstrengungen steigern und neue Wege beschreiten. Ein Anfang zur Veränderung ist gemacht. Auch in Deutschland wächst die Bereitschaft, Vermögen in gemeinnützige Wissenschaftsstiftungen einzubringen. Das müssen wir durch gezielte Anreize im Steuerrecht ermutigen. Die Einrichtung von Stiftungshochschulen hat zwei Vorteile: zum einen mehr Autonomie der Hochschulen und weniger bürokratische Gängelung. Zum anderen die Ergänzung staatlicher Mittel durch Erträge aus dem Stiftungsvermögen und durch private Spenden. Dabei sollten wir uns nicht mit amerikanischen Eliteuniversitäten vergleichen. Das Rückgrat bleibt hierzulande die Finanzierung durch die öffentliche Hand. Wenn Politiker nach den vielen steuerlichen Entlastungen der vergangenen Jahre also immer neue Steuersenkungen auf breiter Front fordern, geht das am Ende auf Kosten unserer Innovationskraft. Wo sollen denn die exzellenten Universitäten und Forschungseinrichtungen herkommen?

Die Föderalismusreform hat die Verantwortung für die Hochschulen noch konsequenter den Ländern zugeordnet. Umso größer ist deren Aufgabe geworden. Natürlich verdient es keinen Vorwurf, wenn wissenschaftspolitische Entscheidungen auf Länderebene auch unter dem Gesichtspunkt der regionalen Wirtschafts- und Standortpolitik getroffen werden. Alle Bundesländer haben das getan. Und die erfolgreiche Ansiedelung von Unternehmen erfordert tatsächlich das Umfeld von Forschung und Qualifizierung. Das führt allerdings dazu, dass wir in Deutschland unsere beschränkten Mittel zu Lasten der Qualität breit streuen. Eine Folge dieser Entwicklung ist etwa, dass die Geisteswissenschaften gleichzeitig in allen sechzehn Bundesländern unter finanziellen Druck gerieten. Viele Disziplinen endeten plötzlich als sogenannte »Exotenfächer« – von der Slawistik über die Indologie bis zur Archäologie – und wurden abgebaut. Das ist ein Trend, der uns nicht guttut. Gerade die Geisteswissenschaften sind eine Stärke der deutschen Wissenschaftslandschaft. Ihre Entwertung hat aus einer über Jahre einseitig technischen Perspektive heraus stattgefunden. Ein solcher Tunnelblick kann das Neue unserer Zeit nicht erfassen. Nicht gesehen wird, dass in der unübersichtlich gewordenen Welt dieser Tage Orientierung für Politik und Wirtschaft nicht ohne Begleitung der Geistes- und Kulturwissenschaften gelingt. Das Wissen um die und die Berührung mit der deutschen geisteswissenschaftlichen Tradition öffnen uns immer noch in vielen Regionen der Welt Zugänge des Verstehens. Nicht zufällig sind beispielsweise Goethe-Institute in Indien nach dem großen deutschen Indologen Max Müller benannt. Wir müssen die Geisteswissenschaften in Deutschland stärken.

Eine zentrale Aufgabe im Bereich der technischen Wissenschaften ist es, dass der Weg von der Erfindung zum marktfähigen Produkt kürzer werden muss. Der viel zitierte MP3-Spieler ist ja nur ein Beispiel dafür, dass eine deutsche Erfindung anderswo vermarktet worden ist. Wir sind gut darin, Grundlagenforschung zu betreiben, aber der Blick für das Produkt und die Entwicklung zur Marktreife wird zu oft Firmen überlassen, die ihren Stammsitz im Silicon Valley oder anderswo haben. Bei uns geht aus der Wissenschaft nicht auf organische Weise eine Unternehmer- und Gründerkultur hervor. Hier immer noch reine Wissenschaft, dort die Wirtschaft. Auch das ist ein Symptom gesellschaftlicher Spaltung und Ausdruck eines fatalen Mangels an Kommunikationsfreude zwischen den Eliten. Fast sieht man noch die alten Stände und ihre gegenseitigen Vorurteile vor sich: hier der ehrbare Professor, dort der windige Kaufmann, oder umgekehrt: hier der lebenstüchtige Geschäftsmann, dort der Gelehrte im Elfenbeinturm. Auch an diesen Bruchlinien verhindern alte Identitätsmuster und die Abschottung gegeneinander den Fortschritt.

Das führt mich zu meinem vierten und letzten Punkt, der mangelnden Kommunikation innerhalb der Gesellschaft. Ich glaube nämlich, dass wir die Modernisierung unseres Landes in einem viel zu hohen Maße als selbstläufiges, blindes Geschehen haben ablaufen lassen, ohne es gemeinsam, im gesellschaftlichen Miteinander zu gestalten. Das zeigt sich heute an Phänomenen der Sprachlosigkeit und der sozialen Spaltung. Auch früher hat es Arm und Reich gegeben, aber es gab auch eine größere Nähe der Lebens- und der Berufswelten. Die Strukturen, in denen sich Arbeit und Freizeit abspielten, waren viel weniger ausdifferenziert als heute. Vielleicht haben wir den Wert, der in dieser unspektakulären Gemeinsamkeit lag, unterschätzt. Was ich heute mit Unbehagen wahrnehme, ist eine still sich ausbreitende kulturelle Fremdheit. Diese Entfremdung ist dauerhaft, denn Eltern geben sie an Kinder weiter. Sie ist die Folge von auseinanderstrebenden Lebensweisen, von einander unter Verdacht stellenden religiösen Bekenntnissen, von zunehmenden Gegensätzen zwischen Stadtteilen und Regionen, von zunehmender Distanz zwischen den Berufswelten, vielleicht auch die Konsequenz von Medien, die verbindende Leitbilder dieser Gesellschaft nicht mehr erzeugen. Was sich heute in den elektronischen Medien niederschlägt, sind Angebote an einzelne »Sparten« der Gesellschaft, die sich damit bestätigen lassen, dass sie voneinander abgeschlossen leben – ein Zirkel der Isolation.

Manchmal vergessen wir, dass der gemeinsame Aufbruch auch durch kulturelle Zerfallsprozesse gefährdet ist. Die Gesellschaft hat sich in widersprüchlicher Weise verändert: Sie ist einerseits offener, transparenter, freiheitlicher geworden und verlangt mehr Mobilität als je zuvor. Doch andererseits sausen viele aneinander vorbei, leben gleichgültig nebeneinander her, sind ahnungslos und zugleich zutiefst misstrauisch gegenüber dem, was die anderen so treiben. Für manche Gruppen wirkt die Lebensweise anderer so exotisch, als kämen sie vom Mond. Was in Komödien immer für einen Lacher gut ist, wenn etwa der lebensfremde Spitzenmanager auf die alltagsschlaue Putzfrau trifft, hat einen ernsten Hintergrund: Wir drohen uns fremd zu werden und vor lauter Kontaktscheu die gemeinsamen Ziele aus den Augen zu verlieren.

Der Zustand der Sprachlosigkeit, den ich zwischen den Wirtschaftseliten und großen Teilen der Gesellschaft erlebe, ist nur eine Facette, wenn auch eine besonders bedeutende. Ich halte diese Sprachlosigkeit für eines der großen Hindernisse der Modernisierung in Deutschland. Sie gehört zu den Ursachen dafür, warum wir auch in Aufschwungsphasen und trotz großer Erfolge beim Abbau der Arbeitslosigkeit nicht aus der skeptischen, geradezu mürrischen Haltung herauskommen. Die Wirtschaft trifft der Vertrauensschwund inzwischen ganz massiv. Wo Sozialforscher in die Gesellschaft hineinhorchen, bekommen sie zu hören, dass kaum ein anderer Berufsstand im Ansehen so tief gesunken ist wie jener der Manager. Auch

1 Bundesaußenminister Dr. Frank-Walter Steinmeier im Auswärtigen Amt (Januar 2009).

2 Vater Walter Steinmeier mit Sohn Frank-Walter (1956).

3 Einschulung von Frank-Walter Steinmeier (1962).

4 Eltern Ursula und Walter Steinmeier mit Enkelin (1996).

5 Mit Bruder Dirk (1962).

6 Im Konfirmationsanzug (1970).

7 Mit Kommilitonen an der Universität Gießen (1977).

8 Als Assistent an der Uni Gießen (1987).

9 Mit seiner Tochter (1996).

10 Mit seiner Frau, Elke Büdenbender, beim Wandern in Südtirol (2008).

11 Vor dem »Opening Pitch« im Baseballspiel der Boston Red Sox gegen die New York Yankees (12. April 2008).

12 Im Gespräch mit Auszubildenden beim Stahlkonzern ArcelorMittal in Eisenhüttenstadt (August 2008).

13 Mit Kindern bei einer Feuerwehrübung in Belzig während einer viertägigen Sommerreise durch Brandenburg (August 2008).

14 »Die Bonner WG« im Gästehaus der Bundesregierung: Pico Jordan, Sigrid Krampitz, Alfred Tacke, Frank-Walter Steinmeier (v. l. n. r., 13. Januar 1999).

15 Der Außenminister bei einem Besuch seines neuen Wahlkreises in Brandenburg, hier auf dem Sommerfest des SPD-Unterbezirks (August 2007).

16 Mit einer Büste von Willy Brandt in seinem Büro im Auswärtigen Amt (28. Januar 2009).

17 »Auf eine Zigarette« mit Helmut Schmidt am Rande einer außenpolitischen Veranstaltung in der Hamburger Handelskammer (2008).

18 Die Rede auf dem Bundesparteitag der SPD in Berlin am 18. Oktober 2008.

19 Frank-Walter Steinmeier und Franz Müntefering mit dem Bergmanns-chor auf dem Bundesparteitag der SPD am 18. Oktober 2008.

20 In seinem Büro im Auswärtigen Amt (Februar 2009).

21 Mit der LOGO-Kinderreporterin Antonia Dolla auf dem Flug von Berlin nach Indien (19. November 2008).

22 Mit der israelischen Außenministerin Tzipi Livni auf dem Weg zu einer Vorführung der Berliner Sasha Waltz Dance Company in Tel Aviv (3. Juni 2008).

23 Der Bundesaußenminister und Vizekanzler, umringt von Journalisten, an der Grenze zwischen Gazastreifen und Ägypten in Rafah (Januar 2009).

24 Bundesaußenminister Frank-Walter Steinmeier spricht zur Generalversammlung der Vereinten Nationen in New York (September 2008).

25 Per Hubschrauber ins Camp Marmal, das größte Feldlager der Bundeswehr außerhalb Deutschlands in Masar-e Scharif, Afghanistan (27. April 2008).

26 Bundesaußenminister Frank-Walter Steinmeier empfängt den damaligen US-Präsidentschaftskandidaten Barack Obama im Auswärtigen Amt (24. Juli 2008).

27 Im Gespräch mit der amerikanischen Außenministerin Hillary Clinton in deren Büro im State Department (Februar 2009).

28 Beim Statement nach seinem Besuch der New Yorker Börse
(September 2008).

29 Auf dem Handelsparkett der Wall Street (September 2008).

30 Beim 2:1 Deutschlands gegen die Türkei im Halbfinale der Fußball-europameisterschaft, Public Viewing in Kreuzberg (25. Juni 2008).

31 Mit Kindern nach Abschluss der Pressekonferenz des G8-Außenminister-treffens in Kyoto, Japan (27. Juni 2008).

32 Bundesaußenminister Frank-Walter Steinmeier beim Besuch des Projekts »Gemeinsam Segel setzen« mit deutschen und israelischen Jugendlichen an Bord des Dreimastschoners »Großherzogin Elisabeth« (19. Juli 2008).

Unternehmer waren einst für ihre langfristig verantwortliche Denkweise bei der Entwicklung ihrer Firmen, wohl auch für ihre zupackende Art sehr geachtet. Sie genossen Respekt für das partnerschaftliche Zusammenwirken mit den Arbeitnehmern, nicht zuletzt auch für ihr gesellschaftliches Engagement. Davon ist nicht viel übrig geblieben. Tatsächlich brauchen wir aber weitsichtige Unternehmer und kompetente Manager. Zerrbilder helfen uns nicht weiter.

Gerade jetzt, wo es um die Erneuerung des Gemeinsinns geht, wären Polemik und Ideologie ganz falsch. Doch es ist schwer, die Blickwinkel miteinander zu versöhnen. Die höheren Angestellten arbeiten bis zu achtzig Stunden in der Woche unter großem Stress und unter enormer Belastung. Während andere ihrem Familienleben nachgehen, sitzen sie am Schreibtisch oder im Flugzeug. Aus ihrer Perspektive werden sie zwar gut dafür bezahlt, müssen aber das hart Verdiente mit einem gefräßigen Staat teilen. Auf der anderen Seite stehen Menschen, die ein geringeres Einkommen haben, aber sich nicht weniger verdient machen. Sie kümmern sich in Wohlfahrts- und Sozialorganisationen um die Sorgen und das Leid des Alltags, um resignierte Arbeitslose, Schulkinder ohne Geld fürs Mittagessen und vereinsamte Menschen in Altenheimen. Sie sagen: In einem so reichen Land wie der Bundesrepublik muss genug Geld für alle da sein. So einfach ist manchmal die Sicht. Aber weder die eine noch die andere Sichtweise ist zutreffend. Wertschöpfung und Verteilung sind viel stärker miteinander verwoben, als beide Seiten zugeben. Zum einen kann nur ausgegeben werden, was erwirtschaftet wurde, zum anderen ist das Erwirtschaften keine Veranstaltung von Einzelgängern, sondern ein höchst arbeitsteiliger Prozess, der durch die Integration vieler Menschen an Schwung und Potenzial gewinnt. So oder so, wir sind aufeinander angewiesen. Dennoch scheint es fast so, dass zwei Kulturen aneinander vorbeireden und sich misstrauisch belauern. Die Spaltung der Gesellschaft drückt sich in unterschiedlichen Wahrnehmungsweisen aus, die sich auf keine gemeinsame Wirklichkeit mehr zu beziehen scheinen. So löst sich gesellschaftliches Vertrauen auf, und zwar fast beiläufig, von vielen sogar unbemerkt.

Die Abläufe in dieser Gesellschaft, die wirtschaftlichen, die politischen, auch diejenigen der Verwaltung, vollziehen sich weitgehend anonym. Anonymität und Abstraktheit sind die charakteristischen Merkmale sämtlicher modernen Gesellschaften. Ebenso die Pluralität der Herkunft, der sozialen Prägungen oder der historischen Gedächtnisse. Damit müssen wir leben. Auch der Versuch, diese Unübersichtlichkeit durch Appelle an nationale Instinkte oder Abgrenzungsreflexe zu verdrängen, ist zum Scheitern verurteilt. Wir können aber etwas anderes tun. Dazu ein Zitat des US-Senators William Fulbright, der sich sehr um den kulturellen Austausch verdient gemacht hat: »Der Kern interkultureller Ausbildung ist die Aneignung von Empathie, die Fähigkeit, die Welt mit den Augen des anderen zu sehen und die Möglichkeit zuzulassen, dass der andere vielleicht etwas sieht, was mir selbst noch nicht klar war oder was er vielleicht schärfer sieht als ich selbst.« Obwohl Fulbright den Kontakt zwischen den Nationen im Blick hatte, können seine Worte auch für die kulturelle Fremdheit in unserer Gesellschaft gelten. Die herrschenden Sichtweisen betonen das Trennende und unterschätzen das Gemeinsame. Die Welt mit den Augen des anderen zu sehen, ihm einen anderen, vielleicht sogar schärferen Blick zuzutrauen, das wäre ein Weg, mehr Gemeinsamkeit in der Gesellschaft zu stiften und wenigstens eine schmale Brücke zu bauen zwischen den Welten, die nur vermeintlich weit auseinanderliegen.

Vertrauen ist – auch – eine Kunst der Kommunikation. Wir brauchen sie. So wie eine gemeinsame Sprache die Voraussetzung dafür ist, dass sich die Bürgerinnen und Bürger vernünftig und verständlich über ihre Gesellschaft austauschen, so brauchen wir Vertrauen, das die kritische, aber respektvolle

Kommunikation zwischen den Teilsystemen der Gesellschaft gewährleistet. Ohne sie geht es nicht in der Demokratie. Vertrauen, wie der italienisch-britische Soziologe Diego Gambetta einmal sagte, ist der einzige Rohstoff, der durch Nutzung und Gebrauch nicht verringert, sondern vermehrt wird. Wie beim Gebrauch der Freiheit, kommt es bei der Mehrung des Vertrauens auf viel Übung an. Vertrauen reduziert die Erfahrung von Anonymität und das Überfordernde an der Komplexität. Wer vertraut, geht Risiken ein, weil er von der Verlässlichkeit des anderen überzeugt ist. Wer vertraut, der handelt; er traut sich etwas.

Auch staatliche Einrichtungen, wenn sie funktionieren sollen, benötigen den Rohstoff Vertrauen. Das Verhältnis zwischen Bürgern und Staat ist nur dann gut, wenn die Bürger davon ausgehen können, dass die Zuständigen sich regelgerecht und dem Geist ihrer Institution entsprechend verhalten – und auch die Bürger die staatlichen Einrichtungen den Regeln entsprechend in Anspruch nehmen und nicht ausnutzen. Verdeckte Nebeneinkünfte von Bundestagsabgeordneten – um nur ein Beispiel zu nennen, das schon einige Monate zurückliegt – sind für den Bundestag schädlich, weil sie das Vertrauen in das Parlament aushöhlen. Das schlechte Image von Spitzenmanagern schwächt nicht nur die Unternehmen, sondern untergräbt das Vertrauen in die Fairness der Marktwirtschaft. Es war kein Zufall, dass Johannes Rau seine letzte Berliner Rede vom Mai 2004 unter das Motto »Vertrauen in Deutschland – eine Ermutigung« gestellt hatte. Rau erinnerte schon damals daran, dass die Ressource Vertrauen rapide abzunehmen begann. Die Demoskopie konfrontiert uns seit einiger Zeit mit der Nachricht, das Vertrauen in die Politik und die Wirtschaft sei geradezu im freien Fall begriffen. Wenn das stimmt, trauen die Menschen auch unserem Land nicht viel zu, letzten Endes auch sich selbst nicht. Vertrauen kann nicht angeordnet werden und ist nicht käuflich, aber es kann erworben werden durch lange, harte und ehrliche Verständigung. Alle, die in Deutschland Verantwortung tragen, insbesondere wir Politiker, müssen uns darin üben, Vertrauen wieder zurückzugewinnen.

Dazu gehört auch, dass wir staatliche Institutionen nicht der Verachtung oder der Vernachlässigung preisgeben dürfen. Vom Vertrauensverlust werden aber genauso die nicht staatlichen Institutionen erfasst. Das Engagement der Bürger in Gewerkschaften, Kirchen oder politischen Parteien geht zurück. Die schwindende Bindekraft der Institutionen ist ein weit verbreitetes Phänomen, es ereilt fast alle modernen Gesellschaften, nicht nur die deutsche. Zum Teil wird dieser Niedergang durch eine Stärkung persönlicher Beziehungen ausgeglichen. Die Familie genießt nach wie vor am meisten Vertrauen. Das ist gut, aber es reicht nicht aus. Denn es zeigt eben auch an, dass die Gesellschaft auseinanderstrebt und dass die Bürger dem in der Öffentlichkeit organisierten Gemeinschaftlichen weniger zutrauen als früher. Sie antworten mit Rückzug. Wir können viel von Zivilgesellschaft reden, wenn der demoskopische Befund so aussieht.

Sinnlos wäre es, wenn die Politik immer nur Appelle an die Gesellschaft richtete, es möge bitte mehr Gemeinsinn entstehen. Unsere Aufgabe ist es vielmehr, auf kommunaler, auf Landes- und auf Bundesebene dort zu helfen, wo sich Menschen in die Pflicht nehmen lassen. »Hilfen für Helfer« heißt das Programm, mit dem wir vor Kurzem die Arbeit der Ehrenamtlichen steuerlich erleichtert haben, ein guter Titel. Es gibt sehr erfolgreiche Beispiele für bürgergesellschaftliches Engagement. Ich nenne nur eines aus Hannover: Hannover hat schwierige Viertel, ähnlich wie andere große Städte. Dort hat sich in den frühen Neunzigerjahren eine »Bürgerstiftung« gegründet. Sie verfügt nicht über sehr viel Geld, aber viele tragen mit kleinen Spenden zum Kapital bei, verbünden sich und gewährleisten, dass die Stiftung ausgesprochen erfolgreich arbeitet. Sie etabliert und finanziert Patenschaften von Bürgern nicht nur mit Schulen, sondern sogar mit einzelnen Schülern. Die erhalten eine intensive Begleitung von Privatpersonen, teilweise Einzel-, teilweise Kleingruppenbetreuung, alles durch die Schule koordiniert, innerhalb, aber auch außerhalb des Unterrichts. Hannover gehört zu den Städten, in denen überdurchschnittlich viele Schüler mit Migrationshintergrund auf weiterführende Schulen gehen. Das kann man sicher nicht allein auf die Bürgerstiftung zurückführen, aber in manchen individuellen Lebensläufen kann so eine Patenschaft etwas auslösen und die Leerstelle einer fehlenden familiären Erziehungsautorität jedenfalls zum Teil ausfüllen.

Zu den anspruchsvollsten Aufgaben der Politik gehört es heute, Zustimmung für Politik in der Öffentlichkeit einzuwerben. Das geht. Ich bin optimistisch, dass unsere Gesellschaft eine ehrliche, authentische Sprache finden kann, in der sie sich über ihre Zukunft austauscht. Es gibt kein Zurück zu einem als paradiesisch empfundenen Zustand ohne Reibung und Konflikt, das ist der Irrtum der Konservativen. Wir müssen uns anstrengen, um den Aufbruch zum Neuen fortzusetzen. Aber, und das ist meine feste Überzeugung und mein Vertrauen in Deutschland: Es gibt keinen Grund, vor dem Neuen Angst zu haben, denn die Grundlagen, von denen wir ausgehen, sind sehr solide.

Kapitel 4

Kultur der Freiheit
Für eine streitbare und streitende
Demokratie

In einer gespaltenen Gesellschaft nimmt die Sprachlosigkeit zu. Es wird heute mehr kommuniziert als jemals zuvor, ich behaupte jedoch, weniger denn je aufeinander gehört und miteinander geredet. Sprachlosigkeit, der Unwille oder die Unfähigkeit, sich auf einen anderen mit seinen Interessen zu beziehen, betrifft auch die Fragen unserer gemeinsamen Zukunft. Sie droht zur Sprachlosigkeit unserer Demokratie zu werden. Denn die Demokratie braucht Räume und Formen, in denen die Menschen sich über den Weg verständigen, den sie miteinander gehen wollen. Sie braucht Orte der Allgemeinheit. Eine gemeinsame Sprache ist mehr als Übereinstimmung in Vokabular und Grammatik, sie reichert sich mit gemeinsamen Erfahrungen und Zielsetzungen an, speist sich aber auch aus Dialogen und Kontroversen, die immer wieder neu soziale Beziehungen stiften. Auf diese Weise füllt sich unsere demokratische Kultur mit Leben. »Wenn wir in der Demokratie über die Demokratie reden, dann reden wir über uns«, betont der Staatsrechtler Christoph Möllers. Er nennt das den »demokratischen Plural«. Wir müssen in der Lage sein, »wir« zu sagen, wenn von Politik und Gesellschaft die Rede ist. Selbstverständlich ist das nicht. Meistens heißt es heute »die Politiker«, »die Manager« oder »die Jugendlichen«. Damit sind »die anderen« gemeint, und das abwertend. Diese Sprache spiegelt eine gespaltene Gesellschaft, und sie bestätigt die Spaltung zugleich.

Denn eine bestimmte, sehr verbreitete Redeweise vertieft ohnehin bestehende Kerben und Risse ganz bewusst zu offen in Szene gesetzten Brüchen. So entstehen Feindseligkeiten. Dieser Prozess vollzieht sich in bemerkenswerter Sorglosigkeit. Er findet nicht gerade unbemerkt statt, aber auch nicht so, dass die verantwortlichen Eliten – und nicht nur die Kirchen und Sozialverbände – frühzeitig eine Fehlentwicklung angemahnt hätten. Zur inneren und äußeren Abgrenzung von Lebensweisen, von Interessengruppen oder von Teilkulturen, von Szenen und von Weltanschauungen scheint man nach wie vor eher ermuntert zu werden, vor allem durch diese Art Sprache der Abgrenzung – verbunden meist mit einem Versprechen auf Identität in einer überschaubaren Gruppe. Das entlastet ohne Zweifel den Einzelnen, schwächt uns aber überall da, wo wir gemeinsame Ziele verfolgen. Wir müssen uns fragen – und das betrifft auch die Medien –, wo wir noch gemeinsame Erfahrungen machen und uns über soziale oder ethnische Grenzen hinweg austauschen können. Insbesondere die privatwirtschaftlichen elektronischen Medien halten sich nicht länger mit der Illusion auf, dass wir alle einen Raum der Wahrnehmung teilen, der auch zugleich ein gemeinsamer Raum unserer Gefühle und Urteile ist. Im Privatfernsehen bekommt jeder, was er will, doch ist es vielfach ein ziemlich selbstbezogenes kommunikatives Geschäft.

Vor vierzig Jahren hatte die Individualisierung noch mit dem Protest gegen eine konformistische Gesellschaft zu tun und verband eine ganze Generation im kulturellen Aufbruch. Heute hat Individualisierung ihren befreienden Charakter verloren. Sie schlägt oft genug in eine beklemmende Isolation um, die sich geräuschlos und diskret vollzieht, häufig etwa von Scham bei denen begleitet, die sich durch Arbeitslosigkeit aufs Abstellgleis geschoben fühlen, aber immer mehr auch von Schamlosigkeit bei jenen, die nicht mehr wissen, wie normale Menschen leben. Die einen glauben, nicht mehr gebraucht zu werden, die anderen meinen, niemanden anderen mehr als sich selbst zu brauchen. Beide laufen Gefahr, darüber zum Zyniker zu werden und über die Vorstellung einer fairen und solidarischen Gesellschaft nur noch zu spotten. Wahlabstinenz und Protestwahl gehören auch zu den Symptomen dieser gefährlichen, unsere demokratischen Grundfesten bedrohenden Vereinzelung.

Ich habe sie noch im Ohr, die sogenannten Wirtschaftsexperten, die sich in den Talkshows über Politik und demokratische Institutionen ereiferten: Wirtschaft werde in der Wirtschaft gemacht, der Staat habe sich rauszuhalten, weil demokratische Verfahren zu langsam und zu ineffizient seien. Wer dagegen argumentiere, behaupteten sie, könne doch gleich gegen die Schwerkraft anrennen. Und dann gab es noch die jungen Männer aus dem Managerseminar, die soliden Mittelständlern erklären wollten, wie man ein Unternehmen zu führen habe. Wir müssen jetzt alles daran setzen, dass diese Mischung aus Besserwisserei und Erfahrungslosigkeit kein Gehör mehr findet. Die Business School ist noch keine Schule des Lebens. Ein guter Manager muss mehr kennen als die Regeln des Kapitalmarktes. Und ich habe viele Wirtschaftsvertreter getroffen, die genau wissen, was Verantwortung für das Gemeinwohl und Respekt vor der Leistung ihrer Mitarbeiter bedeutet. Es gibt mehr von ihnen, als wir manchmal denken. Vielleicht sind sie sogar die schweigende Mehrheit der Wirtschaft. Ich würde mir wünschen, dass aus dieser schweigenden Mehrheit eine Mehrheit wird, die sich artikuliert, die sich öffentlich zu Wort meldet und dem antikapitalistischen Ressentiment widersteht, das sich sowohl am linken als auch am rechten Rand des politischen Spektrums zeigt.

Wenn wir das Land in einer gemeinsamen Anstrengung modernisieren wollen, wenn wir umsteuern, und das heißt auch: das tatsächliche Verhalten in Wirtschaft und Gesellschaft verändern wollen, müssen wir zunächst miteinander reden und aufeinander hören. Wenn kein gemeinsamer Bereich der Wahrnehmung mehr existiert, wenn kein diskursiver Raum mehr zur Verfügung steht, in dem Meinungsverschiedenheiten und Kritik, aber auch Verständnis und Solidarität artikuliert werden können, leben die Bruchstücke der Gesellschaft in unterschiedlichen Wirklichkeiten. Der innere Frieden in dieser Bundesrepublik, auf den stolz zu sein wir stets Grund hatten, äußert sich dann bestenfalls in Gleichgültigkeit. Damit dürfen wir uns nicht zufriedengeben. Keiner täusche sich: Diese Indifferenz weicht schlagartig dem Zorn, sobald Fragen der Verteilung anstehen, der Verteilung von Pflichten und der Verteilung öffentlicher Güter. Mein Eindruck ist, dass unser gesellschaftliches Klima in den letzten Jahren genau in dieser Weise zwischen Gereiztheit und Gleichgültigkeit pendelte.

Innerhalb der Gesellschaft und in der Beziehung der Gesellschaft zu ihrem politischen Gemeinwesen lösen sich Bindungen auf. Sie lebten bisher von innerer Verpflichtung und dem Gefühl von Verantwortung. Wenn solche »sozialen« Empfindungen abkühlen, breitet sich Fremdheit aus, und das noch mit gutem Gewissen. Die Politik allein kann den Sinn für das Ganze nicht wieder wecken, sie kann die Werte und die kulturellen Haltungen, auf die sie angewiesen ist, nicht vorgeben. Wohl kann sie selbst, und das ist nicht wenig, diesen Werten entsprechend handeln. Und sie kann die politische Sprache der Demokratie pflegen, die das allgemeine Interesse verteidigt und die fruchtbare, die verbindende Kontroverse führt. Dadurch bekräftigt sie die Wirklichkeit dieser Werte. Aber das reicht noch nicht aus. Die Demokratie braucht eine weitere Quelle normativer Kraft, und sie entspringt dem Geist der Freiheit. Wenn wir die Gesellschaft für eine Modernisierungsanstrengung gewinnen, mehr noch: begeistern wollen, müssen wir uns vergewissern, ob es noch einen bundesrepublikanischen Konsens gibt, der die Partikularinteressen der vereinzelten Gruppen überlappt, der sich gegenüber der immer weiter um sich greifenden mentalen Fremdheit zwischen den Lebenswelten als stärker erweist. Ich glaube, es gibt die Möglichkeit, diesen Grundkonsens zu erneuern, der das »Modell Deutschland« trägt.

Die Kultur ist eine unverzichtbare Quelle der Gemeinsamkeit. Allerdings denke ich dabei nicht so sehr an eine Kultur, die sich als nationales Museum eingerichtet hat und mit herabgezogenen Mundwinkeln dazu auffordert, dass wir uns an ihr orientieren oder gar »aufrichten«. Es ist ein wenig schwieriger mit der gesellschaftlichen Wirkung von Kultur. Wir sollten Fragen der praktischen Notwendigkeit, für die Politik nun einmal zuständig ist, nicht vermischen mit dem freiheitlichen Raum der kulturellen Möglichkeiten. Kultur ist mit ihren wesentlichen Gestaltungsfeldern – von den Künsten über die Geschichtskultur und das kulturelle Erbe bis zur Kreativwirtschaft, der kulturellen Bildung und der interkulturellen Zusammenarbeit – ein ganz eigenes, produktives Element der individuellen Lebensgestaltung und der gesellschaftlichen Zustände. In meinen Augen ist Kultur ein Medium, sie eröffnet der Gesellschaft eine Möglichkeit, über sich nachzudenken und ihre Konflikte friedlich auszutragen – und zwar im Horizont von Einigung und Kompromiss, die in der Sprache als besonderer Form des Miteinanders angelegt sind. Dass wir dabei auch auf die Erzählungen unserer gemeinsamen Vergangenheit Bezug nehmen, sie wiederbeleben, umformulieren, korrigieren, Teile aus ihnen herausstreichen und andere hinzuschreiben, ist eine Selbstverständlichkeit. Ohne Erinnerung und historische Tiefe kann kein Gemeinwesen auskommen. Auch das Gelungene, die gemeinsamen Erfolgsgeschichten, spielt in diesem Zusammenhang eine große Rolle. Man kann es noch deutlicher ausdrücken: Die lange Geschichte unserer umkämpften, unterlegenen, wiedererrichteten und in den vergangenen sechzig Jahren geglückten Demokratie ist gleichsam der historische Beweis dafür, dass wir sehr wohl über gemeinsame Erzählungen verfügen. Aber eben Erzählungen mit Brüchen und Umbrüchen. Das muss kein Nachteil sein, sondern es ist vielmehr ein Ansporn, sich diese Erzählungen immer wieder neu anzueignen und in die Zukunft fortzuschreiben. Marie Juchacz, eine der Mitbegründerinnen der Demokratie in Deutschland in der Weimarer Nationalversammlung, hat das einmal so formuliert: »So freudig und gern wir alle in der Gegenwart stehen sollen, um darin das Unsere zu tun, so wichtig ist es auch, immer wieder zurückzuschauen, die Gegenwart an der Vergangenheit zu prüfen und sich an dem, was gut daran war, neu zu orientieren. Nicht, um in der Vergangenheit zu beharren, sondern immer wieder, um erneut für die Zukunft bereit zu sein.« Auch das ist die Aufgabe einer Kultur der Demokratie.

Kultur steht als solche in Spannung zur Gegenwart einer sich spaltenden Gesellschaft. Sie vermittelt uns ein anderes Bild von uns. Wenn wir sie ernst nehmen, sie uns aneignen, können wir uns in dem Szenario eines auseinanderstrebenden Gemeinwesens nicht bequem einrichten. Wir können historische Erinnerung, öffentliche Debatte, Literatur, Film, bildende Kunst, aber auch Musik als eine Chance begreifen, um uns die Art und Weise unseres Zusammenlebens bewusster zu machen und uns Fehlentwicklungen unserer Gesellschaft mit aller nötigen Klarheit und Schärfe vor Augen zu führen. Damit dies gelingt, darf Kultur nicht auf enge Zwecke festgelegt sein. Sie kann nur glaubwürdig für das Ganze sprechen, wenn sie nicht von Teilinteressen – und seien sie noch so verführerisch, mächtig, solvent und spendabel – an die Leine gelegt wird. Auch deswegen bin ich ein energischer Verfechter der öffentlichen Förderung von Kultur in unserem Land. Das demokratisch legitimierte Gemeinwesen war und ist noch immer der beste Garant für den Freiraum, den Kultur braucht.

Unter diesen Voraussetzungen kann Kultur das Nachdenken über fragwürdige Gewohnheiten und Routinen anregen und uns sogar helfen, begangene Fehler zu korrigieren. Ein Beispiel: Die letzten Jahre waren lebenskulturell durch eine starke Vorherrschaft ökonomistischer Sichtweisen und Maßstäbe gekennzeichnet. Das hat unser aller Leben stark geprägt, vielleicht sogar verformt. Das gesellschaftliche Teilsystem Wirtschaft war zur vorherrschenden Einflussgröße angewachsen. Daran hat sich mit dem Scheitern der marktradikalen Vorstellungswelt etwas verändert. Die Erfolgsgeschichte des weltanschaulich überhöhten Ökonomismus hat sich erschöpft. Eine Art Innehalten findet statt. Werfen wir nun das Ruder in die andere Richtung um, und folgen wir den Propheten, die uns aus der modernen Marktwirtschaft herausführen wollen? Gewiss nicht, die Rezession ist kein Anlass, die nächste Retrobewegung zu gründen und es uns damit wieder allzu leicht zu machen.

Ich sehe in der Krise eine enorme kulturelle Chance, die wir allerdings auch tatsächlich nutzen müssen. Wir können der Wirtschaft wieder einen angemessenen Ort in der Gesellschaft zuweisen, sie wieder in das Ensemble der anderen Teilsysteme der Gesellschaft zurückhaben, die in den vergangenen Jahren ihre Daseinsberechtigung und ihr Selbstbewusstsein weder vergessen noch aufgegeben haben. Wir können folglich unser Bild vom Wirtschaften erweitern: indem wir beispielsweise daran erinnern, dass aus einer starken Stellung des Ökonomischen in der modernen Gesellschaft auch starke Verantwortlichkeiten für die Allgemeinheit erwachsen – übrigens auch persönliche Verantwortlichkeiten der handelnden Akteure. Wir können die Maßstäbe des Wirtschaftens neu justieren, indem wir an seine sozialen Voraussetzungen erinnern, beispielsweise daran, dass Wirtschaft mehr denn je auf Bildung und Forschung angewiesen ist, auf faire Bedingungen der Arbeit, auf ökologische Maximen, die ja nicht als bloßer Kostenfaktor einer ökonomiefeindlichen Willkür entspringen, sondern in Zukunft auch einen Wettbewerbsvorteil darstellen.

Solche Fragen zu stellen und Ideen für eine Ökonomie der Zukunft zu formulieren ist für mich eine genuin kulturelle Leistung der Gesellschaft. Diese Leistung stärkt uns. Denn die Gesellschaft gewinnt auf diese Weise die Kraft zur angemessenen Deutung ihrer Lage zurück. Vor einem naiven Kulturvertrauen allerdings muss man warnen. Die Tatsache allein, dass Kultur öffentlich sehr präsent ist und mit erheblicher Förderung rechnen kann, bietet noch nicht die Gewähr, dass sie die Gesellschaft auch tatsächlich verändert. Eine diskursive Modernisierung ergibt sich nicht von allein, sie ist keine Selbstverständlichkeit, und von Kultur an sich geht keine magische Heilswirkung aus. Kultur ist in meinen Augen vielmehr der Rahmen für den Diskurs, den wir führen wollen. Sie ist für mich erst einmal nur eine Bedingung der Möglichkeit von gesellschaftlichem Fortschritt. Gebrauch davon müssen die Einzelnen machen.

Die Politik hat bei inhaltlichen Vorgaben strenge Selbstbeschränkung zu üben. Alles andere widerspräche unserer Auffassung von kultureller Freiheit. Dies gilt auch gegenüber Versuchen, aus unserer Geschichte oder unseren kulturellen Haltungen eine starre Tradition herauszudestillieren und eine solche zum Maßstab für das Selbstbild des Einzelnen und der Gesellschaft im Ganzen zu machen, wie das im Konzept der »Leitkultur« der Fall ist. Die »leitende« Kultur würde sodann das »richtige« Selbstverständnis für einen Deutschen verordnen. Ein jeder, der hier leben möchte, wäre genötigt, es zu übernehmen, aufgefordert durch moralischen, wenn nicht sogar durch gesetzgeberischen Druck. Die Absicherung gegen kulturelle Mehrdeutigkeiten, gegen unterschiedliche Herkünfte oder lebensweltliche Vorlieben, die ein konservatives Kulturkonzept verspricht, wird sich am Ende jedoch als ein gesellschaftliches Bremsmanöver erweisen. Es verhält sich damit wie mit dem Abstreiten der Realität, dass Deutschland ein Einwanderungsland ist: Man schafft die kulturelle Pluralität nicht aus der Welt, trägt aber sehr dazu bei, die Unterschiede zu politisieren und zu dramatisieren. Damit beschwören konservative Kulturkämpfer stets das Gegenteil dessen herauf, was sie uns verheißen: Nicht eine gemeinsame Identität als Deutsche, sondern die Eröffnung neuer Fronten im Kampf um kulturelle Vorherrschaft ist die Folge. Meine Auffassung unserer Kultur ist das entschieden nicht. In meinen Augen stehen wir auch kulturell vor der Aufgabe, mit Menschen unterschiedlicher Herkunft eine gemeinsame Zukunft zu gestalten, und das geht eben nur in einer freiheitlichen Kultur.

Die Rede von der »Leitkultur«, so verführerisch schlüssig sie daherkommt, ist nicht nur eine vormoderne, sondern auch eine vordemokratische Legende. Ihr müssen wir die Kultur der Demokratie entgegenstellen. Das heißt dann auch, unterschiedliche ethische, politische und ästhetische Vorstellungen auszuhalten. Wir sollen dabei getrost für die eigenen streiten, sogar mit Nachdruck. Nur kann keiner beanspruchen, die Vormundschaft über alle anderen zu besitzen oder sich der Auseinandersetzung über die eigenen zu verweigern. Die kulturell freiheitliche Gesellschaft kann sich darauf einigen, andere Glaubensbekenntnisse und Lebensentwürfe zu respektieren. Sie kann auch bestimmen, bis wohin deren Eigenrecht akzeptabel ist, das soll sie sogar. Aber auch dann bleibt sie plural.

Wenn ich also in meiner Vorstellung von Kultur das Diskursive sehr stark betone und positiv hervorhebe, geht es mir nicht ausschließlich um den Gedanken der Schlichtung gesellschaftlichen Streits, um den Austausch und die Einigung, die Kultur ermöglicht. Sondern genauso um die Chance der abweichenden Meinung, um die alternative Sicht auf die Wirklichkeit, auf die fremdartige Lebensweise, die gerade dann legitim und schutzwürdig bleibt, wenn die Mehrheit einen anderen Weg beschreitet. Wenn Kultur ein offener Raum bleibt und nicht zum Herrschaftsinstrument ausgerufen werden soll, können sich in ihr viele unterschiedliche und dissonante Stimmen, kann sich vor allem der Einzelne in ihr Gehör verschaffen und um Anerkennung werben. Nicht das politisch formierte Kollektiv, sondern das Individuum bildet die Grundlage für die Demokratie. Der Eigensinn einer demokratischen Gesellschaft kommt in ihrer individuell geprägten Kultur zum Ausdruck. Das schließt Streit ein, aber es ist ein Streit mit Worten. Und deswegen bleibt Kultur für mich eine Sphäre der Freiheit. Die Freiheit macht es möglich, dass alle einander als Gleiche begegnen. Das ist der Grund, warum keine besondere Kultur und auch keine besondere Religion, sondern die Freiheit die Richterin darüber bleibt, wo die Grenzen der Toleranz liegen. Sie bestimmt das für alle gleich geltende Recht, das die Kultur als offenen Raum gegen Einschüchterungsversuche und Übergriffe verteidigt.

Prägend für mich war dabei das Klima in den Universitäten während der späten Siebziger- und frühen Achtzigerjahre. Es war, bei aller Lust am überflüssigen Gezänk, von einer Art Urvertrauen in die Kommunikation und ihre gesellschaftsverändernden Potenziale geprägt. Fortschrittliche Wissenschaft, also der freie, undogmatische Austausch, wollte so etwas wie ein gelebtes Beispiel gesellschaftlicher Vernunft sein. Dass dieser Traum im zerstörerischen, teils selbstzerstörerischen Auftrumpfen der marxistischen Splittergruppen endete, daran erinnere ich mich ebenfalls sehr gut. Es kann sein, dass unser Wunsch, durch Formen der Kultur die Welt zu verbessern, damals von vornherein überzogen war. Der Wissenschaft mutete dieser Wunsch wohl zu viel zu, ganz sicher aber den vielen Jugendkulturen jener Zeit. All die Erwartungen dieser Jahre mussten Enttäuschungen hinterlassen; manches Experiment mit dem eigenen Leben war einfach nur gesundheitsgefährdend, manche Utopie einfach skurril. Dennoch glaube ich, dass diese Orientierung am Kulturellen für meine Generation charakteristisch ist. Wir haben damals erfahren, dass wir etwas verändern konnten, indem wir die »Sprache« der Gesellschaft beeinflussten, ihre Gedanken, Bilder, Töne, Umgangsweisen. Mag ja sein, dass im Einzelnen alles anders herauskam, als wir uns das vorgestellt hatten. Aber etwas Unabgegoltenes, nicht Widerlegtes blieb nach allen diesen Versuchen übrig. Möglicherweise hat das meine Generation nicht ganz vergessen. Der Funke ist noch da, die Erinnerung noch lebendig, dass in der Kultur ein Moment der Befreiung lag und liegt. Das scheint mir eine Grunderfahrung zu sein, die wir auch der heutigen jungen Generation und unseren Kindern und Enkeln mitteilen sollten.

Mein Verständnis von Kultur und Sprache als Raum, in dem aus freier Begegnung gemeinsame Verantwortung wächst, hat mich auch als Außenminister geprägt. Wenn ich häufig von der Notwendigkeit des »Dialogs« spreche, dann ist das keine diplomatische Floskel, die mangelnde Fortschritte in der Sache kaschieren soll. Ich glaube auch nicht an die ewig kreisende Friedenspfeife. Sondern ich meine die Möglichkeit, die Unterschiedlichkeit von Sichtweisen und Standpunkten zu respektieren und trotzdem zu gemeinsamen Ergebnissen zu kommen. In unserer vernetzten Welt ist nichts so wichtig wie die Fähigkeit, Unterschiede auszuhalten, den Respekt voreinander zu wahren und eine gemeinsame Sprache zu suchen. Das ist der entscheidende Grund, weshalb ich in den vergangenen Jahren die Auswärtige Kultur-, Bildungs- und Wissenschaftspolitik wieder aus ihrem Schattendasein erweckt habe. In einer Zeit globaler Kommunikation, mit Partnern, die sich immer selbstbewusster artikulieren und ihre Rechte einfordern, müssen wir uns auch selbst anders verständlich machen als bisher. Die politische Globalisierung braucht ein kulturelles Fundament, eine Basis der Verständigung, die sich auf gemeinsame Werte und universelle Rechte des Menschen bezieht.

Willy Brandt begriff vielleicht als Erster, dass die Auswärtige Kultur- und Bildungspolitik das gleiche Gewicht und den gleichen Stellenwert haben muss wie die klassische Diplomatie und die Außenwirtschaftspolitik. Wir müssen weltweit Räume zur Verfügung stellen, in denen sich unser Land mit den Mitteln der Kunst und der Kultur erklärt. Es sind Räume, in denen Deutschland sich in seiner ganzen Bandbreite der künstlerischen Ausdrucksformen und ganz besonders in der sprachlichen Vermittlung im besten Sinne des Wortes »verständlich« macht. Im selben Zug muss die Auswärtige Kulturpolitik auch einen Beitrag dazu leisten, dass wir unsere Partner in der Welt verstehen. Ich mache als Außenpolitiker nahezu tagtäglich die Erfahrung, dass Sprachlosigkeit oder die Verweigerung von Dialog Konflikte vertieft. Es gibt in der wechselvollen Geschichte der internationalen Beziehungen allzu viele Belege dafür.

Wir unterschätzen gemeinhin, wie sehr das richtige Wort neue politische Spielräume schaffen kann, die manchmal über Menschenleben entscheiden. Die Vermutung, dass wir einander wohl nie restlos verstehen werden, muss uns nicht heillos trennen. Sie kann uns genau dann einen, wenn ein Bewusstsein von der Kreativität der Verschiedenheit existiert. Sicher können wir ein solches Bewusstsein nicht allein durch politische Gespräche herstellen. Kultureller Dialog ist für mich nicht die politische Konferenz oder der Staatsbesuch. Gerade wo die Sprache der Politik eng an nationale Interessen geknüpft ist, kann Kultur, die eine nicht instrumentelle Sprache spricht, das tiefer reichende Fundament für eine Verständigung gießen, Brückenpfeiler setzen und Wege bereiten, die Verbindungen möglich machen und Nähe wieder zulassen. In der Kultur können wir die Erfahrung machen, dass wir unterschiedliche Sichtweisen nicht immer und durchweg als Unglück begreifen müssen. Jedes Land, jede Kultur erlebt das gemeinsame Schicksal aufgrund der eigenen Erfahrungen anders, wie das der tschechisch-französische Schriftsteller Milan Kundera einmal formuliert hat. Und ohne Verständnis für diese tieferen Bewusstseinsschichten können wir am Ende auch die politischen Diskussionen nicht verantwortungsvoll führen.

Kultur wird von einigen weniger als produktiver Beitrag denn als Störfaktor der Friedens- und Entspannungspolitik angesehen. Wo sich Konflikte entzünden, wird der kulturelle Hintergrund oft als Teil des Problems, nicht der Lösung empfunden, oder schlimmer noch: bewusst dazu gemacht. Genau das halte ich für falsch. Wir leben in einer Welt, in der sich die Gravitationszentren verlagern, wirtschaftlich ohnehin, auch politisch und kulturell. Deswegen – und daran habe ich meine Politik als Außenminister ausgerichtet – müssen wir stärker als bisher für unsere Kultur werben. Nicht nur, weil wir erhalten und behaupten möchten, wofür unsere Vorfahren gestritten haben. Sondern auch weil wir der Meinung sind, dass diese Lebensweise als Grundlage des globalen Dialogs dienen und Freiheit, Gerechtigkeit, individuelle Entfaltungsmöglichkeiten und sozialen Ausgleich in einer Gesellschaft schaffen und erhalten kann. Wir müssen sehr sorgfältig daran arbeiten, dass die Kultur der Demokratie verständlich bleibt, und zwar nicht als eine Art westlicher Besitz, den andere gefälligst zu übernehmen hätten, sondern weil sich universelle Werte in der globalen Praxis beweisen müssen. Insofern ist Auswärtige Kultur- und Bildungspolitik nicht nur zentraler Bestandteil der deutschen Außenpolitik, sondern der vielleicht modernste und nachhaltigste Beitrag zu einer vorausschauenden Außenpolitik, die sich als Friedenspolitik versteht.

Ich halte es für gefährlich, dass Konflikte immer häufiger als eine Auseinandersetzung zwischen Kulturen und Religionen interpretiert werden. Solche Deutungen raunen gern vom Schicksalhaften und Unabänderlichen in den Konflikten. In dieser Sichtweise ist das Kulturelle das, was Menschen wesensmäßig voneinander trennt, nicht das, was trotz aller Kluft eine Verständigung zwischen Fremden ermöglicht. Hier gilt die gleiche Kritik wie diejenige an der Leitkultur. Eine solche

Sichtweise verhindert Zusammenleben und Identität, statt sie zu ermöglichen. Umso mehr müssen wir den kulturellen Kontext von Interessengegensätzen mit in den Blick nehmen. So können wir besser Konflikte vermeiden oder wenigstens entschärfen und verhindern, dass im Konfliktfall ausgerechnet die Kultur die Sprache der Unversöhnlichkeit spricht. Wenn wir Kulturkampf verhindern wollen, dann müssen wir die Köpfe und Herzen der Menschen erreichen, dann brauchen wir ein Verständnis, das die Gräben überwinden kann, die sich aus kulturellen und religiösen Differenzen ergeben.

Ein ganz konkretes Beispiel ist die Ernst-Reuter-Initiative, die ich im Sommer 2006 gemeinsam mit meinem damaligen türkischen Kollegen, dem heutigen Staatspräsidenten Abdullah Gül ins Leben gerufen habe. Als Reaktion auf den sogenannten Karikaturenstreit im Winter 2005/2006 hatten wir überlegt, was wir tun könnten, um kulturell-religiöse Missverständnisse zu überwinden und für wechselseitigen Respekt zu werben. Dabei war uns klar: Hilfreicher als jede politische Absichtserklärung ist die konkrete Kooperation. Die Ernst-Reuter-Initiative löst jetzt genau das ein, und so unterschiedliche Menschen wie Mario Adorf, Fatih Akin, Rita Süssmuth und Edzard Reuter, aber auch Vertreter zahlreicher deutscher Unternehmen machen mit. Bedeutendstes Leuchtturmprojekt ist die Deutsch-Türkische Universität in Istanbul, deren Grundstein im Sommer 2009 gelegt werden soll. Wichtig auch die geplante Künstlerakademie im Istanbuler Vorort Tarabya, die wir auf Anregung des Deutschen Bundestags gemeinsam mit dem Goethe-Institut errichten werden.

In unserer Zeit, in der sich die Gewichte in der Welt rasant verschieben, müssen sich Anziehungskraft und Orientierungsfähigkeit des europäischen Gesellschaftsmodells neu beweisen – gerade auch im Kontakt mit unseren ausländischen Partnern. Toleranz, Freiheit und Verantwortung sind seine Kennzeichen. Ein Blick auf die europäische Geschichte macht deutlich, wie sehr dieses Kulturverständnis auf Erfahrungen beruht, die meine Generation glücklicherweise nicht mehr machen musste, die sie aber gleichwohl in der Erinnerung mit allen Europäern teilt. Von Beginn an hat dieser Kontinent es sich und anderen schwergemacht. Seit der Antike flammte Streit zwischen Städten und Staatsformen auf, zwischen den religiösen Bekenntnissen, den Ländern und Regionen. Die Geschichte Europas ist vom Streit geprägt, und nicht jedes Mal hatte der Streit edle Motive. Von den ersten Kolonien bis zum Höhepunkt des Imperialismus, auch das sollten wir nicht vergessen, hat Europa soziale Gegensätze und Gewalt in alle Teile der Welt exportiert. Immer wieder stellten sich Europäer die Frage: Warum sind wir so, warum sind wir immer wieder ein Unglück für uns selbst und für andere? Diese Frage hat die Nachdenklichen umgetrieben, und ihre Antworten haben einen Prozess ausgelöst, den wir Aufklärung und Emanzipation nennen. Europa hatte niemals und hat auch heute nicht auf jede Frage eine überzeugende Antwort, aber es hat – nach einer langen Geschichte eigenen und fremden Leidens – ein paar Überzeugungen anzubieten, die allgemeine Bedeutung für das Zusammenleben der Menschheit haben.

Wir haben aus den Jahrhunderten europäischer Kriege, Bürgerkriege und Revolutionen immerhin gelernt, dass uns die Bereitschaft, Ungewissheiten zu ertragen, immun macht gegen absolutistische Geltungsansprüche und gegen Totalitarismen. Nicht immer hat diese Auffassung gesiegt, oft ist sie gescheitert, und das Scheitern hat schreckliches Leid hervorgerufen. Im Grunde genommen hat die Vernunft nie spektakulär gesiegt. Aber es fehlte zu ihr doch jede vertrauenserweckende Alternative. Wir haben uns mit dem säkularen Rechtsstaat einen Rahmen geschaffen, der kulturelle Verschiedenheit nicht ausräumt, sondern moderiert, der uns veränderbar und dennoch selbstbewusst bleiben lässt. Unser System hat Mängel, es ist im Zweifelsfall instabil, weil es keine absoluten Wahrheiten oder unbedingten Einsichten anbietet. Freiheit, Wohlergehen und Gerechtigkeit sind nie ein für alle Mal gesichert. Wertekonflikte zwischen Freiheit und Sicherheit, zwischen dem Recht auf Teilhabe und der freien Entfaltung der Persönlichkeit, zwischen dem Achtungsanspruch der Religion und dem Geltungsanspruch der Gesetze sind in den europäischen Ländern unterschiedlich geregelt und werden immer wieder neu justiert – und zwar in demokratischen Prozessen. Diese Prozesse sind keine leeren Prozeduren, über denen irgendwie die ewigen Werte schweben. Sondern demokratische Prozesse sind Werte bildende und Werte erhaltende Verfahren. Auch das halte ich – in aller Zurückhaltung – ebenfalls für ein Merkmal unserer heutigen demokratischen Kultur als Teil einer gemeinsamen europäischen Kultur.

Europa ist ein Raum gemeinsamer Werte, und die Werte der Aufklärung und der Toleranz sind seine Basis. Das werden wir auch im Dialog mit anderen Kulturen nicht verleugnen, beispielsweise mit den asiatischen, deren Vertreter manchmal sehr darauf pochen, ihre Normen seien ganz besondere. Ich will nicht bestreiten, dass es kulturelle Unterschiede gibt, aber es lohnt sich immer, genauer darauf hinzuschauen, ob es wirklich ein historisches Gegeneinander gibt. Vieles von dem, was bei Konfuzius geschrieben steht, könnte dem Geiste nach von Plato oder Thomas von Aquin stammen, und die Kulturen Asiens und Europas haben einander über die Jahrtausende hinweg mehr als einmal gegenseitig befruchtet. Wenn allzu vollmundig »asiatische Werte« beschworen werden, soll in den meisten Fällen nur eine bestimmte politische Praxis, die sich auf sie beruft, von Kritik freigehalten werden. Wir haben es in Wirklichkeit nicht mit unüberbrückbaren kulturellen Antagonismen zu tun, nicht mit einem »Kampf der Kulturen« zwischen Asien und Europa. Die größte Demokratie der Welt liegt seit über einem halben Jahrhundert in Asien: Es ist Indien.

»Die gefährlichste aller Weltanschauungen ist die der Leute, welche die Welt nie angeschaut haben« – dieser Satz Alexander von Humboldts umreißt für mich noch immer am knappsten die globale kulturelle Lage. Weltoffenheit, Weltzugewandtheit, aber auch Eigenständigkeit, das Ganze gepaart mit vernünftigen modernen Strukturen und einer Prise Selbstironie, einer »Identität im Zweifel«, wie das der Kunsthistoriker Hans Belting einmal genannt hat – das scheint mir für unser Ansehen in der Welt wichtig zu sein. Wir werden uns im Prozess der Globalisierung selbst manchmal exotisch, und wir beobachten andere dabei, dass es ihnen ebenso geht. Ohne dabei zu vergessen, wer wir sind, lernen wir, Unterschiede zu entdramatisieren, das heißt, ein Stück weit entspannter mit ihnen umzugehen. Wir müssen also nicht alles gutheißen, was andere sagen, aber wir sollten versuchen, es zu verstehen. Weil aber Verstehen nicht immer einfach ist, sollten wir wenigstens das tun, was eine Grundvoraussetzung des Verstehens ist: den anderen achten – und nachfragen. Wir sollten zuhören und uns anregen lassen von dem, was uns einleuchtet, aber auch vom Widerspruch. Wir dürfen dabei selbstbewusst bleiben. Und wenn wir eine andere Haltung ablehnen müssen, dann tun wir das am besten in Ruhe und vermeiden jegliche Dramatisierung.

Im vergangenen Jahr war ich zu Besuch in China, kurz nach den verheerenden Erdbeben in Sichuan. Zu meinem Pekinger Programm gehörte auch ein Treffen mit politischen Dissidenten. Es handelte sich dabei um die Mütter jener Studenten, die 1989 auf dem Tiananmen-Platz zusammengeschossen worden waren. Ein solches Treffen liegt für die chinesischen Offiziellen eigentlich schon jenseits der Grenze des in ihrem Land Tolerierbaren. Nachdem zum vereinbarten Termin niemand aufgetaucht war, erhielten wir einen Anruf: Unsere Gesprächspartner könnten nicht zu uns kommen, weil Zivilpolizei die Ausfahrten blockiere. In dieser Situation gab es nur zwei Möglichkeiten: den Besuch abzubrechen und der chinesischen Führung einen Gesichtsverlust zu bescheren – oder noch einmal mit ihr zu reden. Aber deutlich. Ich fuhr dann zum Zentralrat der KP und erläuterte dem für außenpolitische Fragen zuständigen Parteisekretär, was ich von ihrem Verhalten hielte. Es war ein, in den Codeworten der Diplomatie, »offenes Gespräch«, in dem wir beide unsere Positionen darlegten. Wir einigten uns natürlich nicht, aber ich hatte den Eindruck, dass er meinen Standpunkt verstanden hatte. Und in der Tat, als ich zurück war, hatte sich die Polizei zurückgezogen, und das Treffen konnte stattfinden. Das ist nur eine kleine Episode. Aber sie zeigt, dass es meistens fruchtbarer ist, auch in schwierigen Situationen im Gespräch zu bleiben, als sich in spektakuläre, letztendlich aber leere Gesten zu flüchten.

Dieser politische Zugang zur Kultur hat sich mir erst nach und nach erschlossen. Meine persönliche Annäherung erfolgte auf anderen Wegen. Neben der Literatur war das vor allem die Popmusik. Es kommt ja nicht ganz von ungefähr, wenn sich die Vertreter der Jahrgänge seit 1955 immer noch gerne fragen, welche Musik sie damals gehört haben. Solche kulturellen Entscheidungen sind im Laufe der Zeit für die Generation der Babyboomer viel wichtiger geworden als beispielsweise die soziale Herkunft. Ich komme aus kleinen Verhältnissen, die Hochkultur spielte bei uns keine große Rolle. Aber Musik war natürlich eine wichtige Sache. Was die wichtigste, die Grundentscheidung anlangt: »Beatles oder Stones?«, komme ich eindeutig aus dem Lager der Stones. Daran gab es nie etwas zu deuteln. Meine erste Platte war »Let it bleed«, die zweite die »Woodstock«-Doppel-LP. Von dort aus ging es bei mir in Richtung Rock und Underground weiter. Doors und The Who haben wir viel gehört, Jimi Hendrix, Eric Burdon und Cream – und Velvet Underground. Platten von Kraftwerk und Ton Steine Scherben habe ich noch im Keller. Gutem Reggae von Bob Marley oder Peter Tosh kann ich bis heute etwas abgewinnen. Weniger der Musik, die sich von Pink Floyd aus in immer psychedelischere Genres entwickelte. Sie wurde mir schnell fremd; die Inbrunst und Innerlichkeit dieser Szene waren ausschließend und auf ein inaktives Leben ausgerichtet. Das war mir zu selbstbezogen und zu elitär, es erinnerte mich an die verbunkerten Kleinstuniversen der linken Gruppen an der Uni. Für mich bahnte sich eine Entscheidung an: Gehst du diesen Weg mit, oder suchst du deinen eigenen? Am Ende zeigte sich doch, wer sich im Leben raushalten und wer mitmischen wollte. Ich wollte mich nicht raushalten und entwickelte mich folglich auch musikalisch woanders hin.

Die Besuche in Berlin in jenen Jahren waren immer auch ein neugieriger Blick in die (sub)kulturelle Moderne. Ich kam unter bei Freunden, wohnte nicht irgendwo, sondern am Mariannenplatz in Kreuzberg, mit Blick auf die Mauer, genauer gesagt: 25 Meter von ihr entfernt. Wir zogen nachts durch die Oranienstraße oder an den Winterfeldtplatz in Schöneberg. Im »Slumberland« hörte ich zum ersten Mal: »Keine Atempause, Geschichte wird gemacht, es geht voran!«, von Fehlfarben. Die Neue Deutsche Welle war geboren, sie war witzig, aber sie wurde auf Dauer nicht meine Musik, dazu war ich damals schon zu alt, erst recht für den Punk, den ich nicht mehr verstanden habe. Kultur kann auch offener, zugänglicher, unangestrengter, kurz: in unaufdringlicher Weise gesellschaftlich sein. Man muss seine popkulturellen Anfänge nicht vergessen, wenn man älter wird. Man darf aber auch nicht trotzig an ihnen kleben bleiben. Bei mir ging das Anfang der Achtzigerjahre in Richtung Miles Davis und United Jazz + Rock Ensemble. Beim Jazz bin ich schließlich geblieben: Klaus Doldinger, Grover Washington, Stan Getz oder heute Til Brönner, Nils Landgren, Frank Lauber oder Jeff Cascaro.

Ungefähr in dieser Zeit entdeckte ich auch die Architektur noch einmal für mich wieder. Ich glaube, die Liebe zum Bauen kommt ganz früh aus meiner Kindheit, aus der Zeit, als ich meinem Vater beim Zuschneiden der Fenster für unser Haus half oder mit ihm den Zement anrührte. Bis heute empfinde ich ein ganz elementares Vergnügen dabei, wenn etwas entsteht, wächst, in die Welt hineinragt. Vom Bundesrat kommend, unterwegs in Richtung Potsdamer Platz, kann ich mich nach wie vor an den Gebäuden von Hans Kolhoff und Helmut Jahn begeistern, beides sehr unterschiedliche Möglichkeiten, ein Hochhaus zu bauen, ganz unterschiedliche Vorstellungen von Stadt aufrufend, aber beide in sich stimmig. Wenn es mein Terminplan erlaubt, gehe ich mit meiner Familie oder mit Freunden durch Berlin, ausgestattet mit einem Architekturführer. Ich mag die klassische Moderne, es ist eine Formensprache, die allen zugänglich und dennoch auf anspruchsvolle Weise elegant ist. Und auch in meiner Tätigkeit als Außenminister spielt die Architektur immer noch eine Rolle: Die Urbanisierung in den Mega-Citys des 21. Jahrhunderts – das ist Globalisierung im Brennglas, und neben der Schaffung von Wohnraum stehen hier Fragen der Infrastruktur und des nachhaltigen Ressourcenmanagements im Vordergrund. Ich erlebe überall auf der Welt, wie hoch der Beitrag deutscher Architekturbüros, ihre Fähigkeit zur Kooperation in kulturell unterschiedlichen Umfeldern und zur Lösung schwierigster Fragen geschätzt werden.

Nicht nur in der Literatur und Musik, auch in der Architektur geht es mir jedenfalls so, dass die Begegnung mit Künstlern und Kunstwerken das Gewohnte unterläuft und neue Sichtweisen aufschließt. Solche Treffen mit Künstlern bereichern meinen Sinn für das noch Mögliche, manchmal vertiefen sie auch mein Verständnis für das Gewordene aus ganz unerwarteter Perspektive. Die Politik braucht die Begegnung mit der Kultur so notwendig, weil wir durch den Eigensinn des Kulturellen die Gelegenheit erhalten, uns in Distanz zu unserem eigenen, nur kleinen Ausschnitt der Wirklichkeit zu setzen. Wie man manchmal Dinge besser begreift, wenn man sich etwas vom Gegenstand der Beobachtung entfernt, zeigt die Kultur der Politik manchmal, dass die Realität des praktischen Handelns eben nicht das Ganze ist, sondern nur ein kleiner Teil des in der Welt Möglichen.

Im März 2007 hatte Deutschland die Präsidentschaft der Europäischen Union inne und wollte den 50. Jahrestag der Römischen Verträge mit einer großen Feier in Berlin würdigen. Als wenige Monate vor dem Fest das Programm vorgestellt wurde, fiel mir eines sofort auf: Hier sollte der Geist des vereinten Europa nur in politischen Reden und Banketten beschwört werden. Eine Beteiligung der Bürger, ein Blick auf die Kultur unseres Landes und Europas waren nicht vorgesehen. Deswegen überzeugte ich die damaligen Verantwortlichen für die Berliner Museumsinsel, Klaus-Dieter Lehmann und Peter-Klaus Schuster, für den Vorabend der Feierlichkeiten die Museen zu öffnen. Die Bürgerinnen und Bürger, aber auch die eigens angereisten Politiker und Beamten aus ganz Europa sollten einen ganz unmittelbaren Zugang zur Kultur unseres Landes, Europas und seiner Verbindungen in die Welt erhalten. Sie sollten sich im wahrsten Sinne des Wortes ein Bild machen können von unserer Kultur. Als ich über diese Idee mit einigen befreundeten Künstlern sprach, stieß ich auf viel Enthusiasmus, für den ich noch heute dankbar bin. Die Berliner Club Commission, die die weltberühmten Clubs dieser Stadt vereint, erklärte sich bereit, gemeinsam mit dem Auswärtigen Amt eine Europäische Clubnacht mit Musik aus allen Staaten der Europäischen Union zu organisieren. Aus dieser spontanen Idee ist mittlerweile eine eigene Tradition geworden, Menschen aus ganz Europa kommen nach Berlin, um hier Musik zu machen und zu erleben. In den Museen selbst sprachen an diesem Abend Schauspieler des Gorki-Theaters Texte aus allen 27 Ländern und in allen europäischen Sprachen. Sasha Waltz zeigte vor dem Pergamonaltar Arbeiten aus ihrer Beschäftigung mit dem »Medea-Material« von Heiner

Müller. Nach Berlin gereiste Minister europäischer Länder saßen da, Beamte, interessierte Bürger, viele junge Leute. Dieser Abend hat uns alle sehr beeindruckt, und ich bin überzeugt: die Irritation, die Faszination und die besondere Intensität dieses Abends haben alle gespürt, und das hatte etwas zu tun mit dem Empfinden, zugleich Deutscher und Europäer, Europäer und Weltbürger zu sein – viel eindringlicher und vor allem schöner, als das in einer politischen Ansprache auszudrücken gewesen wäre.

Solche Augenblicke stimmen mich zuversichtlich, genauer gesagt bestätigen sie mich in meiner Auffassung, dass eine lebendige Kultur verhindert, unsere moderne Welt als blindes Schicksal oder als »stählernes Gehäuse« wahrzunehmen, wie Max Weber einmal schrieb. Deswegen bleibt die bundesrepublikanische Moderne, in der wir großgeworden sind und an der wir zuweilen gelitten haben, in meinen Augen immer eine Idee mit Zukunft. In ihr liegen Potenziale, die weit über das hinausgehen, was wir Wachstumschancen nennen. Die gesellschaftlichen Bereiche haben sich auf eine sehr eigene Weise entwickelt, mit eigenen Funktionsweisen, Ethiken und Mechanismen der Abgrenzung. Wir spüren die Zwänge, die Verengungen, die sie ausüben. Aber keiner dieser Bereiche konnte die Gesellschaft der Bundesrepublik je wirklich dominieren, sie nach ihrem Bilde formen. Immer fand zwischen ihnen ein Austausch statt, deswegen auch ein Ausgleich – jedenfalls bisher. Wir sind ja nicht zu reinen Wirschaftsmenschen geworden, zu bloßen Konsumenten oder Produzenten, zu ausschließlichen Politikern oder Verwaltungsfachleuten. Nie hat uns diese Gesellschaft dazu gezwungen, in einer einzigen Rolle aufzugehen – das ist gelebte Freiheitlichkeit. Ich würde sogar sagen: Wir sind modern, *weil* in unserer Gesellschaft Freiheit und Emanzipation möglich sind.

Etwas von diesem Grundverständnis habe ich im Jahr 2005 in einer Bibelarbeit zum Ausdruck zu bringen versucht, die ich auf dem Evangelischen Kirchentag in Hannover vorgetragen habe. Eine auch für mich ungewohnte Rolle, zu der mich mein Freund und Präsident des Kirchentages, Eckard Nagel, ermuntert hatte. Ich wählte damals einen Abschnitt aus dem Alten Testament, das 6. Kapitel des 5. Buches Mose (Deuteronomium), einen schwierigen Text, der aber noch heute zu den wichtigsten Texten des Judentums zählt. Er ermahnt Israel, allein seinem Gott treu zu bleiben, sich von Fremden fernzuhalten und die Geschichte seiner Befreiung aus Ägypten nie zu vergessen.

Erstaunlicherweise empfand ich bei der Lektüre gar nicht so sehr die zeitliche Ferne des Textes, vielmehr hatte ich den Eindruck, er vibriere geradezu vor Gegenwart und Zukunft. Sicher hatte das auch damit zu tun, dass uns das komplizierte Verhältnis zwischen religiösen Überzeugungen, kultureller Tradition und gesellschaftlicher Praxis inzwischen als eine der Schlüsselfragen unseres Jahrhunderts sehr viel klarer vor Augen steht. Entgegen einer häufig geäußerten Vermutung löst sich das Religiöse in der Moderne keineswegs in Wohlgefallen auf – da sollte uns der Eindruck leerer Kirchen in Deutschland keineswegs täuschen. Weltweit wachsen die Religionen. Den Buchreligionen fühlen sich etwa drei Milliarden Menschen zugehörig; zwei Milliarden Christen gibt es auf der Welt, 1,3 Milliarden Muslime und 14 Millionen Juden. Und hinzu kommen die Bekenntnisse der indischen und der fernöstlichen Kulturkreise. Das allein zeigt, wie sehr wir darauf angewiesen sind, Religion im Plural der Bekenntnisse zu begreifen und das Verbindende zu suchen. Meine eigene Familie kommt aus dem reformierten Protestantismus, der im Lippischen seit Beginn des 17. Jahrhunderts die Mehrheitskonfession war. Es ist ein offener Calvinismus, nüchtern, bodenständig und praktisch wie die Menschen, die dort leben. Aber er hat auch das freiheitliche Element selbstbewussten Bürgertums bewahrt, der die Reformierten vor allen anderen Konfessionen in Deutschland traditionell ausgezeichnet hat.

Die strenge Abgrenzung, die aus den Worten des biblischen Moses spricht, hat mit religiösem Fundamentalismus im modernen Sinne nichts zu tun. Vielmehr ist dieser Text selbst Symbol eines Aufbruchs, das Ergebnis der Verarbeitung einer historischen Katastrophe des jüdischen Volkes – der Gefangenschaft. Diese Art, mit historischen Krisen umzugehen, ist seither aus unserer Kultur nicht mehr wegzudenken, sie gehört zu ihrem Wesenskern. Krisen und Katastrophen bedeuten nicht automatisch Untergang. Man kann, man muss aus ihnen vielmehr Lehren ziehen und auf dieser Basis einen neuen Anfang wagen. Der Einzelne hat die Chance, sich zu erneuern, aber auch Gesellschaften können, ja müssen sich erneuern. Dass eine Kultur in die offene Zukunft aufbricht, ist religiösen Extremisten und Fundamentalisten ein unerträglicher Gedanke. Denn Fundamentalisten ersetzen die Zukunftsverheißung Gottes durch ein religiös verklärtes, letzten Endes aber doch irdisch-politisches Gesellschaftsideal, das an der eigenen Vergangenheit orientiert ist. Auch das ist in meinen Augen eine Form von Götzendienst.

Ich sehe darin eine Grundfigur der Moderne: die Befreiung. Allen historischen Katastrophen und Zusammenbrüchen zum Trotz bleibt die Geschichte ein auf die Zukunft ausgerichteter Prozess. In diesem Sinn kann Geschichte Fortschritt im Bewusstsein der Freiheit sein. Damit ist kein naiver Fortschrittsglaube gemeint. Die von Moses ausgehende Erzählung wird jedoch überall dort fortgeschrieben, wo Menschen vor Katastrophen und Leid nicht kapitulieren, sondern aus den Fehlern der Vergangenheit lernen und einen neuen Anfang wagen. Kant greift das in seiner berühmten Definition von der Aufklärung als Ausgang aus selbst verschuldeter Unmündigkeit auf. Das formuliert im 20. Jahrhundert auch Ernst Bloch mit dem »Prinzip Hoffnung«. Am Tag vor seiner Ermordung am 4. April 1968 hielt Martin Luther King in Memphis, Tennessee, seine letzte Rede und nahm das Motiv von Moses auf: »Ich habe in die Ferne gesehen: das Gelobte Land gesehen. Möglicherweise erreiche ich es nicht mit euch. Aber ich will, dass ihr wisst, dass wir als Volk ins Gelobte Land einziehen werden.« Wir können diese Worte nur noch metaphorisch lesen, wir dürfen sie nicht als überzogene Heilserwartung an die Politik missbrauchen, die in der Demokratie immer Stückwerk bleibt und Kompromiss bedeutet. Aber den entscheidenden Funken Emanzipationshoffnung benötigen auch wir in unserer abgeklärten Zeit, damit unser Horizont offen bleibt und wir unseren normativen Kompass nicht verlieren. Und 45 Jahre nach dem Mord an Martin Luther King ist mit Barack Obama zum ersten Mal ein Schwarzer zum Präsidenten der Vereinigten Staaten von Amerika gewählt worden.

Geschichte als Befreiungsgeschichte – in diesem Licht sehe ich auch unser deutsches Grundgesetz. Auch das Grundgesetz, mit dem vor sechzig Jahren die Bundesrepublik gegründet wurde, ging aus einer historischen Katastrophe hervor. Das hieß zunächst: Bruch mit der eigenen Vergangenheit und Übernahme von Verantwortung gegenüber den Opfern. Mit dem 8. Mai 1945 endete der im 19. Jahrhundert begonnene deutsche Sonderweg, der Versuch, gegen die Aufklärung und gegen die individuellen Freiheitsrechte einen unseligen eigenen Weg in die Moderne zu finden. Dieses Ende war die erste Voraussetzung für eine Kultur der Freiheit, die im Grundgesetz angelegt war, aber in den folgenden Jahrzehnten, den Sechziger- und Siebzigerjahren zumal, erst langsam in der Gesellschaft wachsen und sich in Auseinandersetzungen bewähren musste. Erst unfreiwillig, dann aber immer mehr aus eigener Überzeugung fanden die Deutschen wieder den Anschluss an die demokratische Freiheitstradition der westlichen Welt. Es hat über Jahrzehnte, auch während der so gern beschworenen »Wirtschaftswunderzeit«, heftiger intellektueller und politischer Kontroversen um die Freiheit bedurft, um das für die Bundesrepublik zu erreichen. In seiner Rede vom 8. Mai 1985 konnte Bundespräsident

Richard von Weizsäcker das von vielen lange noch als nationale Niederlage empfundene Kriegsende endgültig in die Perspektive der Befreiung rücken: »Es gab keine ›Stunde null‹, aber wir hatten die Chance zu einem Neubeginn. Wir haben sie genutzt, so gut wir konnten. An die Stelle der Unfreiheit haben wir die demokratische Freiheit gesetzt.« In der DDR wurde der 8. Mai traditionell als Tag der Befreiung begangen. Die demokratische Freiheit haben sich die Bürgerinnen und Bürger später selbst erstritten.

Wer in der Aufarbeitung der Vergangenheit eine Last sieht, hat meines Erachtens die deutsche Emanzipationsgeschichte und übrigens auch die europäische Einigungsgeschichte des 20. Jahrhunderts nicht begriffen. Sie leben geradezu von der rückhaltlosen historischen Aufklärung und vom Ausgang aus selbst verschuldeten Katastrophen. Bis heute gehört das selbstkritische Fragen nach dem Fortwirken der Vergangenheit in der Gegenwart zu den Pflichtaufgaben unseres politischen Denkens und Handelns. Wie sehr wir uns hüten müssen, einem Schlussstrich das Wort zu reden, zeigt das langwierige Bemühen um eine Entschädigung der Opfer des Nationalsozialismus. Ich selbst habe noch als Chef des Bundeskanzleramts in den Jahren 1998 und 1999 bei der allzu lange offengebliebenen Regelung der Zwangsarbeiterentschädigung mitwirken können. Über Jahrzehnte hatte sich unser Land nicht imstande gesehen, diese große Gruppe von Opfern, alte, oft schon gebrechliche Menschen, an seiner ansonsten vorzeigbaren Wiedergutmachungspolitik teilhaben zu lassen. Am Ende gelang es in einer großen gemeinsamen Anstrengung von Politik und deutscher Wirtschaft, auch an dieser Stelle tätiges Erinnern zu üben. Ähnlich sehe ich das Holocaust-Mahnmal in Berlin. Wir sollten diese Form, der Erinnerung einen würdigen Ort im Herzen der deutschen Hauptstadt zu geben, nicht mit Bedeutungen überladen, aber auch nicht geringschätzen. Ich glaube, wir brauchen diesen Ort, ebenso den Libeskind-Bau des Jüdischen Museums in Berlin, gleichwohl sie die praktischen Bemühungen um die Verständigung mit den noch lebenden Opfern und ihren Angehörigen nicht ersetzen können. Die Übernahme historischer Verantwortung gehört in unserem Land zur demokratischen Kultur.

Bei allen Gefährdungen, denen unsere Demokratie ausgesetzt ist, meine ich doch: Wir haben im geeinten Deutschland eine Menge erreicht. Ich bin zuversichtlich, dass wir – wir alle, Starke und Schwache, Reiche und Arme, hier Geborene und Eingewanderte – den Weg der Freiheit gemeinsam und solidarisch weitergehen können. Ich mache Politik, weil ich weiß, dass Wirtschaft dafür wichtig ist, aber ich bin mir sehr wohl bewusst, dass Deutschland als freiheitliche Nation mehr ist als ein Standort. Um das zu begreifen und politisch zu bekräftigen, brauchen wir eine national erkennbare Kulturpolitik, die nicht in Konkurrenz zur Kulturhoheit der Bundesländer tritt, aber sehr wohl manchen Provinzialismus, manche regionale Eifersüchtelei überwindet und sich zutraut, für das Ganze zu sprechen. Die 1998 mit Staatsminister Michael Naumann begonnene Ära der Bundeskulturpolitik bedeutet einen wichtigen Neuanfang. Kultur in Deutschland braucht herausgehobene Repräsentanten, Institutionen, Ansprechpartner und Förderer. Ebenso wie das bürgerschaftliche Engagement von mehr als drei Millionen Ehrenamtlichen in den zahlreichen Kunstvereinen, in Stiftungen und Verbänden.

Dieses Zusammenwirken von Zivilgesellschaft und Staat ermöglicht Einrichtungen, in denen Literatur, Musik, bildende Kunst zu Hause sind, Theater, Museen und Denkmäler, in denen das Gelungene und das Furchtbare der deutschen Geschichte und Gegenwart, aber auch der Blick auf Trennendes und Verbindendes zu anderen Kulturen zum Ausdruck gelangen. Und es schafft architektonisch herausgehobene Orte, die symbolischen Charakter für unser Land haben. Zu dieser

Kulturlandschaft, die in der Welt einmalig ist und auf die wir zu Recht stolz sind, hat sich in den vergangenen Jahren ein neues Element gesellt, das mit einem etwas modischen Ausdruck *creative class* genannt wird: vitale Wirtschaftszweige mit neuen Formen von kreativer Arbeit und Arbeitsbedingungen, besonders in Film, Design oder Mode, die auf ihren Märkten erfolgreich sind. Auf sie ist unser institutioneller und gesetzlicher Rahmen noch nicht hinreichend eingestellt. Hier sollten wir in den nächsten Jahren dringend Abhilfe schaffen, weil wir nur so wichtigen Kulturträgern, Schriftstellern und Schauspielern und anderen kreativ Tätigen vernünftige Arbeits- und Lebensbedingungen bieten können.

Genutzt werden kann dieses kulturelle Angebot zugleich nur – und das ist der zweite Schluss, den ich ziehe –, wenn der Einzelne Zugang dazu hat. Das ist Aufgabe der kulturellen Bildung im Besonderen, die wir über lange Jahre vernachlässigt haben und die in einer Einwanderungs- und Integrationsgesellschaft nötiger ist denn je. Wir alle waren vor ein paar Jahren beeindruckt von Simon Rattles »Rhythm is it!« und kennen inzwischen auch andere Modellversuche von Berlin-Neukölln bis zur »School Tour« deutscher Popmusiker. Wir haben erkannt, dass musisch-kulturelle Bildung selbst dort noch wirksam sein kann, wo Sprache versagt. Ganz zu schweigen davon, dass Lernleistungen auch im Bereich Sprache und Mathematik durch Musik, Bewegung und Kunst verbessert werden. Vor allem aber sind die Künste für junge Menschen ein Raum des Möglichen, in dem die eigene Identität ausgebildet und erfahren wird, aber zugleich auch fremde Angebote und Identitäten akzeptiert und integriert werden können. Wir sollten in den nächsten Jahren eine große Initiative für die kulturelle Bildung von der frühkindlichen Erziehung bis zum Abitur auf Bundesebene starten.

Zugang und Teilhabe sind aber über die kulturelle Bildung hinaus eine Frage der Bildung in einem ganz allgemeinen Sinne. Ich habe das in meiner eigenen Biografie erlebt, und ich begreife meine Biografie dabei als Auftrag. Ich glaube fest daran, dass jeder Mensch neugierig und mit dem Willen zur Bildung geboren wird. Wir müssen diese Neugier fördern, Talente wecken und Kompetenzen entwickeln. Das bedeutet mehr, als jedem Kind einen Stuhl und einen Tisch in ein Klassenzimmer zu stellen. Die Gesellschaft muss jungen Menschen auch glaubhaft vermitteln: Wir wollen euch in unserer Mitte. Das Prinzip Bildung hat eine starke Eigendynamik, es rückt die Persönlichkeit in den Mittelpunkt, fördert ihre Urteils- und Entscheidungskompetenz, schärft ihre Kritikfähigkeit. Bildung eröffnet die Chance auf eine eigenständige und deswegen umso intensivere Beziehung zur Kultur – und auf die Teilhabe, weit über die Kultur hinaus, an den Möglichkeiten einer modernen Gesellschaft generell. Auch der Bildungsauftrag ist komplizierter geworden. Wir brauchen ein Bildungssystem, das auch aus nicht bildungsbürgerlichen Elternhäusern stammenden Kindern wieder mehr Chancen bietet. Nur so erweitern wir ihre Teilhabechancen. Bildung ist auf Emanzipation angelegt, sie erweitert die Freiheit des Einzelnen unmittelbar. Darin liegt eine zentrale Aufgabe von Bildungspolitik, die sich eben nicht in der Organisierung beruflicher Ausbildung erschöpft. Eine kluge Bildungspolitik verwirklicht auch den Anspruch, dass wir uns in der Demokratie als Gleiche begegnen, als Menschen, die in einer gemeinsamen Kultur leben.

Dieser enge Bezug zwischen Kultur und Bildung liegt ja unserem Selbstverständnis als einer Kulturnation längst zugrunde. Die zentrale Rolle der Bildungstradition ist seit der Weimarer Klassik und dem Idealismus, seit der Kulturpolitik der Brüder Humboldt unser deutsches Erbe. Und sie ist auch ein sozialdemokratisches Erbe, von den Arbeiterbildungsvereinen über die Schulreform der Weimarer Republik bis zum bildungspolitischen Aufbruch unter Willy Brandt. Dieses kulturelle und politische Erbe müssen wir in den nächsten Jahren wieder neu beleben. Zu viele Menschen in unserem Land sind derzeit von Bildung ausgeschlossen, ganz besonders jene, deren Eltern oder Großeltern erst in den letzten fünfzig Jahren nach Deutschland gekommen sind. Wenn wir diese Herausforderung bildungspolitisch ernst nehmen, können wir uns nicht darauf beschränken, nur über verbesserten Sprachunterricht nachzudenken. Ich glaube, in einer Einwanderungsgesellschaft muss die Schule stärker zu einer neuen »Schule der Nation« werden, sie muss die familiären, sozialen und kulturellen Strukturen der Einwanderer in den Blick nehmen und ihren Bildungsauftrag in diese Bereiche hinein weiterentwickeln.

Das scheint mir ein wichtiger Beitrag zu einem neuen Zusammengehörigkeitsgefühl der Menschen in Deutschland zu sein. Es bedeutet, »wir« sagen zu können, wenn von Deutschland die Rede ist. Als Ansammlung loser Enklaven, die sich als Außenposten anderer Nationen verstehen und womöglich noch gegenseitig bekämpfen, kann kein Einwanderungsland bestehen. Integration ist in diesem Sinne durchaus eine »Zumutung«: Sie stärkt die Einwanderer in ihrem Mut, in einem ihnen ursprünglich fremden Land eine Heimat zu finden, sie betont aber auch die eigenverantwortliche Anstrengung, sich in Deutschland zu beheimaten. Unser Freiheitsverständnis ermöglicht das, fordert aber auch, aus dem Kreis einer geschlossenen Herkunftstradition herauszutreten und vor allem durch Spracherwerb die Teilhabe an einer gemeinsamen Kultur in unserem Land zu suchen. Daraus lässt sich im Zweifelsfall ein klarer Standpunkt entwickeln. Ich sehe keine Gefahr eines kulturellen Relativismus heraufziehen und kann auch nicht erkennen, dass sich die deutsche Kultur auflöst. Schon gar nicht rede ich einem naiven Multikulturalismus das Wort. Eine Kultur der Freiheit ist keine Kultur der Beliebigkeit. Sie nimmt nicht hin, wenn unter dem Mantel der kulturellen Freizügigkeit die Freiheit selbst in Frage gestellt wird. Dass bei uns Meinungsfreiheit herrscht, heißt ja nicht, dass wir die Werte, für die wir stehen, nur mit einem Augenzwinkern verträten.

Die kulturelle Erzählung unseres Landes handelt von historischer Verantwortung, von Katastrophe und Neubeginn, von Krieg und Friedenssuche, von selbst verspielter und wiedergewonnener Freiheit, von Demokratie und Menschenrechten, von regionalen Unterschieden samt Lebensformen, die einander dennoch nicht ausschließen, von religiösen Bekenntnissen, die das Miteinander gelernt haben, dem katholischen, dem evangelischen, dem jüdischen – und mehr und mehr auch dem muslimischen. Sie zumindest zu kennen ist nicht zu viel erwartet. Sie in ihrer Konsequenz zu verstehen heißt, den gemeinsam geteilten Raum der Demokratie mit Respekt zu betreten. Ich will das nicht idealisieren. Der Alltag hat seine Härten. Die Konflikte um den Schulbesuch samt Sexualkundeunterricht, Sportstunde und Teilnahme an einer Klassenfahrt oder auch die Stimmung in einem Klassenzimmer mit arabischstämmigen Jugendlichen, wenn der Geschichtslehrer den Nahostkonflikt zu vermitteln sucht – überall dort wird die Frage aktuell, ob wir eine gemeinsame Kultur überhaupt überzeugend in Aussicht stellen können. Es kostet Lehrerinnen und Lehrer unendliche Mühe, eine gemeinsame Sprache zu finden, selbst wenn alle Deutsch sprechen. Viele Lehrerinnen und Lehrer in unserem Land leisten hier hervorragende Arbeit. Sie bahnen den Weg zu Schulen als Orten einer gemeinsamen kulturellen Praxis, und genau diese Schulen brauchen wir. Deswegen finde ich es auch so wichtig, dass immer mehr Lehrerinnen und Lehrer mit sogenanntem Migrationshintergrund unterrichten. Sie sind Vorbilder und Vermittler einer gemeinsamen Geschichte.

Unsere deutsche Erzählung handelt schließlich schon seit Jahrhunderten vom schmerzhaften Kompromisseschließen und von der Integration des Fremden in einem besonders dicht besiedelten Gebiet Mitteleuropas, vom Dulden und Seinlassen, vom Zusammenraufen und vom gemeinsamen Aufbauen. Vielleicht sind wir Deutschen dadurch charakterisiert, dass wir besonders viel über uns lernen mussten, mehr als andere Völker, auch über unsere dunklen Seiten. Aber auch: gelernt *haben*. Das ist eine Haltung, die sich durchaus auch Einwanderern vermittelt. Jemand, der aus der alten Heimat zu Besuch kommt, wundert sich gelegentlich: »Mensch, seid ihr deutsch geworden«, wenn er hört, wie kritisch seine jetzt in Deutschland lebenden Verwandten über ihr Herkunftsland urteilen. Umgekehrt können wir manchmal von Einwanderern, die sich mit Deutschland identifizieren, neu und mit neuem Enthusiasmus lernen, wie viel Gutes unsere Geschichte und unsere Kultur enthalten. Das ist keineswegs immer ein einfacher Weg. Aber auch das Schwierige und Besondere haben ihre Bedeutung und Berechtigung, und es ist nichts Falsches daran, wenn unsere Kultur auch Anstrengungen abfordert.

Mühe ist eine Quelle von Begeisterung und Interesse. Antworten auf Fragen findet man oft beim zunächst Fernliegenden, Unverständlichen, das man sich selbstständig angeeignet hat, und ich bin durchaus der Meinung, dass sich die Beschäftigung mit den Klassikern unserer Kultur auch unter diesem Blickwinkel heute lohnt. Die beiden Humboldts, auch weil sie bewiesen haben, dass Geistes- und Naturwissenschaften komplementär aufeinander bezogen sind, bleiben für mich dafür ein Beispiel. Eine komplexe Wissensgesellschaft, die nicht nur dem kurzfristigen wirtschaftlichen Erfolg nachläuft, sondern Modernität und Menschlichkeit miteinander zu verbinden sucht, könnte sich an solchen Vorbildern orientieren, und ich begrüße es ausdrücklich, wenn Deutschland in der Mitte von Berlin mit dem Humboldt-Forum einen Platz schaffen wird, an dem die Schätze der Vergangenheit, die auf der Museumsinsel versammelt sind, in einen lebendigen Austausch mit aktuellen und vor allem außereuropäischen Positionen treten. Denn in den Augen der Welt ist ja nicht nur von Interesse, was wir im Laufe der Zeit als kulturelles Vermächtnis angesammelt haben und zeigen wollen. Zum Bild von uns, das wir den anderen präsentieren, gehört auch die Art und Weise, wie wir unsere Bestände aktualisieren, wie wir mit ihnen leben, sie in Bezug setzen zu aktuellen Phänomenen, kurz: wie wir unser Selbstverständnis im Lichte neuer historischer Konstellationen verändern.

Nationalkultur ist nichts Statisches, sie ist ein zeitgebundenes Phänomen, etwas, das sich in jedem Augenblick bildet, immer wieder neu – und auf das wir folglich auch Einfluss haben. Wir *wollen* sie ja gerade fortentwickeln. Auch das ist unsere nationale Kultur: wie wir vor einem Weltpublikum unsere Vergangenheit fortschreiben und in eine europäische und eine Weltgeschichte einordnen. Dazu gehört auch der besonders enge Bezug, den wir Deutsche zur Zeitgeschichte pflegen; wie wir vor diesem Hintergrund mit Migration und fremd erscheinenden Kulturen umgehen; wie wir Krisen bewältigen, die unsere Bevölkerung belasten; wie wir uns auf den Weltmärkten präsentieren und in den internationalen Gremien der Politik; wie wir mit Überlebensfragen der Menschheit umgehen; ob wir den moralischen Ansprüchen, die unsere Außen-, Klima- und Energiepolitik enthält, auch selbst gewachsen sind. Hier beginnt der kulturelle Dialog jenseits unserer nationalen Grenzen. So verändert das Globale unser Selbstbild.

Als Außenminister sehe ich oft, wie hoch das Ansehen Deutschlands in der Welt ist, wie hoch unsere Glaubwürdigkeit, unsere Verlässlichkeit eingeschätzt werden und wie hoch das Vertrauenskapital ist, das wir uns politisch und ökonomisch erworben haben. So nehmen wir teil an einer langsam sich herausbildenden Weltkultur, die hoffentlich eine Kultur im Bewusstsein von Freiheit und Gleichheit wird. Unsere kulturellen Prägungen erkennen andere auch in unserer Form von Rechtsstaatlichkeit, sie erkennen sie in unserer Verfassungskultur, in unserer Gesetzgebung. »Recht und Ordnung«, das ist keineswegs ein Mangel, sondern viele Länder lassen sich von uns beraten, wenn es um die Einrichtung oder die Reform von Rechtssystemen geht. Voraussetzung dafür sind auch unsere Dialogfähigkeit und Bereitschaft zum Kooperieren selbst mit schwierigen Partnern. Ich habe meine Erfahrungen mit Publizisten, die in hochmoralischem Pathos immer wieder fordern, eine forschere Gangart zu wählen und mit harter machtpolitischer Sohle aufzutreten. Doch nicht der Gestus des Wanderpredigers ist hier gefragt, sondern ein Pragmatismus aus Sittlichkeit. Der politischen Urteilskraft und der Geschicklichkeit bleibt dabei ein beträchtlicher Spielraum erhalten. Damit verbindet sich natürlich die Hoffnung, dass die äußerliche Veränderung staatlicher und gesellschaftlicher Praktiken auf längere Sicht auch Einstellungsänderungen nach sich ziehen wird. Wenn uns insgesamt, unseren Ideen und Haltungen, unseren Institutionen und Unternehmen so viele positive Eigenschaften zugeordnet werden, dann ist das für mich auch Bestätigung einer Nationalkultur, die keine Angst vor der Moderne hat und sich mutig nach vorn entwirft, die neugierig, weltoffen und weltgewandt ist – und an der wir in allen Bereichen weiter arbeiten sollten.

Kapitel 5

Energie der Zukunft
Der Schlüssel für den Wohlstand
von morgen

Es wird nach dem, was schon in den vorigen Kapiteln zur
Sprache kam, niemanden überraschen, wenn ich einem politischen Thema ein eigenes Kapitel widme: Energiesicherheit
und Klimaschutz. Ein großes Thema, vielleicht das größte,
mit dem wir es in naher Zukunft zu tun haben werden. Es
hat mich über mein gesamtes politisches Leben begleitet, und
es hat in den letzten Jahren stetig an Bedeutung gewonnen.
Eine Anekdote zu Beginn: Ich erinnere mich, wie ich im Januar 2006 meine erste Rede vor der Münchner Sicherheitskonferenz hielt. Die Konferenz tagte im »Bayerischen Hof«,
einem verwinkelten Hotelbau, dem man bei genauem Hinse-
hen seine Tage auch schon ansieht. Im Saal saßen viele ältere Herren, wenige Frauen. Das Thema lautete: »Die Zukunft
der transatlantischen Beziehungen«. Ich sagte damals sinnge-
mäß, dass die klassische Sicherheitspolitik bei aller bleibenden
Bedeutung ergänzt werden müsse um neue Felder der transatlantischen Zusammenarbeit. Und ich fügte an, das künftige
Verhältnis zwischen Europa und den USA hänge ganz entscheidend davon ab, ob wir bei Zukunftsthemen wie Energiesicherheit und Klimaschutz wieder eine gemeinsame Sprache
fänden. Der damalige Leiter der Sicherheitskonferenz, Horst
Teltschik, ehemaliger Mitarbeiter Helmut Kohls im Kanzleramt und Repräsentant der Weltsicht, die 1990 mit dem Ende
der Blockkonfrontation ihren Anker verloren hat, kommen-

tierte danach maliziös: »Ich habe den Eindruck, dass hier der deutsche Umweltminister gesprochen hat.« Wenn es noch eines Beweises bedurfte, dass das alte Sicherheitsestablishment nicht mehr auf der Höhe der Zeit war – hier war er erbracht. Denn Klimaschutz und Energiepolitik sind inzwischen auf das Engste mit Fragen der internationalen Sicherheit verzahnt.

Das erleben wir in immer kürzeren Abständen: Der winterliche Gasstreit zwischen Russland und der Ukraine eskaliert mittlerweile regelmäßig. Im Januar 2009 waren viele Länder Europas mitten im kältesten Winter ohne Gas. Der drastische Anstieg der Öl- und Gaspreise 2008 hat jedem einzelnen Haushalt in Deutschland unsere Abhängigkeit von den knappen fossilen Brennstoffen drastisch vor Augen geführt. Daneben sehen wir auch die Auswirkungen des Klimawandels: Viele der schrecklichen Konflikte in Afrika haben mit den Folgen von Versteppung und Wassermangel zu tun. Verheerende Stürme nehmen zu. Wir erinnern uns an die Spur der Verwüstung, die der Hurrikan »Katrina« im Süden und Südosten der USA hinterlassen hatte. Er kostete mehr Menschen das Leben als die Anschläge vom 11. September 2001. Hunderttausende Menschen wurden damals obdachlos. Aber auch unser Kontinent spürt bereits die Folgen des Klimawandels: Im Januar 2007 legte der Orkan »Kyrill« halb Europa lahm. Und im Januar 2009 fegte der Orkan »Klaus« mit über 200 Stundenkilometern über den Südwesten Frankreichs und über Spanien hinweg und forderte mehr als zwanzig Todesopfer. Zwischen Erderwärmung und Energieverbrauch besteht ein unabweisbarer Zusammenhang. Für uns alle ergibt sich daraus die Frage, wie wir in Zukunft unsere Energie effizient und verantwortlich einsetzen wollen, und zwar auch so, dass sich daraus keine ernsthaften Konflikte um den Zugang zu Energiequellen unter den Nationen entwickeln.

Die Erwartungen, dass unsere Wirtschaft weiter auf Wachstumskurs bleibt, dass ungeachtet aller Krisen unser Wohlstand

weiter wächst und wir weiter ein Produktionsstandort bleiben –
alle diese Hoffnungen sind mit der Energiefrage auf die eine
oder andere Weise verknüpft. Eine ausreichende Versorgung
mit fossilen oder regenerativen Energieträgern wird noch über
einen langen Zeitraum darüber entscheiden, ob sich unsere
Volkswirtschaft im internationalen Wettbewerb behaupten
kann. Wir brauchen Wachstum, denn Wachstum bedeutet Arbeit, Wohlstand und sozialen Fortschritt. Aber dieses Wachstum muss nachhaltig sein. Es darf nicht auf Kosten unserer
Kinder und Enkel erwirtschaftet werden. Ob unsere Kinder
im Jahr 2050 noch Schnee auf der Zugspitze oder einen Glet-
scher auf dem Montblanc erleben können, hängt davon ab,
für welche Energiepolitik wir uns heute entscheiden. Und es
hängt davon ab, ob es uns gelingt, auf die Energie- und Um-
weltpolitik etwa in China, Indien, aber auch in vielen anderen Schwellenländern Einfluss zu nehmen, in denen sich die
Menschen jetzt zum ersten Mal aus eigener Kraft ihren Wohlstand erarbeiten.

Die Erwärmung des Erdklimas wird sich zuerst an Orten
auswirken, die uns geografisch fern liegen. Sie äußert sich in
Naturkatastrophen und schleichenden Veränderungen der Geo-
grafie, die manchmal, aber nicht immer unsere Schlagzeilen
beherrschen. In Wirklichkeit sind diese fernen, von Dürre,
Stürmen und Überflutungen heimgesuchten Gegenden uns
aber ganz nah, menschlich und politisch, wirtschaftlich ohnehin. Knapp zweihundert Jahre industrielle Produktion in den
entwickelten Ländern drohen die Welt an den Rand einer
Klimakatastrophe zu führen. Wenn wir vermeiden wollen, dass
Unwetter und Dürren die Erde heimsuchen, wenn wir verhindern wollen, dass sich an manchen Orten die Wüsten ausbreiten, an anderen ganze Länder im Ozean versinken, wenn wir
uns davor schützen wollen, dass das Weltklima unser größter
und unbesiegbarer Feind wird, dann müssen wir etwas dagegen unternehmen. Allerdings ist der Zeitraum kurz bemessen,

in dem wir im vernünftigen Miteinander, vielleicht sogar als Weltgesellschaft, noch etwas verhindern können. Es hat keinen Sinn, die Prognosen der Klimaforscher spitzfindig in Zweifel zu ziehen. Die Weichen für einen wirkungsvollen Klimaschutz zu stellen – und das kann heute nur noch heißen, die Beschleunigung der Erderwärmung zu verlangsamen – ist eine der wichtigsten Aufgaben unserer Generation. Wenn uns das nicht gelingt, haben wir als vernunftbegabte Wesen vor den Augen der Weltgeschichte versagt.

Ob wir die Auswirkungen des Klimawandels tatsächlich abmildern, hängt wesentlich von unseren Antworten auf Fragen wie die folgenden ab: Wie viel Strom werden wir in Zukunft verbrauchen? Und auf welche Weise werden wir ihn erzeugen? Wir werden uns fragen müssen, womit unsere Autos fahren und was uns Mobilität in Zukunft wert ist. Es wird uns noch mehr als heute beschäftigen, wie wir unsere Häuser dämmen und wie viel Energie unsere Waschmaschinen verbrauchen. Und zwar nicht nur, weil es uns im Portemonnaie wehtut, sondern auch, weil es Folgen für unser Klima hat. Ob wir unseren Bedarf weiterhin vor allem aus Öl und Gas decken können, mit zwei Rohstoffen, die knapper und trotz schwankender Preise tendenziell sehr viel teurer werden dürften, ist eine ganz entscheidende Frage. Und daran schließt sich die nächste an: Womit wollen wir die fossile Energie am Ende ersetzen? Ich will gar nicht beschönigen, dass sich zwischen Klimaschutz und notwendiger Energiesicherheit ein zeitweiliger Zielkonflikt auftut, solange wir noch so sehr wie heute auf fossile Energieträger angewiesen sind. Wir werden die Zukunft nicht gewinnen, wenn es uns nicht gelingt, Ökonomie und Ökologie miteinander zu versöhnen. Wer hier einen unüberbrückbaren Gegensatz behauptet, verspielt unsere Zukunft. Aber ich gebe auch zu: Hier tragfähige Kompromisse zu finden erfordert viel Kreativität. Die Lösungen liegen nicht auf der Hand, sondern müssen in einem mühsamen gesellschaftlichen Prozess erarbeitet werden.

Im zweiten Kapitel habe ich kurz dargestellt, warum der Atomkonsens notwendig war. Er markierte den Anfang einer energiepolitischen Neuorientierung, deren grundsätzliche Richtigkeit heute nicht einmal von hartgesottenen Atom-Befürwortern in der Union infrage gestellt wird. Denn mit dem Ausstieg aus der Kernkraft war es ja nicht getan. Der Ausstieg war für sich genommen noch keine zureichende Antwort auf die Frage nach einer sicheren Versorgung mit Energie. Wer die Atomenergie aus guten Gründen nicht will, muss auch etwas für die Energien von morgen tun. Schon in meiner niedersächsischen Zeit unterstützten wir deshalb die damals sehr kleinen Firmen, die an der Nordseeküste Windräder aufstellen wollten. So bescheiden die Anfänge auch waren – es hat sich gelohnt. Inzwischen sind diese Unternehmen kräftig gewachsen; die Windkraft ist heute ein wichtiger Bestandteil unseres Energiemixes – und die Technologie hierzu wichtiges deutsches Exportgut.

Als politisch bewegter Post-68er kann ich ermessen, wie sehr sich die deutsche Gesellschaft in der Auseinandersetzung mit dem Thema Klima und Energie weiterentwickelt hat. Es könnte sein, dass dies der vielleicht wichtigste Beitrag meiner Generation zum Wandel der Mentalitäten ist. Und dieser Mentalitätswandel war angesichts der heute bekannten Bedrohungen dringend notwendig. Was vor dreißig Jahren noch das unbotmäßige Verhalten weniger Protestierer war, was nur belächelte Umweltaktivisten zu fordern wagten, ist heute Regierungspolitik. Da ist eine Menge in Gang gekommen. Das Thema ist von den Protesträndern in die breite Mitte der Gesellschaft gewandert, aus den Expertenwelten in die breite Öffentlichkeit, ja in die Höhen der Weltpolitik.

Interessant ist die Tatsache, dass der Boom der erneuerbaren Energien von kleinen und mittleren Unternehmen getragen wird. Dass wir in Deutschland über ein hoch entwickeltes Umweltbewusstsein verfügen, nützt der Branche. Der deutsche

»Umwelt-Mittelstand« verfügt über ein solides Fundament an jungen Ingenieuren und Wissenschaftlern. Seine Bereitschaft, in Forschung zu investieren, ist groß. Dass wir in der Verfahrenstechnik und im Anlagenbau traditionell stark sind, sorgt auch für Synergien mit anderen industriellen Sparten. Ob es um Systeme für eine vollautomatische Mülltrennung geht oder um Nano-Filter für die Trinkwasseraufbereitung oder um Anlagen zur Energiegewinnung aus Klärschlamm – das sind die Exportgüter von morgen. In diesen Bereichen hält Deutschland jetzt schon einen Anteil von 16 Prozent am Welthandel. Wir sind der größte Exporteur von Umweltschutzgütern. Fast zwei Millionen Menschen sind heute in der Branche beschäftigt. Ganz optimistische Prognosen sagen voraus, dass die Öko-Branchen im Jahr 2020 mehr Beschäftigte haben werden als die Autoindustrie; dem Anlagen- und dem Maschinenbau werden sie neue Impulse verleihen. Der Markt ist riesengroß: Viele der chinesischen Städte gehören heute noch zu den schmutzigsten der Welt, und die Chinesen wissen genau, dass die Lebensqualität dort sehr zu wünschen übrig lässt. Die Proteste gegen die beklagenswerten Umweltbedingungen in den Städten nehmen jedes Jahr zu. Ihr Energiebedarf steigt jährlich um 20 Prozent an, und auch in diesen Städten wird Strom und Benzin gespart werden müssen. Berechnungen sagen bis 2020 eine Verdoppelung des globalen Marktes für Umwelttechnik voraus, mit Umsätzen von 2,2 Billionen Euro. China und andere aufstrebende Volkswirtschaften bei der Wasserreinigung, bei der Luftreinhaltung oder bei der Einrichtung einer Kreislaufwirtschaft zu unterstützen birgt riesige Potenziale, wirtschaftliche, aber auch politisch-gesellschaftliche.

Die deutsche Energiepolitik kreiste noch in den Fünfzigern und Sechzigern um Organisationsfragen der heimischen Kohleförderung. Erst seit dem Ölpreisschock von 1973 steht die Versorgungssicherheit Deutschlands im Mittelpunkt. Helmut Schmidt stellte im September 1973 das erste Energieprogramm der Bundesregierung vor. An seiner Zielsetzung hat sich bis heute eigentlich nichts geändert: »Grundziel der Energiepolitik der Bundesregierung ist die Verwirklichung einer Energieversorgung, bei der ein auf die Bedürfnisse der Verbraucher ausgerichtetes ausreichendes Energieangebot sichergestellt ist, die mittel- und langfristig sicher ist, die zu möglichst günstigen volkswirtschaftlichen Gesamtkosten auf lange Sicht erfolgt und die den Erfordernissen des Umweltschutzes Rechnung trägt.«

Auf dieser Basis handelten alle nachfolgenden Regierungen – allerdings nicht immer im vollen Bewusstsein dessen, dass es zwischen Wettbewerbsfähigkeit und Umweltverträglichkeit einen Interessenkonflikt gibt. Dass die Industriestaaten irgendwann an ihre ökologischen »Grenzen des Wachstums« stoßen würden, prognostizierte der Bericht des Club of Rome bereits 1972. Seither steht auch der Klimaschutz auf der globalen Tagesordnung, wenn auch am Anfang nicht sehr prominent. Zwanzig Jahre später riefen die Vereinten Nationen die Staats- und Regierungschefs dieser Welt zum Umweltgipfel nach Rio de Janeiro, wo erstmals eine international abgestimmte Klimaschutzvorsorge beschlossen wurde. Im Kyoto-Protokoll von 1997 verpflichteten sich dann die größten Industrienationen, ihren Energieverbrauch real zu drosseln. Als wichtigstes Instrument dazu definierte das Kyoto-Protokoll den Emissionshandel, der einen Knappheitspreis für Treibhausgase ermitteln soll. Wir haben in Europa ein solches Handelssystem geschaffen. Vor dem Hintergrund jährlicher Emissionsobergrenzen eines jeden Staates werden Verschmutzungsrechte in Europa verteilt oder versteigert. Der Emissionshandel ist, wenn man so will, ein von der Politik gezogener Rahmen, um die ökologische Selbstregulierung des Energiemarktes in Gang zu bringen.

Im Jahr 2000 legte die rot-grüne Bundesregierung dann das Erneuerbare-Energien-Gesetz vor, mit dem die Erschließung regenerativer Energien zur Stromerzeugung gefördert wird. Damit waren wir Trendsetter. Über vierzig Staaten weltweit orientieren sich inzwischen an diesem Gesetz. In so fernen Ländern wie Brasilien, Chile oder Südafrika werde ich immer wieder auf unsere Förderpraxis angesprochen. Der Ruf Deutschlands als Vorreiter beim Klimaschutz ist mittlerweile fest etabliert, Umwelttechnik »Made in Germany« der neue Exportschlager. Ein Jahr darauf folgte das Gebäudesanierungsprogramm, mit dem wir beim Hausbau Maßnahmen zur Wärmedämmung unterstützen. Auch hier haben wir weltweit Maßstäbe gesetzt. Im Jahr 2002 folgte das Gesetz zur Kraft-Wärme-Kopplung. Ebenfalls 2000 hatte die rot-grüne Bundesregierung ein erstes Klimaschutzprogramm verabschiedet, das wir 2005 erneuerten. Es besteht aus einem Mix aus staatlichen Regulierungen, steuerlichen Anreizen und Marktinstrumenten. All das waren wichtige Weichenstellungen. Dass sie schon ausreichten, würde jedoch kaum einer behaupten.

Wie die Energiewelt aussieht, in der wir in fünfzig Jahren leben werden, lässt sich in Modellrechnungen skizzieren. Wir können natürlich so weitermachen wie bisher. Das heißt dann, alle Schlote rauchen, und alle Länder entwickeln sich klimapolitisch, wie es gerade kommt; wir bauen die Kernkraft aus und bedienen uns nach Herzenslust am restlichen Gas und Öl. Das läuft dann auf ein Schreckensszenario hinaus. Wenn wir aufs Gaspedal drücken und gleichzeitig die Scheuklappen anlegen, ist die ökologische Katastrophe vorprogrammiert. Experten rechnen damit, dass Öl und Gas schon bei einem gleichbleibenden Wachstum nur noch etwa vierzig bis sechzig Jahre ausreichend verfügbar sind, bei höherem Wachstum verkürzt sich die Frist entsprechend. Auch das wirtschaftliche Desaster ist dann vorprogrammiert. Wir können dagegen einwenden: Dann muss man eben zusätzlich in regenerative Energien investieren, um den Mehrbedarf zu decken. Ich sage: Das allein wird den Preisanstieg kaum verlangsamen und die ökologische Katastrophe nicht verhindern. Nur ein umfassender

Ansatz hat Aussicht auf Erfolg: Wir müssen erstens unseren Gesamtenergieverbrauch senken. Wichtigstes Mittel ist dabei die Steigerung der Energieeffizienz. Wir müssen zweitens die erneuerbaren Energien weiter ausbauen und Netze sowie den Energiemix entsprechend anpassen. Und wir müssen drittens einen internationalen Ordnungsrahmen schaffen, der verbindliche Vorgaben macht und auf Energiepartnerschaften und Technologietransfer setzt. All das wird nicht von heute auf morgen gelingen, aber allzu viel Zeit haben wir nicht. Wir müssen mit aller Kraft daran arbeiten, den Klimaschutz mit einer vernünftigen Ressourcen- und Industriepolitik zu vereinbaren. Wer Klimapolitik zu Lasten von Wachstum und Arbeitsplätzen betreibt, wird auf Dauer nicht erfolgreich sein. Wer auf sie verzichtet und auf ein bloßes »Weiterso« setzt, ist noch schneller am Ende.

Meine ersten Stichworte heißen Senkung des Gesamtenergieverbrauchs und Energieeffizienz: Der sorglos-verschwenderische Umgang mit Strom und Brennstoffen muss aufhören. Die Internationale Energieagentur IEA präsentierte in ihrem »World Energy Outlook« von 2008 ein Szenario, das bei Verzicht auf Maßnahmen zur Treibhausgasreduzierung einen Anstieg der Erderwärmung bis 2030 um sechs Grad Celsius voraussagt! Wenn der Anstieg nur zwei Grad betragen soll – und das ist unser ehrgeiziges Ziel –, liegt auf der Nachfrageseite der Anteil von Energieeinsparungen an der Reduktionsmenge bei 54 Prozent. Energieeffizienz ist also die erste und wichtigste Voraussetzung einer wirksamen Klimaschutzstrategie. Die Mittel und Methoden sind bekannt: hocheffiziente Kraftwerke, besser isolierte Häuser, verbrauchsarme Autos, Strom sparende Verfahren, Maschinen und Elektrogeräte. Deshalb ist der Ausbau der Kraft-Wärme-Kopplung ohne Alternative, deshalb brauchen wir weitere Verbesserungen beim Gebäudeenergiepass, deshalb wollen wir eine umfassende Kennzeichnungspflicht hinsichtlich des Verbrauchs von Haushaltsprodukten einführen. Das alles sind Maßnahmen, die in einem Effizienzszenario bereits berücksichtigt sind. Aber wir müssen weitergehen, noch ehrgeiziger sein. Wenn wir die Klimakatastrophe verhindern wollen, müssen wir die Energiewende beschleunigen und auch andere Länder dazu ermuntern, eine solche Wende einzuläuten. Nur wenn wir die Vorreiter bleiben, können wir auch die Menschen in den Schwellenländern auf den Klimaschutz verpflichten. Dabei sind wir ja nicht nur das gute Beispiel, das vorangeht, sondern wir zählen auch zu den Hauptverursachern. Wer seit hundert Jahren Auto fährt, wer Hallenschwimmbäder und Billigflüge in die ganze Welt als selbstverständlichen Teil seines Lebens ansieht, der kann ja jemandem in China nicht ernsthaft den Kühlschrank verbieten.

Der Ausstoß von Treibhausgasen soll in Deutschland bis 2020, gemessen am Basisjahr 1990, um 40 Prozent reduziert werden. Die Energieeffizienz steigt bei uns allerdings pro Jahr nur um weniger als zwei Prozent. Das ist zu wenig. Wenn wir unser ehrgeiziges Einsparziel erfüllen wollen, müssen wir pro Jahr drei Prozent einsparen. Das wird allerdings nicht allein über staatliche Regulierungsmaßnahmen gehen. Es wäre nicht sinnvoll, wenn der Staat den Verbrauch der Menschen argwöhnisch regelt und überwacht. Was nützt es, dem Häuslebauer vorzuschreiben, wie viel Solarenergie er in seinem Haus genau einsetzen muss? Ich denke, keiner will unter einem verbrauchspolizeilichen Kontrollregime leben. Zu viel staatlicher Druck fördert am Ende falsches Verhalten. Wir werden unser Ziel nur erreichen, wenn wir noch sehr viel mehr auf das Mittel des wirtschaftlichen Anreizes setzen – auch im Baubereich. Energieeinsparung muss zu einem Markt werden – die Spezialisten reden in diesem Zusammenhang von »Effizienzmärkten«. Wer Energie spart, wird belohnt, indem er seine Kosten senkt. Auch steuerliche Anreize sind in diesem Zusammenhang denkbar. Nicht nur unter Klimaschutzgesichtspunkten ist es sinnvoll, einen Strom sparenden Kühlschrank zu kaufen – er macht sich nach wenigen Jahren auch bezahlt. Genauso verhält es sich mit der Dämmung am Haus. Im Augenblick entstehen ganz neue Branchen, die Energieeffizienz als Wettbewerbsvorteil ins Feld führen können. Durch bessere Information des Verbrauchers können wir die Nachfrage stimulieren. In Jena habe ich mir angeschaut, wie Licht mit einem Siebtel des heutigen Energieaufwands entstehen kann. Das ist ein Quantensprung bei der Einsparung – und dazu noch »Made in Ostdeutschland«. Solche Entwicklungen brauchen wir mehr – und sie müssen schneller an den Markt. Modellkommunen müssen schnell entstehen, die ihre Straßenbeleuchtung auf LED-Technik umstellen und den Nachweis der Machbarkeit liefern.

Einsparpotenziale gibt es viele, in privaten Haushalten, bei der Modernisierung des Kraftwerkparks, durch Kraft-Wärme-Kopplung oder mit neuen Antriebstechniken. Wenn es gelingt, Alternativen zu konventionellen Kraftstoffen und Antrieben zu entwickeln, werden sich auch für die Automobilindustrie wieder bessere Absatzchancen eröffnen. Aber auch bei Benzin- und Dieselmotoren sind weitere Effizienzsteigerungen möglich – sehr schnell brauchen wir jetzt ein deutsches Drei-Liter-Auto auf dem Markt, sonst droht unsere Autoindustrie in der Rezession abgehängt zu werden. Die Chinesen beispielsweise warten auf solche Autos, deshalb suchen sie nach Kooperationen unter Forschern und Ingenieuren, auf der Suche nach neuen Antriebstechniken und synthetischen Kraftstoffen. Wir Deutschen können in Asien mit guten Chancen für unsere Problemlösungen werben. Wir haben bereits die attraktive Umwelttechnik und auch die entsprechende Expertise im Forschungsbereich. Wir können unsere Erfahrungen mit der Entkopplung von Wirtschaftswachstum, Ressourcenverbrauch und Kohlendioxidemission weitergeben. Wir können den Schwellenländern helfen, ihr Wachstum und ihren Lebensstandard zu steigern und trotzdem weniger Energie einzusetzen. Wir können sie dabei unterstützen, ihre Energieeffizienz zu erhöhen, selbst wenn ihr Bedarf steigt.

Die neue grüne Industrie, die sich bereits seit etwa drei Jahrzehnten parallel zum Umweltbewusstsein in Deutschland entwickelt, sucht nach Lösungen für fast alle Probleme der Ver- und Entsorgung, die in modernen Gesellschaften aufkommen. Deutschland liegt in der gesamten Umwelttechnologie ganz weit vorn, das wirtschaftliche Potenzial bei der Energieeffizienz, beim Ausbau von Wind- und Solarkraft, bei der Energiegewinnung durch Biomasse oder durch Erdwärme ist riesengroß. Die Umwelttechnik hat das Zeug, zum Kern einer neuen Schlüsselindustrie zu werden. Es gibt Experten, die in diesem Zusammenhang bereits von einer dritten industriellen Revolution sprechen: Nach der Massenfertigung im 19. und 20. Jahrhundert, nach der Computer- und Informationstechnik breche nun das Zeitalter der Effizienztechnologie an. Tatsächlich steht der gesamten Produktionswirtschaft, der Infrastruktur ebenso wie der Architektur ein Umbau nach dem Kriterium größtmöglicher Energieeffizienz bevor. Der Investitionsbedarf ist gewaltig, nicht nur hierzulande, sondern überall auf der Welt.

Das Wirtschaftswachstum von morgen findet in diesen Bereichen statt. Deutschland ist führend bei fast allen Effizienztechnologien, bei Windkraft und bei Solartechnik oder beim Bau von Niedrigenergiehäusern. Vielleicht wird Effizienz und regenerative Energie eines Tages die neue Leitbranche in der deutschen Wirtschaft, ein Jobmotor wird sicher daraus; die weltweite Nachfrage ist vorhanden. Was mir besonders Mut macht, ist die Beobachtung, dass Umweltbewusstsein nicht mehr mit einer scharfen Technikfeindschaft einhergeht. Im Gegenteil, seit eine »grüne« Technologie im Dienst des Klimaschutzes und der Versorgungssicherheit gleichermaßen steht, gibt es geradezu wieder eine Begeisterung für Technik.

Mit ihr können wir an die alten Tugenden des deutschen Ingenieurswesens anknüpfen. »Green Tech« wird zu einer deutschen Marke, und Deutschland wird mit dem Thema identifiziert wie kein anderes Land. Ausnahmsweise sind wir damit mal richtig »hip«. Wenn sich junge New Yorker heute für die Bundesrepublik interessieren, dann besonders auch wegen unseres Umweltbewusstseins und unserer Expertise in Sachen Umwelttechnologie. Der Deutschen seltsame Begeisterung für blaue Blumen und rauschende Wälder erscheint da in ganz neuem Licht.

Zweiter Punkt: Erneuerbare Energien, Energiemix und neue Netze. Manche glauben immer noch, der Königsweg zu einer nachhaltigen Energieversorgung sei der komplette Umstieg auf erneuerbare Energien. Das halte ich für eine gefährliche Illusion. Im Moment liegt der Anteil der regenerativen Energien bei ungefähr 15 Prozent des deutschen Stromverbrauchs. Bis 2020 soll er auf etwa 30 Prozent steigen. Der größte Teil des regenerativ erzeugten Stroms kommt derzeit aus Windenergie, die sieben Prozent zur Gesamtenergieerzeugung beiträgt, danach folgen Wasserkraft mit fünf, Biomasse mit zwei und die Solarenergie mit nur einem Prozent. Diese Anteile lassen sich kurzfristig nicht beliebig vergrößern. Bei Wind- und Solarstrom sind wir zwar technologisch führend, aber diese Produkte werden noch in erheblichem Maße subventioniert, auch in der Erwartung, dass ihnen die Märkte der Zukunft gehören werden.

Im Erneuerbare-Energien-Gesetz haben wir für den Solarstrom auf zwanzig Jahre einen garantierten Preis festgesetzt. Das ist für die Anfangsphase wichtig, auf Dauer aber nicht unproblematisch. Ich sehe durchaus die Gefahr, dass eine überreichliche Subventionierung die Wettbewerbsfähigkeit dieses Stroms eher hinauszögert als beschleunigt. Dennoch gehen die Prognosen davon aus, dass der Strom aus Solarenergie auf lange Sicht günstiger wird; in den letzten zehn Jahren sind die

Kosten um etwa 50 Prozent gefallen. Übrigens gut ein Drittel aller Fotovoltaikmodule aus Deutschland kommen aus Berlin-Brandenburg, wo ich wohne und meinen Wahlkreis habe. Das ist ein Erfolg kluger Ansiedlungspolitik und bringt dringend benötigte Arbeitsplätze für eine vom Strukturwandel hart getroffene Region.

Noch wichtiger für unsere künftige Energieversorgung ist die Windkraft. Der Löwenanteil des Stroms aus erneuerbaren Quellen wird inzwischen auf diesem Weg erzeugt. Und bis 2012 sollen zehn Offshore-Windparks in der Nordsee entstehen – viel größere und leistungsfähigere Anlagen, als wir sie derzeit auf dem Land kennen. Aber das wirft neue Fragen auf: Der Schwerpunkt der Stromerzeugung wird sich immer weiter Richtung Norden verschieben, die großen Abnehmer und die Ballungszentren aber befinden sich im Süden und im Westen der Republik. Damit stellt sich die Frage nach der künftigen Struktur unseres Netzes – und wer die notwendigen, sehr umfangreichen Investitionen in den Netzausbau übernimmt. Und damit nicht genug: Diese Kraftwerke liefern nicht ständig Strom. Wenn erst einmal eine Kraftwerksleistung von 20 000 Megawatt in der Nordsee installiert ist, müssten beim Durchzug eines Sturmtiefs die Anlagen abgeschaltet und eine enorme Reserveleistung mobilisiert werden. Auch das gibt unser derzeitiges Netz nicht her.

Zum besseren Verständnis muss ich ein wenig in die technischen Details einsteigen, dem Leser kann ich das nicht ganz ersparen. Denn an diesem Punkt wird klar, dass beim Umbau unserer Energieversorgung die einfachen Antworten nicht weiterführen, sondern eine ökologische Optimierung des Gesamtsystems notwendig ist. Nicht eine einzelne Technologie ist der Ausweg, sondern nur ein kluger Mix vieler innovativer Schritte. Aus Wind und Sonne gewonnener Strom verfügt nämlich über eine Besonderheit, auf die sich unser Stromnetz einstellen muss: Er folgt den Rhythmen der Natur. Nachts gibt es keinen Solarstrom, und bei Flaute steht der Windpark still. Die Spannung in unserem Netz pendelt je nach Nachfrage um die 50 Hertz. Im Laufe eines Tages gibt es Phasen, in denen mehr, und solche, in denen weniger Strom nachgefragt wird, Phasen höherer und niedrigerer Belastung. Die Netzspannung wird stabil gehalten, indem Kraftwerkskapazitäten mobilisiert oder zurückgefahren werden. Nicht jedes Kraftwerk kann das. Einen erheblichen Teil unserer Versorgung leisten sogenannte Grundlastkraftwerke, die 24 Stunden laufen und gleichmäßig Strom ins Netz einspeisen; das sind Braunkohlekraftwerke, Laufwasserkraftwerke und Atomkraftwerke. Daneben gibt es flexiblere Mittellastkraftwerke, deren Leistung auf 30 Prozent reduziert werden kann, wenn der Bedarf sinkt. Das gelingt mit Gaskraftwerken und vor allem mit Steinkohlekraftwerken. Spitzenlastkraftwerke wie Gasturbinen und Pumpspeicher mobilisieren kurzfristig Leistung bei extremer Beanspruchung.

Wollen wir also tatsächlich in Zukunft 30 Prozent unseres Bedarfes mit regenerativer Energie bestreiten, müssen wir unregelmäßige Belastungen anders ausgleichen. Wir brauchen dann weniger Grundlast und mehr Möglichkeiten, das Netz auszusteuern. Das kann nur bedeuten, in Zukunft mehr Mittel- und Spitzenlast- sowie Speicherkraftwerke zu bauen. Das ist ein starkes Argument für Strom aus Gas und Steinkohle. Auf der anderen Seite werden wir Grundlastkraftwerke reduzieren müssen. Das wiederum ist neben dem weiter bestehenden Sicherheitsaspekt und der weiterhin ungelösten Frage einer Endlagerung ein starkes Argument für den Ausstieg aus der Atomkraft. Die Kerntechnik der Siebzigerjahre stellt keine Lösung für unser Energieproblem dar. Meiner Ansicht nach würden bei einer Laufzeitverlängerung der Atomkraftwerke nicht nur die alten politischen Konflikte wieder ausbrechen. Die Laufzeitverlängerung würde auch dazu führen, dass wirklich innovative, umweltschonende Kraftwerksprojekte wieder auf Eis gelegt werden. Auch geht es an den Tatsachen vorbei, dass längere Laufzeiten zu niedrigeren Strompreisen führen. Ein abgeschriebenes Kraftwerk war am Strommarkt noch nie preisbestimmend und wird es auch nicht sein. Daran hat die Energiewirtschaft nie einen Zweifel gelassen. Deshalb ist meine feste Überzeugung: Eine Laufzeitverlängerung würde Deutschlands Vorreiterrolle bei der Energieeffizienz und bei den erneuerbaren Energien zunichtemachen.

Die bestehenden Strukturen der Energieerzeugung können wir also nicht vernachlässigen. Es ist schlichtweg nicht machbar, in Zukunft auf fossile Energieträger ganz zu verzichten. Auch in den kommenden dreißig Jahren werden wir einen erheblichen Teil unseres Stroms aus Gas und Kohle gewinnen. Bis zu 40000 Megawatt müssen ersetzt werden, weil wir ineffiziente Anlagen stilllegen wollen. Das eröffnet die Chance für eine umfassende Modernisierung von Kapazitäten und Netzen. Unter Klimaschutzgesichtspunkten, aber auch unter dem Aspekt der Wettbewerbsfähigkeit der deutschen Stromproduktion werden saubere und leistungskräftige Steinkohlekraftwerke auch künftig ihre Rolle spielen. Ein gleichzeitiger Ausstieg aus der Kernkraft *und* der Kohleverstromung ist nicht realistisch, in dieser Hinsicht sollten wir uns nichts vormachen.

Kohlekraftwerke kann man aber emissionsfrei umrüsten. Noch ist die Technik nicht so weit, zwischen 2015 und 2020 werden wir aber Kohlekraftwerke ohne Ausstoß von Treibhausgasen zum Laufen bringen. Kohlekraftwerke verfügen außerdem über hohe Effizienzpotenziale. So haben beispielsweise die ältesten deutschen Braunkohlekraftwerke einen Netto-Wirkungsgrad von etwa 30 Prozent. Das modernste Braunkohlekraftwerk schafft etwa 43 Prozent. Bei Steinkohlekraftwerken sind jedoch heute schon 51 Prozent erreichbar. Wenn man sie technisch optimiert und umweltverträglich aufrüstet, kann die Verstromung fossiler Energie ein Bestandteil unserer

Versorgung bleiben. Auf Erdgas werden wir in den nächsten Jahren ebenso verstärkt zurückgreifen müssen. Es wird mehr und mehr in Anlagen mit Kraft-Wärme-Kopplung sowie in modernen Gas- und Dampfturbinen-Anlagen eingesetzt werden. Auch hier sind höhere Wirkungsgrade erreichbar als bisher.

Ich kenne die Vorbehalte gegen die Kohle. Aber bis die Kohlekraftwerke ganz emissionsfrei sind, wird es bereits durch hocheffiziente Anlagen möglich sein, die Emissionen um ein Drittel zu reduzieren. Die Emissionsobergrenzen liegen fest; sie werden insgesamt nicht überschritten. Wer mehr emittiert, wird künftig dafür entsprechende Verschmutzungszertifikate erwerben müssen. Das erhöht den wirtschaftlichen Druck zugunsten von mehr Effizienz. Auf der anderen Seite können wir nicht komplett auf Erdgas umsatteln, denn bereits heute ist dieser Rohstoff ein knappes und teures Gut. Wir würden uns mit einem solchen Szenario Energiepreise bescheren, mit denen keine Wirtschaft halbwegs wettbewerbsfähig produzieren kann. Wenn wir das Gesamtsystem betrachten, führt deshalb an der Kohle als volkswirtschaftlich kostenverträglichem Energieträger kein Weg vorbei.

Damit komme ich zu meinem dritten Punkt: der Arbeit an einem internationalen Rahmen, in dem unsere Bemühungen um Klimaschutz und Energiesicherheit eingeordnet sind. In Europa haben wir beschlossen, unsere Kohlendioxidemissionen kräftig zu senken. Wir gehen damit deutlich über die bisherigen, bis 2012 geltenden Kyoto-Verpflichtungen hinaus. Die reichen Länder in Europa und die USA gehören zu den Hauptverursachern des Klimawandels. Insofern ist es moralisch und politisch nur folgerichtig, wenn sie jetzt auch in der Klimapolitik eine Vorreiterrolle übernehmen. Die ersten Signale von Präsident Obama stimmen mich hoffnungsvoll: Die USA haben endlich die Zeichen der Zeit erkannt und sind nun offenbar bereit, mit uns Europäern gemeinsam die Vorhut beim Klimaschutz zu bilden. Die Zeit drängt. Vor dem Auslaufen des Kyoto-Protokolls im Jahr 2012 brauchen wir eine völkerrechtlich verbindliche Vereinbarung über Reduktionsziele für Treibhausgase. Und von diesem Ziel sind wir noch weit entfernt. Die Energiekonferenz in Bali kam zu keiner Vereinbarung, jetzt ruhen alle Hoffnungen auf dem Klimagipfel in Kopenhagen, der im Dezember 2009 stattfinden wird. Wir müssen verhindern, dass die Welt wieder ohne Einigung auseinandergeht und in mehrere Lager zerfällt: die »Klima-Progressiven« auf der einen Seite, die »Klima-Schurken« auf der anderen – und mittendrin die armen Staaten Afrikas, Asiens und der Pazifikregion, die als Erste die Folgen des Klimawandels zu spüren bekommen.

Schon vor der klimapolitischen Wende in den USA habe ich mich bemüht, Kontakte zu den »klima-progressiven« Kräften in Amerika aufzubauen. Unterhalb der Bundesebene hat sich selbst in der Regierungszeit von George W. Bush viel bewegt. Es gab eine ganze Reihe gemeinsamer Vorhaben: mehr Energieunabhängigkeit durch verträgliche Biokraftstoffe, durch sparsame, innovative Autos sowie durch eine saubere Nutzung von Kohle. In den USA wird schon länger viel offener über Energiesicherheit und Klimaschutz diskutiert, als wir es hier in Europa wahrhaben wollten. Und ich habe ungewöhnliche Kooperationspartner gefunden. Beispielsweise Kalifornien, einen Bundesstaat mit vielerlei Problemen, aber technologisch und ökologisch führend in den USA. Natürlich blickt Kalifornien mit wachsender Faszination auf den Aufstieg Asiens. Von der Küste des Pazifiks aus ist das verständlich. Und dennoch: Die Handels-, insbesondere die Investitionsströme zwischen Europa und den USA sind nach wie vor weitaus bedeutsamer als diejenigen zwischen Asien und den USA – und werden dies auf lange Zeit auch bleiben. Selbst in Kalifornien sind die EU-Staaten die größten Investoren und Handelspartner. Eine schleichende politische oder kulturelle Entfremdung zwischen den Vereinigten Staaten von Amerika und Europa dürfen wir deshalb nicht zulassen. Sie wäre für beide Seiten schädlich. Kalifornien und andere Bundesstaaten wollten beim Klimaschutz schneller vorankommen, als es die Regierung in Washington damals für nötig erachtet hatte. Ich sehe sie als Verbündete für uns, als Teil einer »Koalition der Willigen« in unserem Sinn. Viele Solarkraftwerke in Kalifornien sind deutsch-amerikanische Kooperationen.

In Gesprächen mit Gouverneur Arnold Schwarzenegger wurde schnell deutlich, dass wir in Sachen Klimaschutz und nachhaltiger Energiepolitik beinahe nahtlos übereinstimmen. Wir wollen beide, dass klimaschädliche Gase, allen voran Kohlendioxid, weltweit mit einem möglichst hohen Preis belegt werden. Wir wollen verhindern, dass die Atmosphäre ein kostenloses Endlager wird – zum Nachteil kommender Generationen. Bei der Einführung eines Kohlendioxid-Emissionshandels ist Kalifornien in den USA ein Schrittmacher. Wir brauchen solche Partner auch, um unser existierendes System des Emissionshandels schrittweise zu verbreitern. In der Europäischen Gemeinschaft verfügen wir über das größte und – trotz aller Kritik – bisher effizienteste Handelssystem für Kohlendioxid auf der Welt. Viele Länder schauen sich das an, denn der Markt wächst rasant, 2007 auf weit über 30 Milliarden US-Dollar.

Eine ganze Reihe von Staaten und Regionen denkt über den Aufbau von Emissionshandelssystemen nach, auch in den Vereinigten Staaten tut man das. Mit Arnold Schwarzenegger bin ich auch über die wichtige Rolle der International Carbon Action Partnership einer Meinung. Die ICAP soll den globalen Kohlenstoffmarkt fördern und ist inzwischen ein sehr aktiver Verbund aus EU-Kommission, EU-Mitgliedstaaten, zahlreichen US-Bundesstaaten und Ländern aus dem pazifischen Raum. Neuseeland und Australien sind inzwischen Mitglieder, Japan zeigt starkes Interesse. Das sind alles Schritte in die richtige Richtung. Wir müssen Nation für Nation in den Emissionshandel integrieren, denn nur so werden wir realistische und weltweit verbindliche Preise für Verschmutzung erhalten. Je größer der Markt für Kohlenstoffzertifikate wird, desto geringer werden auch die heute noch bestehenden Wettbewerbsunterschiede zwischen den Industriestaaten ausfallen. Wirklich erfolgreich wird ein solches System jedoch erst dann sein, wenn darin auch China, Indien, Brasilien, Mexiko und Südafrika integriert sind. Aber der Anfang ist gemacht.

Internationale Energie- und Klimapolitik beschränkt sich allerdings nicht auf Kyoto und die internationalen Instrumentarien für einen besseren Klimaschutz. Sie greift weit in die klassische Außenpolitik hinein und umfasst Fragen der internationalen Ressourcen- und Rohstoffpolitik ebenso wie Fragen der Energiesicherheit und des Kampfes gegen Proliferationsgefahren. Ich habe zu Beginn meiner Amtszeit als Außenminister dafür den Begriff der Energie-Außenpolitik geprägt – und damit bei den klassischen Diplomaten für einiges Stirnrunzeln gesorgt. Mittlerweile hat sich dieser Begriff durchgesetzt. Und es gibt kaum eine außenpolitische Begegnung, in der es nicht auch um energiepolitische Fragen geht.

Heute leben bereits über sechs Milliarden Menschen auf der Erde, in zwanzig Jahren sind es wohl neun Milliarden. Die Internationale Energieagentur sagt einen weiteren, einen weltweiten rasanten Nachfrageanstieg für Energie insgesamt voraus: um 55 Prozent bis 2030 – wenn es keine Effizienzrevolution gibt. Dieser Hunger wird sich zunächst einmal auf die vorhandenen fossilen Energieträger konzentrieren, also vor allem auf Öl, Gas und Kohle. Versorgungs- und Preisrisiken sind die Folge. Spekulanten hatten in den letzten Jahren Öl und Gas verstärkt in ihre Portfolios aufgenommen, ein Teil des Preisanstiegs im Jahr 2008 war auch darauf zurückzuführen. Politische und wirtschaftliche Macht wird zunehmend eingesetzt, um Zugang zu Energiemärkten zu sichern. Weil die Versorgung mit Energie in Zukunft über Wohl und Wehe, Existenz und Untergang von Volkswirtschaften entscheidet, werden viele Länder nicht zimperlich sein, wenn es darauf ankommt, ihre Versorgungsinteressen durchzusetzen. Darauf müssen wir uns in Europa einstellen. Und wir sind von diesen Entwicklungen unmittelbar abhängig. Deutschland ist ein Land, das ein bisschen Öl und ein bisschen Gas fördert, aber viel zu wenig, um seine Wirtschaft auch nur halbwegs ausreichend versorgen zu können. Unsere Importabhängigkeit liegt bei 70 Prozent. Wir brauchen also gut funktionierende Rohstoffmärkte. Ein erstes Ziel unserer Energiepolitik besteht folglich darin, die Funktionstüchtigkeit der Märkte zu gewährleisten, für faire Preise zu sorgen und die Märkte offenzuhalten. Unser zweites Ziel ist es, die deutsche Energieversorgung langfristig zu sichern, auf verlässliche Herkunftsländer zu setzen und so weit wie möglich zu diversifizieren.

Mit dem Einbruch der Weltkonjunktur sanken die Ölpreise zwar, aber diese Entwicklung wird nicht von Dauer sein. Wir müssen uns in Zukunft wieder auf steigende Öl- und Gaspreise einstellen. Die Nachfrage aus China und Indien wird weiter anziehen. Würden Inder und Chinesen pro Kopf in Zukunft genauso viel Energie verbrauchen wie ein durchschnittlicher Japaner heute, würde China denselben Motorisierungsgrad anstreben wie die USA, müsste die weltweite Ölproduktion verdoppelt werden. Das ist mit den bekannten Vorkommen nicht zu leisten. Schon jetzt müssen neue Öl- und Gasfelder immer aufwendiger erschlossen werden. Und viele der wichtigsten ölproduzierenden Länder liegen in den Problemregionen des Nahen und Mittleren Ostens oder des westlichen Afrika. Der Kampf gegen den internationalen Terrorismus ist nicht gewonnen, der Irak noch nicht endgültig befriedet. Der arabisch-israelische Konflikt sorgt darüber hinaus für immer neuen Zündstoff. Und auch die offene Auseinandersetzung mit dem Iran über die Zukunft des iranischen Nuklearprogramms schafft Unsicherheit. All das sind zusätzliche Risiken, die auf die Preise durchschlagen.

Oft habe ich lesen müssen, Deutschland habe sich einseitig in eine Abhängigkeit von russischen Energielieferungen begeben und sei blind für die damit verbundenen Gefahren. Das ist nicht wahr. Richtig ist, dass russisches Gas für 36 Prozent des deutschen Bedarfs aufkommt, Norwegen 25 Prozent liefert und die Niederlande 17 Prozent. Aber: Die deutschen Energieunternehmen haben mit Russland langfristige Lieferverträge abgeschlossen. Und Russland hat sich bis zu den Lieferunterbrechungen bei den durch die Ukraine verlaufenden Gasleitungen im Januar 2009 stets als absolut vertrauenswürdiger Partner erwiesen, auf den wir uns sogar in den Hochzeiten des Kalten Kriegs verlassen konnten. Deutschland hat außerdem nie allein auf Russland gesetzt. Ich selbst habe mich seit meinem ersten Tag als Außenminister darum bemüht, gezielt Kontakte zu anderen Energielieferländern aufzubauen und neue strategische Partnerschaften zu begründen. Meine Reisen führten mich in die Golfregion und den Maghreb, nach Nigeria und Norwegen. Überallhin haben mich Vertreter der deutschen Energiewirtschaft begleitet. Aber mein Ziel war nicht nur, Deutschland neue Zugänge zu Energievorkommen zu erschließen, immer ging es darum, langfristige Energiepartnerschaften aufzubauen, diese Länder bei der Entwicklung nachhaltiger Energieformen und der Nutzung ökologischer Technologien zu unterstützen. Denn so sehr wir auf Energielieferungen angewiesen sind, so notwendig brauchen die anderen deutsches Know-how und deutsche Technologie.

Gleichzeitig war mein Ziel, auch das Verhältnis zu Russland in Richtung auf eine wirkliche Zweigleisigkeit auszubauen. Wir brauchen trotz aller Diversifizierung die russischen Energielieferungen – und setzen deshalb auf eine langfristig angelegte, auf gegenseitigem Vertrauen beruhende Energiepartnerschaft mit diesem Land. Sie führt zu dauerhaften Verflechtungen, sie ermöglicht deutschen Unternehmen, ihrerseits auf den russischen Energiemärkten tätig zu sein, und zwar nicht nur als Käufer, sondern auch als Investoren. Im Mai 2008 war ich in Jekaterinburg, der wichtigsten Stadt Westsibiriens. Die Region Westsibirien ist so etwas wie das »Kraftzentrum« Russlands. Dort lagern rund 80 Prozent der russischen Erdgas- und Erdölvorräte, dort schlägt das Herz der russischen Schwerindustrie und Metallurgie. Viele der deutschen Investitionen in Russland konzentrieren sich in dieser Region. Die Energiereserven Westsibiriens sind gewaltig, und gewaltig sind die Summen, die zu ihrer Erschließung erforderlich sind. Ich weiß, dass die deutsche Wirtschaft bereitsteht, sich mit ihrer Erfahrung und ihren technologischen Möglichkeiten dabei zu engagieren. Denn so sehr wir auf russische Energielieferungen angewiesen sind – auch Russland braucht Westeuropa, und zwar nicht nur als Kunden. Sein Wirtschaftswachstum, die Finanzierung der Modernisierung seiner Industrie und Infrastruktur hängen zu einem Großteil an den Energielieferungen in Richtung Westen, insbesondere auch nach Deutschland. Auf Sicht von fünfzehn Jahren ist es aber gar nicht mehr so selbstverständlich, dass russisches Öl und Gas nach Westeuropa fließen. Von den neuen ostsibirischen Feldern aus ist der Pipelineweg nach Peking kürzer als nach Berlin. Erst im Sommer 2008 schloss China mit Russland ein dreißig Jahre laufendes Lieferabkommen ab. Auch China hat ein vitales Interesse daran, seine in der Vergangenheit belasteten Beziehungen mit Russland in neue Partnerschaftlichkeit umzumünzen. Deswegen müssen wir Deutsche etwas dafür tun, dass wir für Russland auch in Zukunft ein wichtiger, ein unverzichtbarer Partner bleiben.

Und deswegen setze ich auf Verflechtung, und zwar nicht nur auf wirtschaftliche. Ich habe in Jekaterinburg von einer »Modernisierungspartnerschaft« gesprochen, die den künftigen deutsch-russischen Beziehungen Form und Inhalt geben kann. Sie soll eine enge Zusammenarbeit in den Bereichen Gesundheit, Wissenschaft und Technik umfassen und auch den wechselseitigen Kontakt der Zivilgesellschaften beider Länder verstärken. Vor allem aber wollen wir gemeinsam das Problem der Energieeffizienz angehen. Denn in Russland müssen in Zukunft Wirtschaftswachstum und Wohlstand, ähnlich wie bei uns, nicht zwangsläufig mehr Energieverbrauch bedeuten. Die Russen haben das erkannt. Das Energieministerium beziffert das realisierbare Einsparpotenzial beim Energieverbrauch bis zum Jahr 2020 auf 40 bis 50 Prozent. Im Juni 2008 unterzeichnete Präsident Medwedjew ein Dekret, dass Russland dieses Einsparpotenzial bis zum Jahr 2020 realisieren soll. Das ist die doppelte Energiemenge dessen, was Russland heute in Form von Erdgas nach Westeuropa liefert! Sie ist gewaltig. Die Dimension veranschaulicht, dass die wichtigste Quelle von Energie in Zukunft die Effizienz sein wird. Und deutsche Firmen sind bereits dabei, das russische System des Energieverbrauchs umzubauen. 2700 deutsche Unternehmen sind derzeit dort tätig. Ich finde es besonders erfreulich, dass viele Mittelständler darunter sind. Nicht nur E.ON, sondern auch unsere »Green-Tech«-Unternehmen gestalten den russischen Modernisierungsprozess mit. Das sichert uns langfristige Exportchancen.

Wie sich russische Firmen an deutschen Firmen beteiligen, können sich deutsche inzwischen an russischen beteiligen – anfangs meist nur als Minderheitsbeteiligung in Joint Ventures, immer öfter auch als Mehrheitsbeteiligung. Ich begrüße diese Verflechtung. Sie wird sich für beide Seiten auszahlen. Um solche strategischen Investitionen möglich zu machen, haben wir schon seit den Anfängen der rot-grünen Bundesregierung darauf hingewirkt, deutsche Unternehmen zu international handlungsfähigen Mitspielern auf den Energiemärkten zu machen. Wir haben kein deutsches Unternehmen, das auf den Ölmärkten eine eigenständige Rolle spielt. Aber wir hatten mit E.ON einen diversifizierten Energiekonzern und mit Ruhrgas ein starkes Unternehmen im Gasbereich, das überdies seit vielen Jahren in Russland engagiert war. Über die Fusion von E.ON und Ruhrgas hat es heftige kartellrechtliche Auseinandersetzungen gegeben, aber auch im Rückblick halte ich diesen Schritt für richtig. Um sich an Firmen wie Gazprom zu beteiligen und mit ihnen langfristig Geschäfte zu machen, braucht es Größe. Wir brauchen große Spieler, die auf den globalen Märkten mithalten können, auch BASF-Wintershall gehört dazu. Diese Konzerne müssen ihre Rolle ausfüllen können in der globalen Arbeitsteilung bei der Exploration und Förderung fossiler Energien in Russland – aber natürlich auch in Afrika, in Zentralasien und auf der Arabischen Halbinsel. »Small is beautiful« wird nicht die Antwort sein auf die Probleme einer sicheren Energieversorgung in den kommenden dreißig oder fünfzig Jahren. In anderen Nationen haben wir es mit großen, staatlich kontrollierten Energieunternehmen zu tun. Verflechtung setzt gleiche Augenhöhe voraus.

Zur Strategie der Diversifizierung gehören auch weitere Investitionen in den Pipelinebau, damit Gas in ausreichender Menge und zu vertretbaren Preisen zu uns gelangt. Deshalb ist die Ostsee-Pipeline so notwendig. Sie sichert nicht nur die Gasversorgung Deutschlands, sondern hat gesamteuropäische Bedeutung. Länder wie die Niederlande, Großbritannien und Frankreich werden über die Ostsee-Pipeline versorgt werden können, und vielleicht wird eines Tages auch norwegisches Gas aus der Arktisregion über diese Leitung zu uns strömen. Entgegen manchen Befürchtungen muss gesagt werden: Ziel der Ostsee-Pipeline ist es nicht, die bestehenden Pipelines durch die Ukraine, Weißrussland und Polen zu ersetzen. Vielmehr wird sie eine Ergänzung sein. Umso wichtiger ist, dass es uns gelingt, zwischen Förder-, Transit- und Abnehmerländern zu verlässlichen Regelungen zu kommen, die Situationen wie im Januar 2009 verhindern, als weite Teile Europas plötzlich von der Gasversorgung abgeschnitten wurden. Es kann nicht sein, dass die Auseinandersetzung über Gas- und Durchleitungspreise auf dem Rücken der europäischen Verbraucher ausgetragen wird.

Aber das ist schon keine Frage mehr, die von Deutschland allein gelöst werden kann. Gefragt ist hier die europäische Energiepolitik – eine Politik, die auf Vorsorge, Solidarität und langfristige Energiepartnerschaften setzt. Ich trete mit Nachdruck dafür ein, zwischen Russland und der EU ein neues Partnerschafts- und Kooperationsabkommen zu verhandeln. Darüber hinaus muss die europäische Energiepolitik neue Lieferregionen erschließen und Europas Versorgung weiter diversifizieren, auch durch Flüssiggas. Nordafrika gehört zu den für uns interessantesten Regionen, ebenso der kaspische Raum und Zentralasien. Dort unterstützen wir unsere Partner dabei, ihre Energieförderung weiterzuentwickeln: durch einen Rechtsrahmen, der Investitionssicherheit schafft und Bewusstsein für eine nachhaltige Energiepolitik weckt. Wie so etwas konkret aussehen kann, zeigt das Beispiel der von der EU ins Leben gerufenen »Energiegemeinschaft«, die vor allem in Südosteuropa für die Angleichung von Rechtsnormen und technischen Standards im Energiebereich eintritt. Die Energiegemeinschaft soll eine gemeinsame Energiepolitik der südosteuropäischen Länder befördern. Es ist vorgesehen, sie auf andere Länder in der Region zu erweitern. Wichtige Transitstaaten wie die Ukraine oder die Türkei werden durch die Energiegemeinschaft an den europäischen Regulierungsraum herangeführt. Ein solches auf Erweiterung angelegtes Modell kann Vorbild auch für andere Regionen sein.

Für mich selbst war es immer nur folgerichtig, dass ich als Außenminister heute genau das zum Thema mache, woran ich in verschiedenen Funktionen lange gearbeitet habe. Die

Energiepolitik von morgen, Energieeffizienz und Einsatz für erneuerbare Energien – diese Themen lassen mich auch als Außenminister nicht los. In vielen Regionen der Welt ist der Informationsstand über erneuerbare Energien immer noch viel zu gering. Das gilt für die technologischen Möglichkeiten, aber auch für die notwendigen politischen und rechtlichen Rahmenbedingungen. Ich habe mich deshalb schon als Kanzleramtschef für die Gründung der Internationalen Agentur zur Förderung Erneuerbarer Energien (IRENA) stark gemacht – eine Idee, die auf den Pionier der Solarenergie und SPD-Politiker Hermann Scheer zurückgeht. Sie soll für die Verbreitung der erneuerbaren Energien sorgen, sie soll den Informationsaustausch und die wissenschaftliche Zusammenarbeit fördern. Für viele arme Staaten Asiens, Lateinamerikas und vor allem Afrikas ist die Lösung der Energiefrage entscheidend für ihre wirtschaftliche Zukunft. Und das Interesse an neuen Lösungen wächst.

Ich war bei meinem Besuch in der Maghreb-Region erstaunt über die vielen klugen jungen Leute, die schon heute an alternativen Energiekonzepten für ihre Länder arbeiten. Das Interesse dort ist riesig. Viele dieser Länder haben ein hohes Bevölkerungswachstum, ihr Wirtschaftswachstum war in den letzten Jahren durchaus positiv. Und ihr Energiebedarf steigt unaufhaltsam an. Also ist es sinnvoll, diese Staaten beim Aufbau einer nachhaltigen Energieversorgung zu unterstützen. Dazu gehört auch – das ist bisher das Schwierigste –, deren Subventionen von Öl und Gas zu verringern. Niedrige Energiepreise gehören zu den Geschenken, die dortige Regierungen ihren Bevölkerungen machen. Subventionen führen aber in diesen Ländern dazu, dass Ressourcen verschwendet werden, und reißen Löcher in die Staatshaushalte. Das sind Gelder, die für Erziehung und Bildung dringender gebraucht würden. Wenn die Jugend dort eine Perspektive hat, wird sie auch für fundamentalistische Einflüsterungen weniger empfänglich sein.

Diese Länder benötigen Anreizmechanismen, die das dortige Verbraucherverhalten verändern. Genau da setzen wir an; wir unterstützen unsere Partner durch gezielte Beratung und bei der Vermittlung von Fachkräften. Auch wollen wir die Märkte vor Ort integrieren, also die regionale Zusammenarbeit im Bereich der erneuerbaren Energien verstärken.

Viele Staaten in Afrika oder im Nahen und Mittleren Osten sind schlichtweg zu klein, um für deutsche oder europäische Anbieter von klassischen Energielösungen attraktiv zu sein. Es ist aber wichtig, dass erneuerbare Energien auch in diesen Staaten erzeugt werden. Dabei sind große Projekte durchaus vorstellbar. Ein Beispiel: Experten des Deutschen Luft- und Raumfahrtzentrums arbeiten zurzeit an einer Idee, hocheffiziente Solarkraftwerke in Nordafrika und im Nahen Osten zu errichten und diese via Hochspannungsleitungen durch das Mittelmeer mit dem europäischen Stromnetz zu verbinden. Ich habe diese Idee im Herbst 2007 in einer Rede aufgegriffen. Inzwischen ist diese Solarbrücke fester Bestandteil der von Frankreich initiierten Mittelmeerunion. Das ist sicher Zukunftsmusik, aber wenn wir uns heute keine Gedanken machen, wie wir die Zukunft gestalten wollen, werden uns morgen die Werkzeuge dazu fehlen. Unsere Erfahrungen zeigen nämlich auch, dass Koproduktionen im Bereich alternativer Energien die regionale Vertrauensbildung unterstützen, besonders in den reizbaren Zonen des Nahen und Mittleren Ostens. Wenn man so will, kann aus der Solardividende eines Tages eine Friedensdividende erwachsen. Auch so wird Energiepolitik ein Stück weit zur regionalen Friedenspolitik. Ich freue mich, dass die Gründungsurkunde der IRENA nach langen Verhandlungen im Januar 2009 in Bonn unterzeichnet werden konnte.

Die Zeit droht uns davonzulaufen. Der Klimawandel schreitet schneller voran, als wir noch vor einigen Jahren angenommen hatten. Seine Folgen treten früher und dramatischer auf, vor allem sind die Zeitfenster zum Handeln viel kleiner als gedacht. Das Entscheidende ist: Wir können die unterschiedlichen Interessen der Wirtschaft und der Umwelt nicht auf einer langen Zeitachse ausbalancieren. Daher müssen wir uns auf eine Verschärfung dieses Zielkonflikts auch im internationalen Rahmen einstellen. Gute Ideen benötigen wir also nicht nur bei der Entwicklung neuer Technologien, sondern auch im politischen Bereich. Wir müssen uns neue Bündnispartner suchen und neue politische Instrumentarien erfinden. Erst 2008 hörten wir erstaunt und erschreckt, dass die Erderwärmung möglich machte, wonach Wissenschaftler über zweihundert Jahre lang vergeblich suchten: die eisfreie Nordwestpassage in der Arktis. Kaum zeichnete sie sich ab, konnten wir bereits erste Veränderungen der wirtschaftlichen und der politischen Weltlage beobachten. Der zweite Wettlauf um die Nordpolregion ist im Gange, diesmal jedoch geht es nicht, wie im späten 19. Jahrhundert, um den wissenschaftlichen Ruhm, wer als Erster da ist. Heute geht es um ökonomische Interessen. Die Rohstoffe in der Nordmeerregion locken nicht nur die Abenteurer und Glücksritter an, sondern die Staaten in der Umgebung versuchen, sich ihr Stück vom Kuchen zu sichern. Das ist ein Run, der übrigens nicht erst mit dem russischen U-Boot begann, das im Juli 2008 unter dem Eis, 4000 Meter unter dem Meeresspiegel, eine Flagge absetzte. Alle Anrainerstaaten setzen dort inzwischen auf ihre eigene Art Markierungen und Zeichen. Kein Wunder, denn 25 Prozent der globalen Energieressourcen, insbesondere Öl und Gas, werden dort vermutet. Der Wettlauf um Öl und Gas hat dort schon begonnen, und bereits in den nächsten Jahren könnten sehr ernsthafte internationale Verteilungskonflikte um Rohstoffe und Ressourcen dort im hohen Norden drohen.

Ich erwähne dieses Beispiel, um zu zeigen, in welcher geografischen Nähe und mit welcher Dramatik sich die energiepolitischen Fragen stellen und welche handfesten politischen

Konsequenzen daraus erwachsen. Die Situation am Nordpol demonstriert, wie schnell Energiethemen zu außenpolitischen Themen geworden sind. Eine Außenpolitik, die darauf reagiert, muss aufkeimende Konflikte früh erkennen, früh einhegen und gemeinsam mit anderen betroffenen Nationen friedlich lösen.

Im Grunde setzt die miteinander verzahnte Problematik von Energiesicherheit und Klimaschutz, wenn wir sie in politische Prozesse übersetzen, bereits ein gemeinsames globales Verantwortungsbewusstsein voraus. Im Grunde dürfte die Notwendigkeit eines gemeinsamen globalen Handelns in diesen Fragen nicht strittig sein. Aber davon können wir bei vielen Akteuren nicht ausgehen. Wir haben es gerade bei dieser Problematik immer noch mit jahrhundertealten kulturellen Trennlinien zu tun, vor allem mit einem Denken in nationalstaatlichen Kategorien. Wir benötigen aber neue Denkmuster und neue politische Allianzen. An der Konkurrenz um knapper werdende natürliche Ressourcen werden sich in Zukunft politische und möglicherweise auch militärische Auseinandersetzungen kristallisieren. Die kommenden Jahrzehnte werden zur entscheidenden Probe auf unsere soziale Intelligenz. Wir werden zeigen müssen, dass wir solche Konflikte anders lösen können als durch Konfrontation. Dazu brauchen wir neue Frühwarn-, Konfliktregelungs- und Schlichtungsmechanismen, die Eskalationen verhindern und Räume für politischen Dialog und Verständigung schaffen. Das gilt für die Energie- und Klimapolitik, aber nicht nur für sie. Auch die klassische Außenpolitik steht vor einem Paradigmenwechsel.

Kapitel 6

Die Neuvermessung der Welt
Vorausschauende Außenpolitik in globaler Verantwortung

Ich erinnere mich noch gut an meinen ersten Tag als Außenminister. Am Nachmittag des 22. November 2005 war das neue Kabinett vereidigt worden. Am nächsten Tag, einem Mittwoch, traf ich am Morgen im Auswärtigen Amt ein. Nach einem kurzen Gespräch mit Joschka Fischer gingen wir beide in den Weltsaal, eine riesige, etwas finstere und meistens für Tagungen genutzte Aula an der Stelle, wo in der früheren Reichsbank die Schalterhalle war. Vor der gesamten Belegschaft des Auswärtigen Amts erfolgte die Amtsübergabe. Sofort nach meiner Rede – ich hatte keine Zeit, noch einmal in mein Büro zu gehen – ging es los zum Flughafen Tegel, militärischer Teil. Meine erste Reise als Außenminister führte mich nach Paris: Mittagessen mit Präsident Jacques Chirac und der Kanzlerin, anschließend weiter nach Brüssel, Treffen mit NATO-Generalsekretär Jaap de Hoop Scheffer, vor dem Rückflug nach Berlin ein Gespräch mit Javier Solana, dem »Außenminister« der EU. Am nächsten Tag ging es dann am Nachmittag weiter nach Rotterdam und Rom. So bekam ich gleich einen realistischen Eindruck davon, worin das Leben eines Außenministers vor allem besteht. Ich begann zu ahnen, dass die betagten Challenger-Jets und Airbusse der Luftwaffe mein zweites Zuhause und Büro werden würden – wenn sie nicht gerade auf dem Rollfeld ihren Dienst verweigerten. Und dass Außenpolitik nicht zuletzt darin besteht, die immer selben Leute an unterschiedlichen Orten in der Welt zu treffen.

Die Entscheidung meiner Partei, mir in der Großen Koalition das Außenministerium anzuvertrauen, kam für viele überraschend. Auch ich hatte zunächst damit gerechnet, einen anderen Kabinettsposten zu übernehmen. Vor allem der Forschungs- und Bildungsbereich hatte mich ja immer interessiert. Aber als Franz Müntefering und Gerhard Schröder mich fragten, ob ich das Amt des Außenministers übernehmen würde, habe ich nicht gezögert. Die internationale Politik war mir nicht fremd. Als Chef des Kanzleramts und Beauftragter für die Nachrichtendienste habe ich über viele Jahre Fragen der internationalen Sicherheit intensiv begleitet. Nach dem 11. September 2001 ging es im Kanzleramt in unseren regelmäßigen Lagebesprechungen zur Sicherheit nicht nur darum, den Gefahren im eigenen Land zu begegnen, sondern immer auch um die Ursachen des internationalen Terrorismus und die Situation in seinen Ursprungsländern. Ich hatte mich mit der Lage in Afghanistan und Pakistan beschäftigen müssen, kannte recht gut die inneren Konflikte in der islamischen Welt, den Nahostkonflikt und die Verhältnisse auf dem Balkan, wo Soldaten der Bundeswehr seit einigen Jahren einen fragilen Frieden sicherten. Das besondere deutsch-israelische und deutsch-jüdische Verhältnis war mir aus den Entschädigungsverhandlungen für die NS-Zwangsarbeiter vertraut. Europapolitische Fragen waren im Kanzleramt ohnehin tägliches Geschäft. Und natürlich war ich beim Ringen um die großen außenpolitischen Weichenstellungen der rot-grünen Bundesregierung, um die Bundeswehreinsätze auf dem Balkan und in Afghanistan sowie um die Festlegung der deutschen Haltung zum Irak-Konflikt beteiligt.

In meiner Antrittsrede habe ich damals betont, dass Außen- und Innenpolitik keine scharf getrennten Sphären mehr seien. Der Stellenwert Deutschlands ergibt sich nicht länger aus seiner Rolle als vorgeschobener Posten der westlichen Welt. Wir müssen neue Wege suchen, um unsere langfristigen Interessen durchzusetzen, um Frieden und Wohlstand zu sichern. Ein Deutschland, das sich nach innen verändert und modernisiert, wird auch in der Welt draußen anders ernst genommen als ein Land, das sich ängstlich jeder Veränderung entzieht. Und die Außenpolitik steht in der Pflicht, den gesellschaftlichen, kulturellen und wirtschaftlichen Modernisierungsprozess zu Hause zu begleiten und zu unterstützen. Für das Auswärtige Amt bedeutete dies neue inhaltliche Orientierung: ein höherer Stellenwert für die Auswärtige Kultur-, Bildungs- und Wissenschaftspolitik, die wertvolle Brücken in die Welt um uns bauen. Mehr Augenmerk auf Fragen von Wirtschaft und Energie. Aktives Suchen nach den strategischen Partnern von morgen. Und das gerade in den Regionen, die in den Jahren zuvor eher im Schatten der Weltpolitik gestanden hatten: Zentralasien, Nordafrika, die Golfstaaten oder Lateinamerika.

In Anlehnung an den Schriftsteller Daniel Kehlmann, der mich auf meiner ersten Südamerikareise begleitet hat, habe ich die Aufgabe deutscher Außenpolitik als »Neuvermessung der Welt« bezeichnet. So wie Alexander von Humboldt im 19. Jahrhundert aufbrach, um die Urwälder und Gebirge der Neuen Welt und des Zarenreichs zu erkunden und zu vermessen, so wie er durch die Urwälder des Amazonas und durch Sibirien reiste und dem damaligen Weltverständnis neue Räume erschloss, so muss sich heute eine verantwortliche Außenpolitik aufmachen, um die Welt von morgen zu kartografieren und Chancen ebenso wie Risiken neu zu bestimmen.

Ganz bewusst habe ich mich bei meinen Auslandsreisen nicht auf die üblichen außereuropäischen Ziele – Washington, Moskau, Tokio – beschränkt. Mir ging es darum, den Puls der Veränderung zu spüren, in Südkorea, Vietnam, Argentinien oder auch in Nigeria. Denn es bilden sich neue politische und wirtschaftliche Kraftfelder in der Welt heraus. Ganze Kontinente haben sich auf den Weg gemacht. Asien, Lateinamerika, immer mehr aber auch Afrika erwachen zu neuer Stärke. Über zweihundert der tausend größten Unternehmen weltweit kommen inzwischen aus den aufstrebenden Volkswirtschaften, aus Ländern wie Indien, China oder Mexiko. Dort entsteht ein neues Selbstbewusstsein, das auf Wachstum und erfolgreicher Entwicklung gründet, ein Selbstbewusstsein, das sich inzwischen auch als Wille zur politischen Mitsprache deutlich Ausdruck verschafft. Wirtschaftlich können wir Deutsche von der Entwicklung in vielen Weltregionen profitieren, politisch werden wir durch sie mehr und mehr gefordert. Wir erleben miteinander den Beginn des ersten wirklich globalen Jahrhunderts, und deswegen ist es nicht verwunderlich, dass die Menschen nach neuen, tragfähigen Ordnungsmustern für globale Stabilität und ein faires Miteinander suchen.

Was könnte der archimedische Punkt dieser Neuvermessung sein? Meine Antwort lautet darauf: Dialog und Kooperation. Der kooperative Ansatz unterscheidet unsere Zeit von dem ersten Globalisierungsschub, der in der zweiten Hälfte des 19. Jahrhunderts begann und ganz im Zeichen von imperialistischer Eroberung und dem Kampf um Machtsphären stand. Wer heute immer noch Außenpolitik als Kampf der großen Mächte oder meinetwegen Kulturen versteht, hat das Wesen unserer Zeit nicht verstanden. Zum ersten Mal in der Geschichte sind alle großen Probleme und Konflikte nur noch gemeinsam zu lösen. Niemand, selbst der Stärkste nicht, ist dazu noch auf eigene Faust in der Lage. Das ist das eigentlich Neue an der Außenpolitik im 21. Jahrhundert. Und damit gerade für uns Deutsche, die wir nach dem katastrophalen Scheitern unserer Großmachtphantasien gemeinsames Handeln und partnerschaftliche Kooperation zum Bestandteil unseres politischen Gencodes gemacht haben, eine große Chance. Denn unsere Art, Probleme anzugehen und zu lösen, kreativ, vernetzt, dialogorientiert, trifft den Nerv der Zeit.

Anhand der Energie- und Klimafrage habe ich dargelegt, wie kooperative Ansätze aussehen können, wie gemeinsame Win-Win-Situationen möglich sind. Aber auch der Zusammenbruch des internationalen Finanzsystems im Herbst 2008 hat uns allen vor Augen geführt, dass jede Gegenmaßnahme internationale Abstimmung voraussetzt. Kein Land kann Krisen wie den Zusammenbruch der Weltfinanzmärkte noch aus eigener Kraft bewältigen. Das bedeutet: Erstmals in der Geschichte dieses Planeten können die zentralen Probleme – Schaffung eines nachhaltigen Wohlstands für möglichst viele Menschen, Energiesicherheit und Klimaschutz, umfassende Friedenspolitik, Stabilität und Rüstungskontrolle – tatsächlich nur in einer gemeinsamen Anstrengung der gesamten Menschheit gelöst werden. Dialog und Kooperation sind die Schlüsselbegriffe der internationalen Politik.

Dialog und Kooperation – vor dem Hintergrund einer unruhigen, friedlosen Welt! Gemessen an den großen Hoffnungen, die wir Europäer nach 1990 hegten, sieht die politische Lage der Welt im Jahr 2009 einigermaßen ernüchternd aus. Fast zwei Jahrzehnte nach dem Fall des Eisernen Vorhangs befinden wir uns wieder in einer Phase der Abkühlung. »Ein neues Zeitalter der Demokratie, des Friedens und der Einheit« versprach die Charta von Paris, in der 1990 die Blockkonfrontation endgültig für überwunden erklärt wurde. Sie stellte ein neues Europa in Aussicht, mehr noch: eine gerechte, gesamteuropäische Friedensordnung von Lissabon bis Wladiwostok. Dieses große Ziel deutscher, europäischer und amerikanischer Politiker seit Ende des Zweiten Weltkriegs schien endlich greifbar nahe zu sein. Waren mit dem Grundkonflikt der Systeme nicht alle politischen Konflikte obsolet geworden? Wartete auf uns nicht eine Ära des nachgeschichtlichen Friedens, dessen Zeichen unaufhaltsame Siege der Demokratie in der Welt waren, verbunden mit weltumspannender Prosperität und Freiheit für alle Menschen?

Diese großen Hoffnungen erfüllten sich leider nicht. Die Konflikte auf dem Balkan waren ein blutiges Fanal. Sicher, die Landkarte Europas hat sich tiefgreifend verändert. Grenzen sind gefallen, die Völker einander näher gerückt. Vor 1990 träumten polnische und tschechische Intellektuelle von einem Platz in der Mitte Europas – und wir jungen demokratischen Linken an der Gießener Uni träumten mit. In Riga oder Vilnius musste heimlich flüstern, wer die Unabhängigkeit seines Landes beschwor. Heute gehören alle baltischen Länder zur Europäischen Union. Auch Russland näherte sich dem Rest Europas an – um sich danach leider wieder ein Stück weit zu entfernen. Die Konflikte im Kaukasus, insbesondere derjenige zwischen Russland und Georgien, zeigen uns aber, dass wir von einer stabilen europäischen Friedensordnung immer noch weit entfernt sind. Von den nur mühsam gebändigten Spannungen auf dem Balkan ganz zu schweigen.

Und auch jenseits von Europa hat sich der Traum vom ewigen Frieden nicht erfüllt. Der Wegfall der zynischen Stabilität des Kalten Kriegs löste vielmehr eine Vielzahl neuer, hochgefährlicher Regionalkonflikte aus, in Afrika genauso wie im Nahen und Mittleren Osten oder in Afghanistan. Neue Machtpole haben sich herausgebildet – und gleichzeitig sind ganze Staaten zerfallen. Auf der Landkarte tauchen neue weiße Flecken auf: Orte ohne staatliche Ordnung, No-Go-Areas selbst für internationale Hilfsorganisationen, Brutstätten von Elend, Hunger und Gewalt. Der Zusammenbruch staatlicher Autorität in Somalia bedroht die gesamte Handelsschifffahrt am Horn von Afrika. Im Herzen Afrikas toben blutige Bürgerkriege, deren Frontlinien von außen kaum noch zu durchschauen sind. Im Schatten der Globalisierung hält sich archaische Gewalt. In manchen dieser Kriege brechen uralte Konfliktlinien wieder auf. In anderen Fällen geht es um Bodenschätze, knappes Wasser und das wenige fruchtbare Land. Nicht selten erinnern diese Kriege und Konflikte an die Auseinandersetzungen des

19. Jahrhunderts, an die überholt geglaubten erbitterten Kämpfe um Macht, Vorherrschaft und Einflusszonen. Es sind Konflikte, die eigentlich nicht mehr in unsere Zeit passen – und die doch unsere Kraft, noch mehr unsere Aufmerksamkeit und unser Engagement fordern.

Viele von uns stecken mental noch im Korsett einer Außenpolitik, die zu Zeiten des Kalten Kriegs gut und richtig war, der neuen Lage unseres Landes aber nicht mehr entspricht. Vor 1990 hatte die Bundesrepublik außenpolitisch zwei Ziele: Sie musste das Bündnis mit den USA und die NATO pflegen, weil dies unser Schutzschirm gegen äußere Bedrohungen war. Und sie musste das Verhältnis zu Moskau möglichst spannungsfrei gestalten, um den Weg zur Wiederannäherung zwischen beiden deutschen Staaten nicht völlig zu verbauen. Ansonsten hielt sich deutsche Außenpolitik nach der Katastrophe von zwei Weltkriegen aus der internationalen Politik heraus, soweit es ging. Und wenn der Erwartungsdruck zu groß wurde, dann zückte man eben das Scheckbuch. Doch diese Epoche ist unwiederbringlich vorbei. Das Ende der Blockkonfrontation brachte auch für Deutschland neue Verantwortung mit sich. Der sichtbarste, wenn auch keinesfalls einzige Ausdruck dafür war die steigende Zahl von Auslandseinsätzen der Bundeswehr im Rahmen internationaler Friedensoperationen.

Wir haben uns damit alle nicht leicht getan. Auch meine Partei nicht. Den Entscheidungen des Bundestags, deutsche Soldatinnen und Soldaten in den Kosovo, nach Bosnien-Herzegowina und nach Afghanistan zu schicken, gingen heftige politische Auseinandersetzungen voraus. Für den Afghanistan-Einsatz der Bundeswehr riskierte Gerhard Schröder seine politische Existenz und stellte im November 2001 die Vertrauensfrage, die er knapp gewann. Anders als in anderen Ländern braucht jeder solche Einsatz bei uns ein eigenes Bundestagsmandat – das noch dazu jährlich verlängert werden muss. Das ist für Außen- und Verteidigungsminister manchmal beschwerlich – ich weiß nicht, wie viele Reden aus Anlass von Mandatsverlängerungen ich im Bundestag in den letzten dreieinhalb Jahren gehalten habe. Ich halte diese Verlängerungspraxis aber für richtig und notwendig – nicht nur vor dem Hintergrund unserer geschichtlichen Erfahrung. Jeder Einsatz militärischer Mittel bürdet der Politik hohe Verantwortung auf – und muss gegenüber Öffentlichkeit und Parlament genauestens begründet werden. Ist der Einsatz politisch gerechtfertigt? Ist er eingebettet in ein diplomatisches und ziviles Wiederaufbaukonzept? Haben wir wirklich alles getan, um unsere Soldaten keinen unnötigen Gefahren auszusetzen? Und wie sieht eine mögliche Exit-Option aus?

Bis heute spaltet der Afghanistan-Einsatz die Öffentlichkeit. Ich weiß aus vielen Gesprächen in meinem Brandenburger Wahlkreis, wie kritisch unser Engagement vor allem in Ostdeutschland gesehen wird. Ich erzähle dann über meine eigenen Erfahrungen in Afghanistan, von meinen Begegnungen mit Politikern, aber auch mit vielen einfachen Menschen. Über die Dankbarkeit, die uns fast überall entgegenschlägt, über die Angst, dass wir die Menschen wieder den Steinzeitterroristen der Taliban überlassen, die noch vor sieben Jahren Menschen gesteinigt und Musik verboten haben. Über die Frauen und Mädchen, die wieder eine Schule besuchen dürfen, darüber, dass 85 Prozent der Menschen heute einen Arzt oder ein Krankenhaus in der Nähe haben, oder über die Tausende Kilometer neuer oder reparierter Straßen. Und ich erkläre unseren Ansatz: Wir wollen, dass die Menschen in Afghanistan die Zukunft ihres Landes möglichst schnell wieder in die eigenen Hände nehmen können und selbst für die Sicherheit in ihrem Land sorgen.

Natürlich ist der Weg dahin steiniger und länger, als wir es uns alle erhofft hatten. Jedes zivile Opfer und jedes Selbstmordattentat sind ein Rückschlag, und die Rückschläge haben zugenommen, auch im Norden des Landes, wo wir die

Hauptverantwortung für Sicherheit und Wiederaufbau tragen. Aber ich sage auch: Jedes Stück Land, das ein Bauer wieder bestellen kann, jedes Kind, das in die Schule geht, jedes neue Krankenhaus, jeder Kilometer Straße sind ein kleiner Sieg der Menschlichkeit.

Unser Afghanistan-Einsatz geht geht bald ins neunte Jahr; die USA haben eine neue Regierung, die sich stärker um diese Region kümmern wird. In dieser Situation plädiere ich dafür, unsere Ziele neu zu definieren. Im Kern geht es um dreierlei: Afghanistan darf nie wieder zum Zufluchtsort und Rückzugsraum für Terroristen werden. Die afghanische Regierung muss in die Lage versetzt werden, die Verantwortung für die Sicherheit selbst zu übernehmen, und die elementaren Menschen- und Bürgerrechte müssen gewahrt sein. Wenn das erreicht ist, können unsere Soldaten abziehen. Mit einer klugen Strategie ist dieses Ziel in Jahren, nicht in Jahrzehnten erreichbar. Voraussetzung ist allerdings, dass es uns gelingt, die Nachbarn, allen voran Pakistan und den Iran, an der Stabilisierungsaufgabe zu beteiligen. Besonders problematisch ist die Situation im afghanisch-pakistanischen Grenzgebiet. Bereits während unserer G8-Präsidentschaft im Jahr 2007 habe ich mich intensiv um eine Verbesserung des Verhältnisses zwischen den beiden Ländern bemüht. Mit dem tödlichen Attentat auf Benazir Bhutto im Dezember 2007 haben diese Bemühungen leider einen Rückschlag erlitten. Jetzt ist es Zeit, gemeinsam mit der neuen amerikanischen Regierung diesen regionalen Ansatz wieder aufleben zu lassen und durch die Gründung einer Afghanistan-Kontaktgruppe unter Einschluss Russlands und des Iran zu flankieren.

Weniger umstritten als der Afghanistan-Einsatz, dafür aber von hoher symbolischer Bedeutung ist der UN-Einsatz der Bundesmarine vor der Küste des Libanon. Als wir das Parlament um Zustimmung dafür baten, war uns klar, dass mit diesem Einsatz Neuland betreten wird. Niemals zuvor haben deutsche Soldaten an Friedensmissionen im Nahen und Mittleren Osten teilgenommen. Sowohl die libanesische als auch die israelische Regierung haben auf die Beteiligung der Bundeswehr Wert gelegt – ein Ausdruck des besonderen Vertrauens, das Deutschland heute in dieser Region genießt. Die Entsendung dieser Mission unter deutscher Beteiligung war Teil eines internationalen Vermittlungsangebots, mit dem im August 2006 die Militäroperation Israels gegen die Hisbollah beendet werden konnte. Ich erinnere mich noch, wie ich am Abend des 7. September 2006 in Beirut auf dem Balkon des Präsidentenpalastes gemeinsam mit Präsident Fouad Siniora und seinem halben Kabinett die erste Linienmaschine seit Wochen den Flughafen von Beirut anfliegen sah. Großer Jubel herrschte, gemischt mit Erleichterung. Israel hatte seine Luftblockade aufgehoben, weil deutsche Polizisten und Zollbeamte mit mir wenige Stunden zuvor auf dem Flughafen eingetroffen waren und damit sichergestellt war, dass die Hisbollah wenigstens auf dem Luftweg keinen Nachschub für ihre Raketenangriffe bekam. Momente wie diese vergisst man nicht.

Keine andere Region hat mich als Außenminister so intensiv beschäftigt wie der Nahe Osten. Mehr als ein Dutzend Mal bin ich dorthin gereist. In unzähligen Gesprächen mit israelischen und arabischen Gesprächspartnern habe ich um Verständnis für die jeweils andere Seite gerungen. Nach einer ersten Bestandsaufnahme war mir klar: Ohne die Einbeziehung aller Nachbarn Israels würde der Friedensprozess letztlich keine Chance haben. Deswegen habe ich versucht, nicht nur existierende Gesprächskanäle offenzuhalten, sondern auch neue zu entwickeln, um auf diese Weise kleine Fortschritte zu ermöglichen. Ich habe mit den Syrern gesprochen, als sie allgemein noch als Parias galten. Ich habe deutsche Unternehmen in die Westbank gebracht, wir haben den Aufbau der palästinensischen Sicherheitskräfte unterstützt, Hilfe beim Aufbau demokratischer Strukturen gegeben. Wieder und wieder gab es Rückschläge – das politische Auseinanderdriften zwischen der Westbank und Gaza, also der Bruch zwischen Fatah und Hamas, oder vor Kurzem der Krieg zwischen Hamas und Israel. Kein Konflikt lässt einen als Außenstehenden so bescheiden werden – und gleichzeitig immer wieder Kraft zu einem neuen Anfang schöpfen. Denn hier geht es um mehr als einen langwierigen und komplizierten Regionalkonflikt. Der israelisch-palästinensische Konflikt ist der Kernkonflikt, der das Verhältnis zwischen der westlichen und der arabischen Welt schwer belastet. Und es ist ein Konflikt, der keinen deutschen Politiker kalt lassen kann. Wir treten für das Existenzrecht Israels ein – aus Überzeugung und aus historischer Verantwortung. Die Menschen in Israel müssen ohne Angst um ihre Staatlichkeit und ohne tägliche Bedrohung durch Raketen und Anschläge leben können. Und wir wissen gleichzeitig, dass Israel nur dann sicher leben kann, wenn auch die Palästinenser ihren eigenen Staat haben. Die Zweistaatenlösung ist nach wie vor ohne Alternative – auch wenn der Weg dorthin nach dem jüngsten Gaza-Konflikt wieder ein Stück weiter geworden ist.

So wichtig Krisenmanagement ist, so wenig darf sich deutsche Außenpolitik darauf beschränken. Wir tragen Verantwortung für die Lösung regionaler Konflikte – als drittgrößte, vielleicht nach China jetzt nur noch viertgrößte Volkswirtschaft der Welt, als stabile Demokratie und als ein Land, das überall in der Welt großes Ansehen genießt. Aber die Verantwortung deutscher Außenpolitik geht weit darüber hinaus. Verantwortliche Außenpolitik darf sich nicht in kurzfristigem Interventionismus erschöpfen. Sie muss ein Gefühl haben dafür, wo unser Land steht, aber auch in welche Richtung es sich entwickeln soll. Sie muss die Rolle Deutschlands in einer sich rapide verändernden Welt immer wieder neu justieren. Sie muss politische, wirtschaftliche und kulturelle Chancen rechtzeitig erkennen, frühzeitig auf Gefahren aufmerksam machen und mit dazu beitragen, dass unser Land Fenster und Türen aufmacht und mit Neugier auf die Welt draußen zugeht. Ich habe für diese Aufgabe den Begriff der »vorausschauenden Außenpolitik« geprägt. Und diese vorausschauende Außenpolitik, die ich etwas näher erläutern möchte, ist Teil des großen Modernisierungsprojekts, das in unserem Land begonnen hat, aber lange noch nicht abgeschlossen ist.

Vorausschauende Außenpolitik, wie ich sie verstehe, ist eingebettet in einen veränderten weltpolitischen Rahmen. Ich habe bereits darauf hingewiesen, was das entscheidende Kennzeichen ist, das unsere Epoche von den früheren unterscheidet. Die Welt ist *eine* geworden, die Zeit der Hegemonie einiger weniger Mächte ist vorbei. Und diese *eine* Welt braucht neue Regeln. Auf die Globalisierung der Märkte muss nun die politische Globalisierung folgen. Unser Ziel ist eine »globale Verantwortungsgemeinschaft«.

Was heißt vorausschauende Außenpolitik? Es heißt, dass die Außenpolitik die großen Linien in den Blick nimmt und sich durch die Turbulenzen der Tagespolitik davon nicht abbringen lässt. Auch Außenpolitik ist eine Reise ins Unbekannte, aber umso wichtiger ist ein verlässlicher Kompass, der sicher durch die Klippen der alltäglichen Konflikte führt. Daraus ergeben sich eine Reihe konkreter Aufträge für unsere Außenpolitik.

Zuallererst, dass deutsche Außenpolitik zunächst einmal *europäische* Politik ist – Politik in Europa und mit Europa. Ich habe unzählige Stunden mit meinen europäischen Amtskollegen verbracht. Viele von uns scherzen, wir würden mehr Zeit miteinander als mit unseren Ehepartnern verbringen. Deswegen weiß ich um die Schwierigkeiten, zu gemeinsamen Positionen zu kommen, sei es bei der Nahostpolitik, sei es bei der Haltung zu Russland, sei es beim Umgang mit Konflikten in Afrika. Und dennoch ist es meine feste Überzeugung: Europa war nicht nur die richtige Antwort auf zwei schreckliche Weltkriege, Europa ist auch die richtige Antwort auf die Frage nach unserem künftigen Platz in der Welt. Kein europäischer Staat ist groß genug, um in diesem Jahrhundert auf der Weltbühne mehr als eine Nebenrolle spielen zu können. Nur gemeinsam sind wir stark. Aber gemeinsam *sind* wir auch stark!

Das zweihundert Jahre währende Modell, das auf Politik im kleinen Karo des klassischen Nationalstaats setzt, ist für viele Bereiche schlichtweg überholt. Für Europa-Profis, die sich jede Woche in Brüssel treffen und miteinander Positionen zur Außen- oder Wirtschaftspolitik oder zu vielerlei anderen Regelungen abstimmen, ist das eine Selbstverständlichkeit. Doch es ist uns noch nicht wirklich gelungen, diese Selbstverständlichkeit im Alltagsdenken der Menschen zu verankern. In der Binnenwahrnehmung ist die EU Opfer ihrer eigenen Erfolge geworden. Eine beispiellose Friedensära, offene Grenzen, wirksame Befriedung der Konflikte an der Peripherie, eine einheitliche Währung – all das wird als selbstverständlich hingenommen und bei Gelegenheit beargwöhnt, wenn es nicht perfekt funktioniert. Das Bewusstsein der Menschen in den Mitgliedstaaten hinkt hinter dem, was in der EU tatsächlich erreicht worden ist und was Europa weltpolitisch bedeutet, noch hinterher. Die Politik kann sich von der Verantwortung für diesen Zustand nicht ganz freisprechen. Ich bin mir sicher, dass in diesem Auseinanderfallen von tatsächlicher Vergemeinschaftung und dem öffentlichen Bewusstsein davon der entscheidende Grund für die verbreitete Europa-Skepsis in Deutschland und in anderen EU-Ländern liegt.

Wer an europäischer Politik mitwirkt, neigt nicht zu naiver Europa-Euphorie. Denen, die sich um Europa bemühen, sind die Defizite des Alltags europäischer Politik vor allem bewusst. Das Fehlen einer europäischen Öffentlichkeit ist zusätzliche Last. Dennoch sage ich: Wir Politiker wirken oft viel zu verzagt, wenn wir von Europa reden. Viele überlassen das

Feld politischen Nostalgikern und populistischen Gauklern, die uns weismachen wollen, der Zug der Zeit sei aufzuhalten und es müsse nur alles so werden wie früher. Hinzu kommt, dass Europa die Herzen der Menschen nicht erreicht, wenn es sich nur als Markt versteht. Europa ist mehr als das, es ist eine Wertegemeinschaft demokratischer Nationen, die sich verbinden, um das Leben ihrer Bürgerinnen und Bürger zu verbessern. Das müssen wir stärker in den Vordergrund stellen. Wo Europa das Leben der Menschen nicht verbessert, sondern sie verunsichert, müssen wir die Kraft zur Kurskorrektur finden. Wo etwa im Wettbewerbsrecht die niedrigsten sozialen Standards dominieren, geht etwas schief. Europa ist politisch kein Neutrum, und es darf nicht gesichtslos werden, nicht zum seelenlosen Apparat. Um die politische Richtung, die dieses Europa einschlägt, kann und muss in Europa vielmehr öffentlich gestritten und demokratisch entschieden werden. »Mehr Demokratie wagen« – inzwischen muss das zu einer europäischen Maxime werden.

Viele Menschen verstehen Europa als Triebkraft marktradikalen Denkens, nicht aber als Schutz. Manche soziale Errungenschaft ist ja in der Tat gefährdet, und die Politik hat seit 1990 gegenüber der Wirtschaft an Einfluss verloren. Die Weltwirtschaftskrise regt allerdings das Nachdenken neu an. Europa wird dann die Herzen der Menschen wieder gewinnen, wenn sie es als Raum verstehen, in dem der Mensch und seine Bedürfnisse wichtiger sind als das anonyme Marktgesetz. Oder in den Worten des amerikanischen Soziologen Jeremy Rifkin: »Wir leben in unruhigen Zeiten. Viel von der Welt liegt im Dunkeln, sodass zahlreiche Menschen keine klare Orientierung haben. Der europäische Traum ist ein Silberstreifen am Horizont einer geplagten Welt. Er lockt uns in eine neue Zeit der Inklusivität, Diversität, Lebensqualität, spielerischen Entfaltung, Nachhaltigkeit, der universellen Menschenrechte und der Rechte der Natur und des Friedens auf Erden. Wir Amerikaner haben immer gesagt, für den amerikanischen Traum lohne es sich zu sterben. Für den neuen europäischen Traum lohnt es sich zu leben.« Auch wenn diese Worte mit der nüchternen Kommuniqué-Sprache der EU wenig gemein haben – so werden wir in vielen Gegenden der Welt wirklich gesehen: in Lateinamerika, in vielen Regionen Afrikas, in Südostasien. Die Menschen hoffen auf uns, hoffen, dass unser europäisches Experiment gelingt. Dass wir aus den Trümmern nationaler Politik ein neues, gemeinsames Haus bauen können, ein menschliches Haus, ein solidarisches Haus. Deshalb lohnt es sich, an diesem europäischen Traum zu arbeiten – der nicht nur der Traum Europas ist.

Vorausschauende Außenpolitik, das heißt für mich zweitens, dass wir aktiv auf die Wachstumsregionen von morgen zugehen. Dass wir nicht warten, bis andere zu uns kommen, sondern wir uns selbst auf den Weg machen. Egal, wo ich hinkomme, in Brasilien und Chile, in der Golfregion und in Nigeria, in Kasachstan und Vietnam – überall höre ich die gleiche Klage: Wo seid ihr Deutschen? Wir warten auf euch! Wir warten auf eure Unternehmen, auf eure Wissenschaftler, auf eure Kultur und die, die sie schaffen! Es gehört vielleicht zu den wichtigsten Erfahrungen meiner Außenministerzeit, dass ich gesehen habe, wie gefragt wir draußen sind. Von Anfang an habe ich auf meinen Reisen Unternehmer, Wissenschaftler und Künstler mitgenommen. Ich habe gelernt, wie sie die Länder wahrnehmen, in denen wir unterwegs sind. Welche Chancen sie sehen, wo Probleme sind. Oft ist es über den Wolken oder abends im Hotel zu höchst interessanten Begegnungen gekommen, Begegnungen, die es in Deutschland so nicht gegeben hätte. Manchmal braucht es eine gemeinsame Reise und eine fremde Kultur, um Sprachlosigkeit auch im eigenen Land zu überwinden.

Unzweifelhaft gehört Asien zu den dynamischsten Regionen dieser Welt. Der Kontinent ist zum Motor der Globalisierung geworden. Dennoch ist der Chor derjenigen leiser geworden, die regelmäßig den Beginn eines »asiatischen Jahrzehnts« – selbstverständlich zu Lasten Europas – ausrufen. Tatsächlich bietet dieser riesige Kontinent ein facettenreiches, zum Teil widersprüchliches Bild. Die beachtlichen wirtschaftlichen Erfolge der letzten Jahrzehnte gehen in vielen Regionen Asiens mit extremer Armut einher, häufig auch mit zunehmenden sozialen Spannungen. Viele Inder müssen immer noch mit weniger als einem Dollar am Tag auskommen. In fast allen Ländern gibt es ein explosives Stadt-Land-Wohlstandsgefälle, welches nur durch regelmäßig zweistellige Wachstumsraten unter Kontrolle gehalten werden kann. Noch weiß keiner, wie sich die weltwirtschaftliche Krise auf die innere Stabilität von China auswirken wird.

Auch politisch verlaufen potenzielle Konfliktlinien durch den Kontinent. Unterschwellig prägt ein Gefühl der Konkurrenz und des Wettstreits das Verhältnis der asiatischen Giganten untereinander. Allein schon aufgrund ihrer Größe und ihres Wachstumstempos werden China und Indien auf mehr Macht und Einfluss in Asien drängen – nicht ohne hinter den Kulissen den Widerstand kleinerer Länder zu provozieren. Insofern ist die wirtschaftliche Stärke des Raums noch nicht gleichzusetzen mit politischer Gestaltungsfähigkeit. Die große Frage ist: Wird Asien, bestärkt durch seine wirtschaftliche Dynamik, nach einem asiatischen Sonderweg suchen, oder wird der Kontinent aktiv dazu beitragen, eine weltweite politische Ordnung zu etablieren? Unser Interesse muss natürlich Letzteres sein. Ein Weg ist der Ausbau der Regionalkooperation, die es auch in Asien gibt. Der europäische Weg, in einem Staatenbund wie der EU ganze Politikbereiche zu vergemeinschaften, ist noch nicht auf Asien übertragbar. Gleichwohl gibt es ein großes Interesse an unserem Integrationskonzept. Es wird umso größer werden, je feiner sich Handels- und Ressourcenströme verflechten. Wo immer kooperative Strukturen in

Asien entstehen, sollten wir Europäer mit Geburtshelfer sein. Das gilt sogar für die Sicherheitspolitik im engeren Sinne.

Unsere Außenpolitik muss deutlich machen, was gerade Europa Asien in Zukunft zu bieten hat. Und wir müssen in dieser Hinsicht gar nicht bescheiden sein. Es war ein asiatischer Staatsmann, der mir kürzlich sagte: »Die Europäer haben, was viele asiatische Gesellschaften anstreben: demokratische Staatsformen, Infrastruktur, Bürgerrechte, Spitzenunternehmen, ein hohes Bildungs- und Sozialniveau, eine reiche Kultur.« Dass wir damit auch in Asien punkten können, bestätigte sich im Herbst 2008 in Indien bei einem Gespräch mit dem Ministerpräsidenten Manmohan Singh, einer imponierenden Persönlichkeit. Bei aller Konzentration aufs Ökonomische im heutigen Indien: Singhs Blick geht weit über Wachstumsfragen hinaus. Er gehört zu der Riege indischer Politiker, die sich in der Tradition Gandhis sehen – nicht nur als politischer Repräsentant, sondern auch als Erzieher ihres Volkes. Ich hatte bei ihm den Eindruck, die Wirtschaftspolitik stelle für ihn das Reich der Notwendigkeit dar, aber seine Leidenschaft geht in eine andere Richtung: Bildung, Wissenschaft und Kultur. Wir haben, nachdem die klassischen außenpolitischen Probleme abgehandelt waren, lange über diese Fragen gesprochen und engere Kooperation gerade in diesen Bereichen vereinbart.

Eine bisher vernachlässigte Region hat mich in den letzten Jahren ganz besonders beschäftigt: Zentralasien. Ich habe als erster deutscher Außenminister alle Staaten dieser Region besucht und war erstaunt, auf wie viel Offenheit und Interesse ich dort stieß. Diese Länder fühlen sich Europa kulturell eng verbunden. Wie mir einer meiner usbekischen Gesprächspartner einmal sagte: Wir kennen die Geschichte der Französischen Revolution genauer als unsere eigene. Aber natürlich sind diese Länder von der Demokratie und der Idee der Menschenrechte, wie sie in der Französischen Revolution entwickelt wurden, noch meilenweit entfernt. Die Seidenstraße, die durch diese Region verlief, war bis in die frühe Neuzeit die wichtigste Verbindung zwischen Ostasien und dem Mittelmeerraum. Erfindungen wie das Schwarzpulver und das Papier gelangten über sie nach Europa. Heute ist Zentralasien aus anderen Gründen wichtig: Gewaltige Energie- und Rohstoffressourcen befinden sich dort, und die Region liegt zwischen Russland, Europa und China an einer wichtigen geopolitischen Schnittstelle. Der Islam dort ist immer noch überwiegend gemäßigt, die Nachbarschaft aber explosiv: Iran, Afghanistan und Pakistan.

Im Rahmen unserer EU-Präsidentschaft haben wir im ersten Halbjahr 2007 die Grundlage für eine EU-Zentralasien-Strategie gelegt und eine Fülle von Kooperationsfeldern bestimmt: Energiepartnerschaft, Ausbau der Handelsbeziehungen, gemeinsamer Kampf gegen Drogen und Terrorismus, Förderung der Menschenrechte und rechtsstaatlicher Strukturen, Bildung und Ausbildung, effektive Nutzung der Wasserressourcen. Besonders Wasser ist ein wichtiges Thema und gleichzeitig Keimzelle einer länderübergreifenden Kooperation. Wir alle haben die Bilder des schrumpfenden Aralsees mit auf dem Trockenen liegenden Schiffen vor Augen, der bereits 80 Prozent seines ursprünglichen Wasservolumens verloren hat. Die landwirtschaftliche Produktion Zentralasiens hängt maßgeblich vom verfügbaren Wasser ab, und die Wasserfrage birgt realen Konfliktstoff für die ganze Region. Modernisierungspotenzial ist aber reichlich vorhanden: Nur etwa die Hälfte des Wassers wird effektiv genutzt. Veraltete Infrastruktur und Bewässerungstechnik, aber auch die einseitige Ausrichtung auf Monokulturen wie Baumwolle bestimmen das Bild. Gemeinsam mit Vertretern der deutschen Wirtschaft und Wissenschaft hat das Auswärtige Amt eine Reihe von Wasserkonferenzen organisiert – aus ersten Ideen sind konkrete Projekte geworden.

Warum erzähle ich das so ausführlich? Weil dieses Beispiel

sehr gut zeigt, was das Wesen vorausschauender Außenpolitik ist, dass Sicherheitskonflikte rechtzeitig erkannt und an der Wurzel angegangen werden. Dass es um die Definition gemeinsamer Interessen geht. Dass wir geschichtliche Zusammenhänge kennen und andere Mentalitäten verstehen müssen. Dass Lösungen nicht von der Politik allein, sondern gemeinsam mit Wirtschaft und Wissenschaft gefunden werden müssen. Und nicht zuletzt: dass es eines langen Atems bedarf.

Vorausschauende Außenpolitik heißt drittens: Wir brauchen eine Neubegründung unseres Verhältnisses zu den USA. Und der Amtsantritt von Barack Obama bietet dafür eine riesige Chance. Es genügt nicht, die Bedeutung des transatlantischen Verhältnisses in Sonntagsreden zu beschwören. Es genügt nicht, sich immer wieder im Kreis der transatlantisch Initiierten gegenseitig zu versichern, wie wichtig man sich sei. Man muss die zunehmende Zahl von Skeptikern gewinnen und die jungen Menschen wieder davon überzeugen, dass Europa und Amerika gemeinsam die Welt besser machen können. Befürworteten in den Neunzigerjahren noch 64 Prozent der befragten Europäer eine Führungsrolle der USA in den internationalen Beziehungen, so waren es 2007 nur noch 31 Prozent. Auch Meinungsumfragen in den USA zeigen abnehmendes Interesse an Europa. Wer in Washingtoner Denkfabriken Karriere machen will, lernt jetzt Chinesisch oder Arabisch.

Im Juli 2008 haben sich Hunderttausende von Menschen an der Siegessäule in Berlin versammelt, um Barack Obamas Vision eines besseren Amerika und einer friedlicheren Welt zu lauschen. Seine Worte haben Millionen von europäischen Fernsehzuschauern fasziniert. Sie haben den amerikanischen Traum aufleben lassen, für den unzählige Menschen in aller Welt dieses Land seit über zweihundert Jahren bewundern. Für eine Gesellschaft, die die Kraft hat, sich zu wandeln, die offen ist für neue Ideen und die mutigen Menschen Raum lässt, ihr Leben selbst in die Hand zu nehmen. Das gibt Hoffnung.

Die großen Zukunftsaufgaben der Menschheit, die Arbeit an einer politischen Antwort auf die Globalisierung, die Abwendung der Klimakatastrophe, die Entwicklung zeitgemäßer Formen der Mobilität, der Kampf gegen den Hunger in der Welt, die Überwindung der Folgen der Finanzkrise, neue Regeln für die internationalen Finanzmärkte – all das bietet großartige Möglichkeiten für vertiefte transatlantische Kooperation und für einen gemeinsamen Aufbruch im Rahmen einer »Neuen Transatlantischen Agenda«. Wir sollten gemeinsam vorangehen bei der Neuordnung der globalen Institutionen, sie an die politischen Realitäten von heute und die Herausforderungen von morgen anpassen. Neues Vertrauen zwischen Ost und West, zwischen Kulturen und Religionen schaffen. Gemeinsam neue Ansätze in der Abrüstungspolitik entwickeln, um die Sicherheit für alle zu verbessern. Und ebenso gemeinsam vorangehen bei einer nachhaltigen Ausrichtung der globalen Energie- und Klimapolitik, mit Blick auf ein weltweites Klimaregime nach 2012, aber auch mit Blick auf die energiehungrigen Schwellenstaaten in Asien und Lateinamerika. Von unseren Konzepten, unserer Technologie wird es abhängen, ob diese Länder einen verträglichen Wachstumspfad einschlagen oder nicht. Lasst uns die Zusammenarbeit zwischen den Wissenschaftlern und der Zivilgesellschaft auf beiden Seiten des Atlantiks verstärken, die Universitäten und Forschungseinrichtungen vernetzen, gemeinsame Technologieentwicklung betreiben und gemeinsame Standards setzen! Gemeinsam können wir eine bessere Zukunft bauen – und damit auch die Zweifler davon überzeugen, dass unsere Partnerschaft dauerhaft ist.

Vorausschauende Außenpolitik heißt viertens: Die Menschenrechte sind der normative Kompass, an dem sich unsere Politik orientieren muss. Der Einsatz für sie hat höchste Priorität. Aber er muss mehr sein als Deklaration und Protest, so notwendig sie manchmal auch sind. Der Einsatz für die Menschenrechte bedeutet beides, Ausgangspunkt und Ziel verantwortungsvoller Politik. Der Weg dazwischen ist lang. Er erfordert die Fähigkeit zum Zuhören und zum Dialog, er führt über viele kleine Schritte und konkrete Verbesserungen für die Menschen. Meine Erfahrung hierzu: Es ist nicht besonders schwer, Ansprüche zu formulieren, schwieriger jedoch, die Kluft zwischen Anspruch und Wirklichkeit zu überbrücken.

Egon Bahr hat einmal gesagt: »Sich mit Zuständen zu befassen, die wir vorfinden, heißt nicht, sich mit ihnen abzufinden.« Ein kluger Satz, gerade in unserer Zeit. Machen wir uns nichts vor: Bestenfalls ein Drittel der Mitgliedstaaten der Vereinten Nationen organisieren ihre Gemeinwesen nach dem Modell westeuropäischer Demokratien. Obwohl alle die UN-Charta unterzeichnet haben, sieht es mit ihrer Umsetzung häufig traurig aus. Das zu ändern ist Aufgabe von Politik, unsere Aufgabe. Und die gesellschaftliche Entwicklung in zahlreichen Ländern hilft dabei. Viele Länder haben einen Zeitsprung in die Moderne gemacht; Wissen ist heute verfügbar, jederzeit und fast überall. Das garantiert dem Einzelnen zwar noch keine Rechte, aber es verändert die Gesellschaften. Denn auch wo Zensur und Unterdrückung nicht verschwunden sind, leben die Menschen im Bewusstsein ihrer Möglichkeiten und klagen ein, was ihnen verweigert wird. Mobilität, Information und politische Aktion sind kein Privileg von Europäern und Nordamerikanern mehr. Das ist eine riesige Chance! Länder wie China oder auch Russland sind keine monolithischen Blöcke mehr. Wir müssen dort Kräfte stärken, die sich für eine Verbesserung der Menschenrechtssituation einsetzen – und davon gibt es mehr, als wir denken. In der Gesellschaft ohnehin, aber auch innerhalb der politischen Eliten, in denen fast überall eine Auseinandersetzung zwischen den Kräften der Beharrung und denen der Erneuerung im Gange ist. Hier lohnt es sich, genauer hinzusehen. Wer aktive Politik macht, erlebt Enttäuschungen und Rückschläge. Wichtig ist dabei, standhaft, klar und berechenbar zu bleiben. Das gestaltet sich oft schwierig, aber es ist der einzige Weg.

Die »Allgemeine Erklärung der Menschenrechte«, die vor sechzig Jahren verabschiedet wurde, war die gemeinsame Antwort der Völker auf die Katastrophe der Weltkriege. Sie formuliert einen Anspruch und ein Versprechen, das bis heute in vielen Regionen nicht eingelöst ist. Sie entstammt der europäisch-westlichen Rechtstradition, hat aber universale Geltung. An dieser Universalität müssen wir festhalten – in einer zunehmend multipolaren Welt, in der europäische Philosophie, Haltung und Lebensform nicht mehr automatisch als Ziel jeder gesellschaftlichen Entwicklung begriffen werden. Hier tut sich ein ganz neues Sprach- und Vermittlungsproblem auf, das von vielen noch gar nicht gesehen wird. Europa ist schon lange nicht mehr der Nabel der Welt, aber wir haben die Welt entscheidend geprägt – im Bösen, aber auch im Guten. Und zum Besten, was wir hervorgebracht haben, gehören die Idee der Demokratie und die Idee der unteilbaren Menschenrechte. Bei meinem Einsatz für einen neuen Stellenwert der Auswärtigen Kultur- und Bildungspolitik geht es mir ganz entscheidend um diese Dimension: Wenn wir uns in der Welt nicht verständlich machen können, wenn wir anderen Kulturen nicht den Zugang zu unserer westlichen Überlieferung mit ihrem freiheitlich-universalen Anspruch offenhalten, dann hat das Konsequenzen weit über den kulturellen und wirtschaftlichen Bereich hinaus. Dann drohen tiefe kulturalistische Missverständnisse. In ihnen könnte der normative Anspruch der Demokratie verloren gehen. Auch der Gedanke, dass die Menschenrechte universell gelten. Ich meine deshalb: Menschenrechte nicht nur einzufordern, sondern ihre Bedeutung zu erklären, für sie zu werben, ist ein wichtiger, viel zu oft vernachlässigter Aspekt einer nachhaltigen Menschenrechtspolitik.

Vorausschauende Außenpolitik heißt fünftens: Wir brauchen eine neue Ära der Entspannungspolitik. Die Vision einer gemeinsamen Sicherheitszone rund um die nördliche Erdhalbkugel, von Vancouver über London und Paris bis Wladiwostok, steht weiter im Raum. Wir sollten einen neuen Anlauf machen, sie zu verwirklichen. Die Chancen stehen nicht schlecht. Sowohl Präsident Barack Obama als auch Präsident Dimitri Medwedjew gehören einer Generation an, die nicht mehr in den Denkmustern des Kalten Kriegs aufgewachsen ist. Die Entspannungspolitik, wie sie in den Sechzigerjahren von Willy Brandt und Egon Bahr konzipiert und dann von Helmut Schmidt und Hans-Dietrich Genscher fortgeführt worden ist, hat entscheidend dazu beigetragen, die Blockkonfrontation zu beenden und Europa zu einen. Sie entstand vor dem Hintergrund sehr viel größerer Spannungen, als es sie heute zwischen Russland und dem Westen gibt. Und deshalb glaube ich, dass das Klima des Misstrauens überwunden werden kann, das heute wieder zwischen beiden Partnern schwelt. Ich weiß aus vielen Gesprächen mit Wladimir Putin und Dimitri Medwedjew, dass beide die Zukunft ihres Landes in Europa sehen. Denn Russland steht vor gigantischen Modernisierungsaufgaben. Es kämpft mit einer zerfallenden Infrastruktur, es hat einen riesigen Investitionsbedarf, es ist in gefährlichem Maße von Rohstoffexporten abhängig. Die Gefahren einer Deindustrialisierung und einer demografischen Katastrophe sind dort noch lange nicht gebannt. In allen diesen Bereichen gibt es für die russische Politik dringenden Handlungsbedarf.

Auch die dortigen Politiker wissen, dass Westeuropa bis auf Weiteres der natürliche Modernisierungspartner ihres Landes ist. Heute werden 50 Prozent des russischen Handels mit der Europäischen Union abgewickelt. 80 Prozent der russischen Energieexporte gehen in die EU, über 75 Prozent der ausländischen Investitionen kommen von dorther. Und Modernisierungspartnerschaft heißt für mich: Projekte entwickeln zur besseren Ausnutzung von Energie, für eine bessere Verkehrsinfrastruktur, für den Aufbau von rechtsstaatlichen Strukturen, für bessere Schulen und Universitäten oder beim Jugendaustausch. Doch auch eine engere Zusammenarbeit im Rahmen der europäischen Sicherheits- und Verteidigungspolitik und eine gleichberechtigte Energiepartnerschaft gehören dazu. Denn für Amerikaner und Europäer ist die strategische Partnerschaft mit Russland ebenfalls eine Schlüsselfrage. Langfristiger Frieden in Europa ist nur dann garantiert, wenn Russland ein Teil Europas ist. Wir brauchen das Land aber auch in der gemeinsamen Verantwortung für Stabilität weltweit. Weder den Konflikt auf dem Balkan noch den Atomwaffenstreit mit dem Iran können wir ohne Russland lösen, weder bei der Abrüstung noch beim Friedensprozess in Nahost noch gar in der Frage einer friedlichen und stabilen Energieversorgung kommen wir ohne Russland voran. Es wäre ein großer Fehler, wenn wir zuließen, dass Russland sich im Gefühl der Bedrohung in die außenpolitische Isolation zurückzieht. Als ersten konkreten Schritt müssen wir verlorenes Vertrauen zurückgewinnen, beispielsweise durch gemeinsame Initiativen bei der Abrüstung. Der KSE-Vertrag zur Reduzierung konventioneller Waffen muss erhalten und dringend reformiert werden. Auch bei der nuklearen Abrüstung kann es gemeinsame russisch-amerikanische Initiativen geben.

Zwischen Russland und der NATO hat sich die Stimmung in den letzten Jahren zunehmend eingetrübt. Hoffnungsvolle Ansätze zur Kooperation, die es in den Neunzigerjahren durchaus gegeben hatte, sind wieder eingeschlafen. Die vor allem von der Bush-Administration vorangetriebene NATO-Erweiterungspolitik wurde von Russland zunehmend als strategische Bedrohung wahrgenommen. Gleichzeitig hat eine aggressive Moskauer Rhetorik gegen unabhängige Staaten wie die Ukraine und Georgien bei vielen Osteuropäern – und nicht nur bei ihnen – ungute Erinnerungen an sowjetische Zeiten geweckt. Die amerikanischen Pläne für einen

Raketenschutzschirm sorgen für zusätzliche Verunsicherung. Diese bedenkliche Entwicklung müssen wir stoppen. Ich setze mich deshalb im Bündnis für eine Wiederaufnahme der Zusammenarbeit mit Russland ein. Ich habe vorgeschlagen, innerhalb der NATO eine neue grundsätzliche Verständigung über ihre zukünftige Ausrichtung auf gesamteuropäische Sicherheit zu erzielen – so etwas wie einen neuen »Harmel-Bericht«, mit dem sich die NATO vor vierzig Jahren in einer kritischen Phase neue Orientierung gegeben hat. Die gesamteuropäische Sicherheitsarchitektur muss einen Rahmen schaffen, in dem NATO und Russland vertrauensvoll kooperieren. Sie muss Ländern wie Georgien, der Ukraine, Armenien, Aserbaidschan oder Moldau Sicherheit und Freiheit in der Bündniswahl geben. Sie muss Instrumente bereitstellen, mit denen in Zukunft Konflikte wie im Kaukasus friedlich beigelegt werden können. Große Aufgaben – aber zu lösen, wenn alle Seiten guten Willens sind.

Vorausschauende Außenpolitik heißt für mich sechstens: Wir müssen Abrüstung und Rüstungskontrolle wieder zu zentralen Themen der internationalen Agenda machen. Hier geht es nicht um Fragen von gestern, sondern um Überlebensfragen von morgen. Über lange Jahre waren das Angelegenheiten für Spezialisten, die in endlosen Sitzungen in Wien oder Genf über Spiegelstriche und Unterpunkte stritten. Die Topp-Diplomaten machten währenddessen Frieden auf dem Balkan und standen damit im Rampenlicht der Öffentlichkeit. Als ich zu Beginn meiner Amtszeit als Außenminister erklärte, dass ich Abrüstung für eines der zentralen Zukunftsthemen hielte, erntete ich zunächst ungläubiges Staunen. Das hat sich mittlerweile geändert. Deutlichster Ausdruck davon war ein viel beachteter Artikel der großen alten Männer der amerikanischen Außenpolitik, Henry Kissinger, William Perry, Sam Nunn und George Shultz, in der Zeitschrift »Foreign Affairs«, in dem sie vehement für eine aktive amerikanische Abrüstungspolitik plädierten. Das war zunächst ein Schlag ins Gesicht der Bush-Administration, die das Wort »Abrüstung« am liebsten gar nicht in den Mund nehmen wollte. Es war aber auch ein notwendiger Weckruf über Amerika hinaus.

Denn immer mehr Staaten verschaffen sich Zugang zu technologischem Know-how, das auch zur Herstellung von Atomwaffen genutzt werden kann. Der forcierte Ausbau der Kernkraft, den einige Staaten derzeit planen, wird das Risiko erhöhen, dass Nukleartechnologie in die falschen Hände gelangt. Gleichzeitig gerät die Glaubwürdigkeit des Nichtverbreitungsregimes immer stärker unter Druck. Denn es beruht auf einer doppelten Verpflichtung: Die Nichtkernwaffenstaaten erklären verbindlich, auf die Entwicklung dieser Waffen ein für alle Mal verzichten zu wollen. Und im Gegenzug erklären sich die Kernwaffenstaaten bereit, ihre Arsenale abzurüsten. Wenn das aber nicht geschieht, sehen sich irgendwann auch die Staaten ohne Kernwaffen nicht mehr in der Pflicht. Hier setzen Kissinger & Co. an und fordern, dass Amerika sich wieder an die Spitze der internationalen Abrüstungsbemühungen stellt. Ich habe den Eindruck, dass Präsident Obama dazu bereit ist. Was für eine Kehrtwende in der amerikanischen Politik, was für eine Chance, hier gemeinsam endlich zu Fortschritten zu kommen!

Immer mehr Staaten versuchen, den nuklearen Brennstoffkreislauf zu schließen. Die Gründe mögen unterschiedlich sein – nationales Prestigestreben, Sorge um die Sicherheit der Brennstoffversorgung oder gar heimliches Liebäugeln mit einer militärischen Option. Die Folge ist in jedem Fall die gleiche: ein weiteres Anwachsen der Proliferationsgefahr. Deshalb habe ich im Jahr 2006 vorgeschlagen, das Problem an der Wurzel zu packen und ein multilaterales Anreicherungszentrum unter ausschließlicher Kontrolle der Internationalen Atomenergiebehörde ins Leben zu rufen. So hätte jedes Land, das sich zur friedlichen Nutzung der Kernenergie entschließt, die Garantie, bei der Versorgung mit nuklearem Treibstoff nicht von einigen wenigen Lieferländern abhängig zu sein. Die Verhandlungen dazu haben begonnen. Es geht, auch wenn die Fragen zunächst sehr technisch erscheinen, um sehr viel.

Die Sorge um eine neue Runde gefährlichen nuklearen Wettrüstens ist es auch, die hinter meinem Engagement für eine Lösung des Atomstreits mit dem Iran steht. Gemeinsam mit den USA, Russland, China, Frankreich und Großbritannien dringen wir darauf, dass der Iran endlich jeden Zweifel am rein zivilen Charakter seines Atomprogramms ausräumt. Denn ein nuklear bewaffneter Iran würde eine neue Runde des atomaren Wettrüstens einläuten – und das in der ohnehin schon explosiven Region des Nahen und Mittleren Ostens. Ich habe mich in den letzten Jahren sehr intensiv darum bemüht, der iranischen Führung klarzumachen, dass wir bereit sind, umfassend mit ihnen zu kooperieren und sie bei der Modernisierung ihres Landes zu unterstützen, dass aber im Gegenzug eine klare und überprüfbare Absage an jede Form der nuklearen Aufrüstung stehen muss. Diese Absage steht leider noch aus. Dies ist umso ärgerlicher, als wir mit dem Iran sehr viel mehr gemeinsame Interessen haben, als gemeinhin wahrgenommen wird. Der Iran als schiitischer Staat steht wie wir im Visier des Al-Qaida-Terrorismus. Er hat wie wir ein Interesse an Stabilität in Afghanistan und dem Irak. Daraus lässt sich etwas machen. Doch guter Wille muss auf beiden Seiten vorhanden sein.

Die Grenze zwischen vorausschauender Außenpolitik und Krisenintervention ist fließend. Ich hoffe sehr, dass es uns durch kluge Politik in den nächsten Monaten gelingt, aus dem Streit um das iranische Nuklearprogramm nicht einen neuen Regionalkonflikt werden zu lassen. Wichtig ist, bei all dem nicht den großen Zusammenhang aus dem Blick zu verlieren: die Frage nach dem politischen Rahmen, in dem sich das Zusammenwachsen unserer Welt vollzieht. Oder in meinen

Worten: die Frage nach der »globalen Verantwortungsgemeinschaft«, die unsere politische Antwort auf das Zusammenwachsen der Welt und die Globalisierung der Märkte sein muss.

»Globalisierung« ist und bleibt eine schillernde Vokabel. Sie soll alles Neue in einem Begriff zusammenfassen, doch sie verdeckt damit eher die vielen Facetten der Zeit, in der wir leben. Wir benutzen diese Vokabel und glauben, dasselbe damit zu meinen. Das ist aber wahrscheinlich nicht der Fall, und deswegen ist es hilfreich, wenn wir allzu dramatische mythologische Aufladungen beim Gebrauch vermeiden. Globalisierung ist kein linearer, geschichtsdeterminierter Prozess, der nach einigen Irrungen und Wirrungen in ein weltumspannendes, triumphales Happy End münden muss. Globalisierung ist aber auch kein Naturereignis, das uns alle in einen Abgrund von Ungerechtigkeit, Armut und Krieg reißt. Wenn wir diesen Begriff verwenden, dann beschreiben wir damit zunächst die dramatisch beschleunigte Mobilität von Menschen und Gütern, den weltumspannenden Umlauf von Informationen in Echtzeit, die Zumutungen kultureller Pluralität mit der Nähe des Fremden und vor allem die gegenseitige Abhängigkeit, im Guten wie im Schlechten.

Die Illusion, Globalisierung sei ein Prozess, der sich mit quasi naturgesetzlicher Zwangsläufigkeit vollzieht, hat sich spätestens mit der aktuellen Finanzkrise erledigt. Die Politik und der Staat sind wieder zurück, ohne dass alle Zweifel an ihrer Problemlösungskompetenz ausgeräumt wären. Vorbei ist die Zeit, als ökonomische Sachzwänge als naturgegeben hingenommen wurden. Vorbei die Zeit, als der Rückzug der Politik als Zeichen des Fortschritts galt. Wir erleben gerade eine Zeitenwende, deren Tragweite und Umfang noch gar nicht voll ermessen werden können. Die Menschen entdecken wieder die alte Wahrheit, dass es auf Dauer keine Freiheit ohne Regeln geben kann und dass die Ordnung den Märkten vorausgehen muss. Gerade wer offene Grenzen und offene Märkte sichern will, muss sich für globale Regeln einsetzen. Man kann es noch deutlicher ausdrücken. Die Frage heute lautet: Rückfall in Protektionismus oder Fortschritt zu einer globalen Ordnung? Vergessen wir nicht: Das erste Scheitern der Globalisierung nach dem Weltkrieg von 1914 bis 1918 und der anschließenden Weltwirtschaftskrise hat den Aufstieg des Faschismus erst möglich gemacht.

Die Vernetzung der Weltwirtschaft fördert den Wohlstand bei uns in den Industrieländern, inzwischen aber auch in vielen anderen Teilen der Welt. Unsere Kinder tragen T-Shirts aus Bangladesch, wir essen Trauben aus Südafrika und trinken Wein aus Chile. Gas und Rohstoffe beziehen wir aus Kasachstan, aus Libyen oder Algerien. In vielen Regionen kam es in den letzten Jahren zu einem Wachstumsschub, dessen Dynamik uns in Europa manchmal den Atem nahm. Die Menschen dort haben die Chance ergriffen, sich zum ersten Mal Wohlstand aus eigener Kraft zu erarbeiten. Und wir haben erlebt, dass viele dieser Staaten sich ihrer langsam wachsenden Macht bewusst geworden sind und ihren Platz auf der Weltbühne beansprucht haben.

Wie tiefgreifend auch immer die derzeitige Krise sich auswirken wird – die Grundrichtung wird nicht umgekehrt werden. Und das ist gut so. Denn wer kann ernsthaft ein Interesse daran haben, weiten Teilen der Welt den Zugang zu Wohlstand und Wissen zu verwehren? Es ist unredlich und unverantwortlich, so zu tun, als könne man die Globalisierung zurückdrehen. Wer sich abschottet, wer sich gegen den Wandel verbarrikadieren will, der steht am Ende allein da, ohne Arbeit, ohne Wachstum, ohne Zukunft. »Links« ist das schon gar nicht. Es erinnert eher an die Maschinenstürmer der frühen Industrialisierung, die glaubten, die alte Zeit festhalten zu können, indem sie mechanische Webstühle zertrümmerten. Eine Haltung des »Ohne mich«, der Rückzug und das Einigeln sind keine Lösung, schon gar nicht für uns. Denn unredlich ist es auch, so zu tun, als wären wir so etwas wie passive Opfer der Globalisierung. Das Gegenteil ist der Fall. Wenige Nationen haben den Freihandel und die Internationalisierung der Märkte so entschieden und aktiv vorangetrieben wie wir. Einen Großteil unseres Wohlstands erwirtschaften wir im Austausch mit anderen Nationen. Rund 40 Prozent der deutschen Wertschöpfung werden mittlerweile im Außenhandel erzielt. Mindestens jeder fünfte deutsche Arbeitsplatz hängt daran. Wir haben seit Langem aktiven Anteil am Zusammenwachsen der Welt. Wo wir aber einen großen ökonomischen Gewinn aus dem Export unserer Waren und aus dem Import günstiger Vorprodukte oder Verbrauchsgüter ziehen, da stehen wir auch in der Mithaftung für faire Regeln des Handels, für die Qualität dessen, was wir verkaufen, und nicht zuletzt für die Produktionsbedingungen bei unseren Handelspartnern. Vor der Ausbeutung von Mensch und Umwelt, vor Kinderarbeit oder, um nur ein weiteres Beispiel zu nennen, vor der Vernichtung des Regenwaldes, der große Mengen Kohlendioxid aufnimmt und dem Klimawandel entgegenwirkt, können wir nicht die Augen verschließen. Deutschland muss also seine internationale politische Verantwortung aktiv wahrnehmen, die andere Länder zu Recht einfordern und zu der wir in unserem Interesse und im Interesse einer internationalen Gemeinschaft verpflichtet sind.

Vor 35 Jahren hat Helmut Schmidt weit in die Zukunft geblickt. Er erkannte, dass selbst die großen Wirtschaftsmächte mit der Bewältigung des Zusammenbruchs des Bretton-Woods-Systems und der ersten Ölkrise überfordert waren. Gemeinsam mit seinem französischen Amtskollegen Valérie Giscard d'Estaing schuf er, beginnend mit dem Wirtschaftsgipfel von Rambouillet, die Gruppe der Sechs, die mittlerweile, ergänzt um Kanada und Russland, zur G8 geworden ist. Heute, in einer Zeit, in der erneut die Grundfesten der internationalen Ordnung ins Wanken geraten, brauchen wir einen Entwurf, der an Kühnheit dem Ansatz Helmut Schmidts nicht nachsteht. Wir müssen die Mächte von morgen in die Bewältigung der Probleme einbeziehen. Sonst wird aus der G8 ein Klub, der wie die alten britischen Herrenklubs aus Dünkel und Statusangst keine neuen Mitglieder akzeptiert und darüber an Überalterung stirbt. Wir brauchen deshalb so etwas wie die G8 plus 8: die etablierten Mächte mit den Partnern von morgen, Brasilien, China, Indien, Mexiko, Südafrika sowie bis zu drei Nationen aus dem islamischen Raum, darunter in jedem Fall die Türkei. Die Mitwirkung der islamischen Welt ist zur Bewältigung aktueller und künftiger Krisen unverzichtbar. Und die Türkei kann eine wichtige Brücke sein zwischen Europa, Kaukasus und Nahem Osten. Eine solche G8 plus 8 würde für mehr als 60 Prozent der Weltbevölkerung sprechen und für beinahe 75 Prozent des Welt-Bruttosozialprodukts stehen.

Eine Erweiterung der G8 ist kein Selbstzweck, sondern sie enthält die Verpflichtung zur Mitgestaltung, zur Übernahme von Verantwortung. Das Ziel sind gemeinsame Regeln und Verständigung über gemeinsame Interessen. Beim Schutz globaler öffentlicher Güter wie Energie, Klima, Wasser und Regenwälder genauso wie bei der Etablierung eines freien und fairen Welthandels oder eines gerechten Weltwirtschaftssystems, das Armut überwindet und Chancen für möglichst viele Menschen eröffnet. Das zu erreichen wird im Klub der etablierten G8-Partner nicht mehr möglich sein – das zeigt schon der Blick in die Wirtschafts- und Wachstumsstatistiken der vergangenen Jahre.

Der Weltfinanzgipfel in Washington im November 2008 war ein Anfang, ein wichtiger erster Schritt in Richtung einer globalen Verantwortungsgemeinschaft. Gleichberechtigt haben die wichtigsten »alten« und »neuen« Mächte mit der Arbeit an Grundlagen für eine neue Weltfinanzordnung begonnen. Erfolge wird es nicht über Nacht geben, aber erste Konturen für mehr Stabilität in der Zukunft zeichnen sich ab: Transparenz und Vergleichbarkeit bei der Bewertung von Risiken in den Bankbilanzen, internationale Zusammenarbeit der nationalen Regulierungsbehörden, Stärkung der globalen Finanzinstitutionen, bessere Anreizmechanismen für Bankmanager, die auf langfristigen Erfolg und Risikobegrenzung abzielen, statt kurzfristige Zockerei und Renditejagd zu belohnen. Viele dieser Maßnahmen tragen die Handschrift von Peer Steinbrück, der schon vor geraumer Zeit vor den Risiken globaler Finanzmärkte ohne globale Regeln gewarnt hat, besonders nachdrücklich während der deutschen G8-Präsidentschaft im Jahr 2007. Damals hat er von den Aposteln der unregulierten Finanzmärkte viel Kritik geerntet. Inzwischen müssen selbst die tollkühnsten Finanzakrobaten einräumen, dass er mit seinen Vorschlägen richtig lag.

Die gegenwärtige Krise an den Finanzmärkten und in der Weltwirtschaft wird uns noch lange in Atem halten. Gleichzeitig ist sie auch eine Chance, die internationale Zusammenarbeit auf eine neue Grundlage zu stellen, die weit über die Finanz- und Wirtschaftspolitik hinausreicht. Die »globale Verantwortungsgemeinschaft« ist eine konkrete Utopie. Denn kein vernünftiger Mensch kann sich der Einsicht entziehen, dass wir die großen Probleme der Menschheit nur gemeinsam bewältigen können. Auf der Ebene rationaler Erkenntnis führt an dieser Verantwortungsgemeinschaft kein Weg vorbei. Und gleichzeitig sind wir auf der Ebene praktischer Politik von dieser Verantwortungsgemeinschaft noch weit entfernt. Diese Kluft zu schließen wird Aufgabe der nächsten Jahre sein.

Kapitel 7

Politik in der Zeitenwende
Aufbruch ins neue Jahrzehnt

18. Oktober 2008, Berlin, Hotel »Estrel«, Ort vieler, zum Teil dramatischer Parteitage der SPD. Viele Male bin ich dabei gewesen. Heute ist alles anders. »Frank-Walter Steinmeier« steht als der einzige Vorschlag auf den Stimmzetteln für die Wahl des Kanzlerkandidaten. Franz Müntefering verkündet das Ergebnis der Wahl: über 95 Prozent Zustimmung. Ich war sehr bewegt, als ich oben auf der Bühne stand. Die Delegierten waren aufgestanden und applaudierten minutenlang. Direkt vor mir sah ich Helmut Schmidt, Gerhard Schröder, Hans-Jochen Vogel, Erhard Eppler, bei ihnen auch meine Frau. Ihrer aller Gegenwart gab mir Kraft. Und ich spürte: In dem Ergebnis und dem Beifall drückte sich vor allem eine große Erwartung aus. Die Erwartung, dass es mir und dem alt-neuen Parteivorsitzenden Franz Müntefering gelingen wird, einer stolzen, aber verunsicherten Partei wieder Selbstbewusstsein und Mut zu geben. Die Erwartung, dass die unterschiedlichen Gruppierungen sich wieder hinter einer gemeinsamen Idee versammeln können – und dass diese Idee stark genug ist, um neue Mehrheiten zu gewinnen.

Grund zur Zuversicht besteht: Der Streit um die Agenda 2010 ist beigelegt. Mit dem Hamburger Programm hat Kurt Beck die Partei zusammengeführt. Auch Skeptiker haben mittlerweile eingesehen, dass unsere Politik Früchte trägt. Die Arbeitslosigkeit ist deutlich zurückgegangen. Und auch finanziell sind im Land wieder Spielräume da, um die heraufziehende Krise wenigstens zum Teil abzufangen. In meiner Rede habe ich damals gesagt:

»Dieses Jahr 2008 wird als Einschnitt in die Geschichtsbücher eingehen. Jeder spürt es: Wir stehen am Anfang einer neuen Zeit. Wir erleben einen Umbruch. Für uns in Deutschland ist es der wichtigste Einschnitt seit dem Fall der Mauer. Die Herrschaft einer marktradikalen Ideologie, begonnen mit Margaret Thatcher und Ronald Reagan, ist mit einem lauten Knall zu Ende gegangen. Die Welt hält den Atem an – aber sie atmet auch auf. Jetzt ist Zeit für Umdenken, neues Denken und Neubeginn. Einen Neubeginn, bei dem es mit besseren Regeln für die Finanzbranche nicht getan ist. Es geht jetzt um mehr! Gefordert ist ein umfassender Neuanfang. Wir können jetzt die Regeln des Miteinanders in unserer Gesellschaft neu bestimmen. Und wir müssen politische Gestaltungskraft für die Demokratie zurückerobern. Darum geht es jetzt!«

Und darum geht es in der Tat. Uns eröffnet sich eine historische Chance, wie sie sich vielleicht nur einmal in einer Generation ergibt. Die Geschichte eröffnet uns die Möglichkeit, die Idee der Sozialen Marktwirtschaft mit neuem Leben zu erfüllen. Die Zeit dafür ist reif. Anstand und Verpflichtung sind auch in der Wirtschaft wieder Haltungen, auf die man sich beruft. Lange wird dieses historische Fenster nicht offen stehen. Deshalb ist das Jahr 2009 so bedeutend für das ganze nächste Jahrzehnt.

Vor Kurzem habe ich die Verfilmung von Thomas Manns »Die Buddenbrooks« mit dem großartigen Armin Müller-Stahl angesehen. In dieser Geschichte vom Niedergang einer Lübecker Kaufmannsfamilie gibt es einen zentralen Satz, den der alte Konsul kurz vor seinem Tod als Vermächtnis weiterreicht: »Mein Sohn, sei mit Lust bei den Geschäften am Tage, aber mache nur solche, dass wir bei Nacht ruhig schlafen können.« Dieser Satz steht für Lebensklugheit und Vernunft –

auch in der Wirtschaft. Zu oft ist er in den letzten Jahren vergessen worden.

Das Wort »Krise« kommt aus dem Griechischen und heißt: Entscheidung. Und die Zeit für Entscheidungen und Weichenstellungen ist jetzt gekommen. Die Politik darf auf die Turbulenzen nicht nur reagieren, sie muss jetzt führen und orientieren. Wir haben, alle gemeinsam, heute eine dreifache Chance: Wir können erstens die *destruktiven* Kräfte des Marktes *bändigen*, indem wir ihm schärfere Regeln setzen. Wir können zweitens die *positiven* Kräfte des Marktes *stärken*, indem wir die Führungsetagen der Wirtschaft wieder auf die Prinzipien der Langfristigkeit, der Nachhaltigkeit und der sozialen Verantwortung verpflichten – gemeinsam mit den vielen Managern, die das genauso sehen. Und wir können drittens diese Neuorientierung der Wirtschaft mit einem gesellschaftlichen Aufbruch begleiten und verstärken. Wir werden alle Kräfte mobilisieren, um Arbeitsplätze zu retten. Aber wir müssen es so tun, dass unser Land dabei Stärke und neue Zuversicht gewinnt. Politik in der Zeitenwende – das ist mehr, als Risse zu kitten und ein vom Sturm abgedecktes Dach zu flicken. Politik in der Zeitenwende, das heißt, die Fundamente neu zu legen, solide Maurerarbeit zu leisten und ein neues, sturmfestes Dach zu zimmern. Das Haus, das wir im nächsten Jahrzehnt bewohnen wollen, wird nur dann ein menschliches Zuhause sein, wenn wir die Wirtschaft erneuern, die Spaltung und die Lethargie in der Gesellschaft überwinden und wieder zu einer gemeinsamen Sprache der Hoffnung finden. Wir brauchen den gemeinsamen Willen zu einer Gesellschaft, in der es fair und gerecht zugeht!

Die Aufräum- und Reparaturarbeiten haben bereits begonnen. Die Politik zeigt Handlungsfähigkeit. Die Bundesregierung stabilisiert die Finanzmärkte und federt die Folgen der Krise für den Arbeitsmarkt ab. Bereits auf dem Parteitag habe ich gefordert, dem Rettungsschirm für Banken einen Schutzschirm für Arbeitsplätze folgen zu lassen. Denn darum geht es doch im Kern: Arbeit zu sichern, die Grundlage für den künftigen Aufschwung zu legen und darauf zu achten, dass bei der Bewältigung der Krise Fairness herrscht. Für das zweite Konjunkturpaket habe ich Anfang Januar 2009 einen eigenen Vorschlag gemacht, dem unser Koalitionspartner weitestgehend gefolgt ist. Nur vordergründig ging es mir dabei um Einzelmaßnahmen wie die Umweltprämie oder den Kinderbonus. Im Kern ging es und geht es mir um mehr. Es geht um eine Haltung, die ich in diesen Monaten als angemessen, ja geradezu als verpflichtend ansehe: um Ernsthaftigkeit in der Politik. Ich glaube, wenn diese Krise noch tiefer geht als befürchtet, wenn sie Opfer verlangt und viele Menschen zurückwirft, dann darf die Politik nicht mit den gleichen Rezepten und Ritualen aufwarten wie zuvor. Von »nationaler Kraftanstrengung« dürfen wir nur reden, wenn die Politik sich auch selbst verändert. Dass sich alle »gemeinsam der Krise entgegenstemmen«, kann nur fordern, wer davon Abschied nimmt, in erster Linie Klientelpolitik zu betreiben: hier ein Geschenk für die bayerischen Milchbauern, dort eine kleine Gabe für den eigenen Wahlkreis – und über allem schwebt das vage Versprechen von Steuersenkungen, das in der angekündigten Höhe in den nächsten Jahren schlichtweg illusorisch und damit unseriös ist. Mit dieser Art von Politik führte schon Helmut Kohl unser Land in die Sackgasse.

Was eine ernsthafte und verantwortliche Politik der Erneuerung ist, haben wir mit der Agenda 2010 vorgeführt – Politik, die den Mut zur Veränderung hat, die auch da Führung beweist, wo der Anstieg steil wird und Hindernisse den Weg versperren. Politik, die nicht nur Bilder und folgenlose Gipfeltreffen inszeniert, sondern auf echte Ergebnisse drängt. Hinter diese Ehrlichkeit und Ernsthaftigkeit dürfen wir gerade jetzt nicht zurückfallen. Wenn die aufrüttelnden Worte leere Hülsen bleiben, wenn Gipfeltreffen im Ungefähren enden, dann wird auch die Demokratie das Vertrauen verspielen, das die Finanzwirtschaft schon längst verloren hat. Das aber wäre dann nicht nur eine Krise, sondern eine Katastrophe für unser Land.

Die Art von Politik, um die es mir geht, ist für mich am ehesten schon erkennbar beim Investitionsprogramm für die Kommunen. Wir haben nachgedacht, das Gespräch gesucht und gehandelt, ohne kleinkariertes Pochen auf Zuständigkeiten und Kompetenzen. In einer großen gemeinsamen Kraftanstrengung von Bund, Ländern und Gemeinden fließt zusätzliches Geld in die Städte und Kommunen, wo die Wirkungen für die Menschen unmittelbar spürbar und sichtbar sind. Und es kommt auch bei den finanzschwachen Gemeinden an, wo es besonders gebraucht wird. Wir tun das natürlich, um Arbeitsplätze in der Krise zu retten. Aber wir helfen dort auch, um das Land, unser gemeinsames Haus, zugleich lebenswerter zu machen, um jetzt zu tun, was schon lange notwendig war: für bessere Kindergärten zu sorgen, für bessere Schulen, Hochschulen und Sportstätten. Ich habe dafür den Namen »Deutschland-Fonds« vorgeschlagen, weil er sehr gut ausdrückt, worauf es ankommt.

Was ist jetzt zu tun? Wenn wir unsere Chance nutzen und die Idee der sozialen Marktwirtschaft mit neuem Leben erfüllen wollen, geht es erstens darum, die destruktiven Kräfte des Marktes zu bändigen. Max Weber hat uns vor hundert Jahren erklärt, dass die Kultur des Marktes auch eine Kultur des Maßes sein müsse. Wir haben es erlebt: Wer Wettbewerb ohne Regeln und Vernunft predigt, wer schnelle Rendite zum obersten Ziel des Wirtschaftens erhebt, der verliert jedes Maß und endet in Maßlosigkeit. Diese Irrlehre hat einen Scherbenhaufen hinterlassen. In den letzten fünfundzwanzig Jahren bestimmte die Finanzwirtschaft den Takt der Wirtschaft oder, wie die Amerikaner sagen: Wall Street hat Main Street dominiert. Mit immer gewagteren Finanzkonstruktionen wurden die Gewinnerwartungen in irrwitzige Höhen katapultiert. Und diese Erwartungen wurden dann auf die Realwirtschaft übertragen. Auch hier sollten plötzlich Renditen von 25 Prozent und mehr möglich sein. So wurden gesunde Unternehmen zu Spekulationsobjekten; sie wurden zerlegt, filetiert, und dann wurde abgewickelt, was übrig blieb. Auch bei der exzessiven Entwicklung der Gehälter und Bonuszahlungen marschierte die Finanzwirtschaft voran. Die übrigen Unternehmen folgten nach. Die großen Konzernlenker sahen irgendwann nicht mehr ein, warum ein fünfundzwanzigjähriger Harvard-Absolvent bei Morgan Stanley, der vor seinem Computer mit Finanzprodukten jonglierte, mehr verdienen sollte als jemand, der Verantwortung für Zehntausende von Mitarbeitern trägt. Auf dem Jahrmarkt der Eitelkeiten schaukelten sich die Managergehälter im Finanzbereich immer höher auf, und selbst jetzt in der Krise sollen trotz schwindelerregender Verluste noch hohe Dividenden ausgereicht und entsprechend hohe Boni gezahlt werden.

Diese Ära geht glücklicherweise ihrem Ende zu. Der Marktfundamentalismus, wie George Soros das nennt, hat ausgedient. Viele Bankenspezialisten sind sich sicher: Die Wall Street und die City of London werden dauerhaft an Macht und Einfluss verlieren. Aber wir dürfen das Weitere nicht dem Selbstlauf überlassen. Die Politik muss dafür sorgen, dass sich die Exzesse der Vergangenheit nicht wiederholen. Deshalb müssen wir national und international die Bankenaufsicht verschärfen, den Internationalen Währungsfonds stärken, für Transparenz auf den Finanzmärkten sorgen, die Anreiz- und Vergütungssysteme so verändern und begrenzen, dass Fehlverhalten nicht auch noch belohnt wird. Wir müssen eine Art TÜV für Finanzprodukte einführen und Steueroasen austrocknen. Peer Steinbrück hatte dazu schon vor der Krise Vorschläge gemacht. Jetzt ist die Zeit, um Nägel mit Köpfen zu machen!

Wenn wir unsere Chance nutzen wollen, dann müssen wir zweitens die positiven Kräfte des Marktes stärken. Denn der Markt ist ein »notwendiges und anderen wirtschaftlichen Koordinationsformen überlegenes Mittel«, wie es im Hamburger Programm der SPD heißt. Aber der Markt selbst muss wieder in längeren Zyklen denken lernen. Die soziale Marktwirtschaft, die uns stark gemacht hat und nun runderneuert werden muss, steht auf vielen Pfeilern: einer wettbewerbsfähigen Wirtschaft, einem hohen Maß an sozialer Sicherheit, Mitbestimmung und Respekt vor der Arbeit, Spitzenforschung, guter Berufsausbildung und, nicht zu vergessen, einer verlässlichen Rechtsordnung. Alle diese Säulen haben ein gemeinsames Fundament, das Prinzip der Langfristigkeit und der Nachhaltigkeit. Denn einer Gesellschaft, einer Wirtschaft, die nur noch im Rhythmus der Börsenkurse funktioniert, geht bald der Atem aus. Ich treffe immer mehr Manager und Unternehmer, die sagen: Lasst uns aus den ideologischen Gräben steigen und gemeinsam tun, was notwendig ist. Die sagen: Die Erotik der Maximalrendite von 25 Prozent ist von gestern. Lasst uns lieber über die Ethik der Wirtschaft von morgen reden, über Verantwortung, über nachhaltiges Wirtschaften. Über eine Wirtschaft, die sich wieder als Teil der Gesellschaft und im Dienst der Menschen sieht.

Und das wird schnell sehr konkret. Bei der anstehenden Neuordnung der Finanzmärkte und des Bankensektors müssen wir dafür sorgen, dass sich die Erwartungen der Kapitalgeber stärker am langfristigen Unternehmenserfolg ausrichten. Wir brauchen wieder mehr »geduldiges Kapital«. In unserem dreigliedrigen Bankensystem mit seiner starken Stellung der Sparkassen und Genossenschaftsbanken war dieser Gedanke zum Glück nie ganz in Vergessenheit geraten. Wir müssen auch dafür sorgen, dass sich die Bezahlung der Manager weniger an Aktienkursen und Dividenden, sondern wieder am langfristigen Erfolg orientiert. Und auch die viel kritisierte Mitbestimmung ist natürlich ein Element der Stabilität. Denn niemand ist stärker am langfristigen Unternehmenserfolg interessiert als die Arbeitnehmer, für die es um ihre Arbeitsplätze geht. Die Gewerkschaften haben in den letzten Jahren durch viele innovative Tarifverträge mit dazu beigetragen, dass unsere Produkte weltweit wieder gefragt und wettbewerbsfähig wurden. Sie haben aber auch zu Recht eingefordert, dass die Belegschaften an den Früchten des Aufschwungs teilhaben. Mit Beginn der Krise haben wir viele gute Beispiele gesehen, wie Management und Gewerkschaften gemeinsam Arbeitsplätze erhalten konnten. Diesen Geist der Kooperation müssen wir stärken, weil er Teil unserer Stärke ist.

Die deutsche Wirtschaft hat sich in den letzten Jahren deutlich verändert. Sie ist innovativer, wettbewerbsfähiger und globaler geworden. Wenn wir gestärkt aus der Krise hervorgehen wollen, muss dieser Erneuerungsprozess weitergehen. Ich habe am Beispiel der Energiepolitik gezeigt, was Modernisierung eines ganzen Wirtschaftszweigs heißt. In unserem eng verflochtenen System ist das ein sehr anspruchsvolles Unterfangen, eines, das der Politik langen Atem und Konfliktfähigkeit abverlangt. Einfache Antworten greifen nicht; viele Mitspieler müssen ihren Beitrag leisten, damit etwas Neues entsteht. Der Staat muss – Stichwort Ausstieg aus der Kernkraft und erneuerbare Energien – die richtigen Anreize setzen. Er muss darauf achten – Stichwort Netze –, dass eine moderne Infrastruktur vorhanden ist. Wir brauchen eine leistungsfähige Forschung, finanziert durch die öffentliche Hand und die Industrie. Wir brauchen innovative, kleine Unternehmen, die in neue Räume vorstoßen. Wir brauchen aber auch die Großen, die auf den Weltmärkten strategisch auftreten können.

Als alle in den späten Neunzigern nur noch von der »New Economy« sprachen und Industrie als Sache von gestern galt, haben wir gesagt: Nein, Deutschland kann nicht nur vom Internet, von Banken und Versicherungen, vom An- und Verkauf leben. Wir werden unseren Wohlstand nicht halten können, wenn sich die Deutschen nur noch gegenseitig die Haare schneiden. Wir haben damals unsere Industrie und das produzierende Gewerbe nicht verloren gegeben, wir haben uns darum gekümmert! Wie oft war ich als Chef des Bundeskanzleramts in Brüssel und anderswo; viele Neunmalkluge haben das damals belächelt und unseren Kampf für den Industriestandort Deutschland als altmodische Spinnerei abgetan. Aber heute sehen wir, wie sich das für die Arbeitnehmer und ihre Familien auszahlt. In Großbritannien hängt die Volkswirtschaft inzwischen zu 40 Prozent vom Finanzsektor ab, unsere nur zu 13 Prozent. Die hätten jetzt gerne unseren Mittelstand und unsere starke Industrie, von Stahl über Chemie bis zu Maschinenbau und Automobilbau. Auch wenn unsere Exportwirtschaft jetzt unter der Krise leidet – sie wird auch in Zukunft Arbeitsplätze schaffen und Wohlstand erwirtschaften. Diese Stärke müssen wir durch eine aktive Wirtschafts- und Industriepolitik erhalten.

Was in der Energiepolitik begonnen hat, setzt sich jetzt auch in anderen Wirtschaftsbereichen fort. Der Kampf um den nächsten Aufschwung wird auf den Märkten der Zukunft gewonnen. Und die »grünen« Märkte sind Zukunftsmärkte *par excellence*. Deshalb gilt der Grundsatz: alle Kraft in neue Produkte, die weniger Energie verbrauchen, die aus neuen Materialien produziert werden und wertvolle Rohstoffe sparen. Diesen Weg müssen wir jetzt in Deutschland gehen. Mit den USA, verstärkt durch eine koordinierte Anstrengung in Europa und gemeinsam mit den aufstrebenden Mächten in Asien. So entsteht ein kraftvoller Schub für nachhaltiges Wachstum – weltweit.

Wir stehen an der Schwelle eines neuen Zeitalters der Mobilität. Das energiesparende Auto wird gerade neu erfunden, und deutsche Ingenieure sind ganz vorn dabei. Ganz gleich, welche Antriebstechnologie sich am Ende durchsetzt, ob

Brennstoffzelle, Wasserstoff oder Elektroantrieb die Nase vorn hat, deutsches Know-how ist gefragt. Die Leistungsfähigkeit des deutschen Automobil-Clusters findet in der Welt nichts Vergleichbares. Deutschland ist das Silicon Valley des Automobils. Überall in der Welt stellt die Politik heute die Weichen für eine neue Generation umweltfreundlicher Autos. Vieles spricht dafür, dass der nächste Wachstumsschub durch Nachfrage nach möglichst kohlendioxidneutralen Autos ausgelöst wird. Das bietet deutschen Unternehmen eine Riesenchance. Und das gilt nicht nur für den Automobilsektor. Im Bereich der Umwelttechnologie bilden sich derzeit branchenübergreifend neue Wertschöpfungsketten heraus, bei intelligenten Materialien für Niedrigenergiehäuser, bei effizienten Recycling-Systemen für die Chemieindustrie, bei der Software zur Messung und Steuerung des Energieverbrauchs, bei ganzheitlichen Lösungen für die emissionsarme Stadt. Zahlreiche kleine Unternehmen sind in diesen Bereichen entstanden, viele davon in Ostdeutschland. Aber ihr Erfolg hängt daran, dass es in Deutschland auch die großen Weltunternehmen wie BASF, Siemens oder SAP gibt.

Zukunftsmärkte entstehen nicht nur in der Industrie. Auch in der Logistik und im Verkehr gibt es erhebliche Wachstumspotenziale. Im nächsten Jahrzehnt werden die Warenströme zwischen Westeuropa, Russland und Asien wachsen. Die Deutsche Bahn und das Weltunternehmen DHL haben ihre Strategie schon darauf eingestellt. Unser Land kann von seiner zentralen Lage profitieren und zum Logistikdrehkreuz Europas werden. Der Flughafen Leipzig/Halle zeigt, wie das geht. Wertschöpfung und Arbeit entstehen auch im Gesundheitswesen, in dem schon heute zehn Prozent aller Beschäftigten tätig sind, nicht zu vergessen die Kreativindustrien – Medien, Mode, Design, Software –, die über Deutschland hinaus auf den Weltmärkten erfolgreich sind.

Auch wenn es derzeit vermessen klingt: Ich bin der festen

Überzeugung, wir können das Ziel Vollbeschäftigung erreichen. Ich werde dieses Ziel nicht aufgeben und meine politische Arbeit darauf konzentrieren. Studien zufolge nähern
wir uns diesem Ziel bei angenommenen Wachstumsraten von
einem Prozent bereits im Jahr 2015. Die demografische Entwicklung hilft also. Und der Trend setzt sich fort: Im Jahr 2020
stünde einer Nachfrage nach etwa 33 Millionen Arbeitskräf-
ten nur noch ein Angebot von 31 Millionen Aktiven gegenüber. Schon jetzt wird von vielen Unternehmen der Ingeni-
eur- und Fachkräftemangel als Wachstumshemmnis Nummer
eins beschrieben. Wir brauchen für das nächste Jahrzehnt
mehr als 30 000 zusätzliche Ingenieure allein im Maschinenbau. Wenn wir unseren Wohlstand langfristig sichern wollen,
ist es höchste Zeit, jetzt die richtigen Weichen zu stellen: mit
besserer Ausbildung, mehr Hochschulabsolventen, mehr Auf-
stiegs- und Berufschancen für Frauen, lebenslangem Lernen
und einer längeren, auf die Fähigkeiten des Einzelnen Rück-
sicht nehmenden Lebensarbeitszeit. Doch damit verlassen wir
den Bereich der Wirtschaft und reden über die Gesellschaft
des nächsten Jahrzehnts.

Das ist mein dritter Punkt. Die Erneuerung der Wirtschaft
braucht gesellschaftliche Erneuerung. Wir können heute die
Regeln des Miteinanders neu bestimmen. Wir können die
Sprachlosigkeit unserer Gesellschaft überwinden, indem wir
uns über unsere wirklichen Ziele verständigen. Wir können
unser Haus so umbauen, dass darin die Starken den Schwachen
helfen und indem wir den Schwachen helfen, stark zu werden. Wir können dabei anknüpfen an das Modell Deutschland Helmut Schmidts und Willy Brandts – natürlich zu den
Bedingungen der neuen Zeit. Das Modell Deutschland war
Politik für eine Gesellschaft, die leistungsfähig, sozial, modern
und gerecht ist. In der das Prinzip Verantwortung ganz oben
stand, nicht das Prinzip Las Vegas. In der sich niemand aus der

Grundsolidarität verabschieden konnte. Diese Prinzipien sind unverändert richtig.

Wirtschaft und Gesellschaft sind eng miteinander verknüpft. Ohne eine funktionierende Wirtschaft gibt es keine soziale Sicherheit. Sie liefert die Steine, aus denen unser gemeinsames Haus entsteht. Und umgekehrt gilt: Ohne eine Gesellschaft, die Räume schafft, in denen *alle* Menschen ihre Fähigkeiten frei und ohne Furcht entfalten können, verliert die Wirtschaft ihre schöpferische Kraft. So gehört beides zusammen und bedingt einander: Ohne eine faire und gerechte Gesellschaft gibt es keine starke Wirtschaft. Und ohne eine starke Wirtschaft gibt es keine faire und gerechte Gesellschaft. Das ist für mich das Grundgesetz der modernen Sozialdemokratie.

Ich will, dass wir in Deutschland einen neuen Anlauf nehmen, um unser Land lebenswerter, fairer und gerechter zu machen. Sechs große gesellschaftspolitische Aufgaben müssen wir in den nächsten zehn Jahren lösen.

Wir müssen es erstens schaffen, dass kein Jugendlicher ohne Schulabschluss ins Berufsleben entlassen wird. Das gilt besonders für die Kinder von Zuwanderern. In Deutschland darf es keine »verlorene Generation« mehr geben.

Zweitens: Frauen müssen gleichberechtigt in allen Bereichen der Gesellschaft vertreten sein. Das gilt auch für die Führungsetagen.

Wir müssen drittens den Menschen, die dauerhaft ohne Arbeit sind, Brücken in die Beschäftigung bauen. Die Arbeitsmarktreformen waren ein Anfang, bei dem wir aber nicht stehen bleiben dürfen. Und wir müssen dafür sorgen, dass die Menschen von ihrer Arbeit auch leben können.

Wir brauchen viertens neue Räume, in denen sich die schöpferischen Potenziale der älteren Menschen entfalten können. Wir brauchen sie in den Unternehmen und in der Gesellschaft. Auch im hohen Alter muss ein Leben in Würde möglich sein.

Fünftens: Wir müssen den künstlichen Gegensatz von Arbeit und Umwelt überwinden. Dazu braucht es eine kluge Energie- und Industriepolitik, aber auch ein gesellschaftliches Klima, in dem neue Lösungen entstehen.

Und sechstens, nicht nur weil Peer Steinbrück auch Sozialdemokrat ist: Wir brauchen eine verantwortliche Finanzpolitik. Wir müssen in die Zukunft investieren, aber unsere Kinder und Enkel dürfen nicht die gesamte Zeche zahlen.

Neuer Anlauf, das ist sehr viel mehr als der onkelhafte Appell, sich einen Ruck zu geben und am Riemen zu reißen. Der neue Anlauf, den ich meine, ist nüchtern und anspruchsvoll, realistisch und ambitioniert zugleich. Nicht auf die Nennung möglichst vieler Ziele kommt es an, sondern auf die Kreativität und die Beharrlichkeit, mit der Politik dafür streitet, das für richtig Erkannte auch tatsächlich zu tun. Nehmen wir das Beispiel der Bildungspolitik, über deren Bedeutung heute parteiübergreifend Einigkeit besteht. Dutzende von Bildungsgipfeln haben stattgefunden. Jedes Mal endeten sie in fruchtlosen Auseinandersetzungen über Geld und Instrumente. Erst jüngst wurde wieder die Idee einer Bildungsstiftung strapaziert, um Kompetenzeitelkeiten zu umgehen. Wir streiten endlos über Kompetenzen und verhindern dadurch, dass sich in den Schulen und Hochschulen endlich etwas verändert. Warum versuchen wir es nicht einmal anders herum: Lasst uns, statt eine Bildungsstiftung zu gründen, die wieder nur neue befristete Projekte finanziert, lieber zu verbindlichen Absprachen kommen. Wie wäre es denn, wenn jedes Bundesland – egal, wer dort regiert – verbindlich zusagte, ab sofort jedes Jahr die Zahl der Kinder ohne Schulabschluss um mindestens zehn Prozent zu senken? Dann hätten wir in fünf Jahren das Problem halbiert. Dann könnte sich jeder Ministerpräsident daran machen, das in seinem Land zu schaffen: indem wir Geld umschichten, die Zivilgesellschaft ansprechen, die Wirtschaft mit einbeziehen. Das wäre gelebter Föderalismus: Freiheit in der Wahl der Wege, aber Einheit und Entschlossenheit bei der Erreichung des Ziels.

Das ist noch kein Wahlprogramm und soll es auch nicht sein. Es ist eher so etwas wie unser gemeinsames Pflichtenheft. Die Bundespolitik muss Vorschläge machen. Sie wird es tun – auch meine Partei. Aber diese Ziele erreicht die Bundespolitik nicht allein. Sie kann klarere Vorgaben machen, schneller die Weichen stellen, wirksamere Programme auflegen und energischere Anstöße geben. Am Ende wird das aber alles nur erfolgreich sein, wenn sich Bund, Länder und Kommunen, Unternehmen und Gewerkschaften, die Kirchen und die vielen Vereine gemeinsam auf den Weg machen. Wenn »Allianzen der Erneuerung« entstehen. Wir brauchen viele Menschen, die jetzt den Schritt machen vom Wünschen zum Wollen, die aus der Krise gemeinsame Lehren ziehen. Ich möchte, dass wir wieder eine ambitionierte Gesellschaft werden. Wir haben uns schon viel bewiesen und stehen immer noch auf festem Grund. Unsere Frage muss nicht sein, ob wir es können. Wir können es, wir sind frei, jetzt gemeinsam zu handeln.

Die Politik selbst steht in der Zeitenwende. In der Bankenkrise haben wir gesehen, dass nur das beherzte Eingreifen des Staates den kompletten Kollaps unseres Finanzsystems verhindert hat. Die viel geschmähte Politik musste dafür sorgen, dass das Band des Vertrauens nicht reißt, das unsere Gesellschaft zusammenhält. Aber es ist alles andere als selbstverständlich, dass die Politik auf Dauer die Kraft dazu hat. Auch sie steht heute auf dem Prüfstand. Sie muss beweisen, dass sie das Vertrauen wirklich verdient, das die Bürgerinnen und Bürger in sie setzen. Sie muss dazu selbst vertrauenswürdig und zuverlässig sein. Sie muss Kurs halten und wissen, wohin sie unser Land steuern will. Sie muss anspruchsvoll sein, aber darf sich nicht selbst überschätzen. Die Kraft der Politik ist unsere gemeinsame Kraft. An diese gemeinsame Kraft glaube ich.

Sachregister

238

Bildnachweis

Privat: 2, 3, 4, 5, 6, 7, 8, 9
Photothek: 1, 10, 11, 12, 13, 15, 16, 18, 19, 20, 21, 22, 23, 24, 25, 26, 27, 28,
    29, 30, 31, 32
dpa: 17

Der Rechteinhaber des Fotos Nr. 14 konnte trotz intensiver Recher-
che nicht ermittelt werden. Der Verlag bittet Personen oder Institutionen, welche die Rechte an diesem Foto haben, sich zwecks angemes-
sener Vergütung zu melden.